Diana Wynne Jones

Le Château de Hurle

*Traduit de l'anglais (Royaume-Uni)
par Alex Nikolavitch*

Howl's Moving Castle
Copyright © Diana Wynne Jones 1986
Illustrations by Tim Stevens 2000
The author and the illustrator assert the moral right to be identified as the author and the illustrator of the work.

Cet ouvrage est paru aux éditions Methuen Children's Books Ltd., sous le titre original de *Howl's Moving Castle* en novembre 1986.
La présente édition est une publication Romans Ynnis, un label d'Ynnis Éditions.
© Ynnis Éditions, 2020 – pour la présente édition.

c/o Ynnis Éditions
38 rue Notre-Dame-de-Nazareth
75003 PARIS
https://ynnis-editions.fr
Facebook : Ynnis Éditions
Twitter : @YnnisEditions

Traduit de l'anglais (Royaume-Uni) par Alex Nikolavitch

Président : Cédric Littardi
Direction éditoriale : Sébastien Rost
Édition française : Philippe Vallotti
Correction : Eugénie Michel
Couverture : Sébastien Rost
Maquette : Ynnis Éditions
Fabrication : Céline Antoine et Minh-Tri Vo
Communication et marketing : Camille Nogueira et Thomas Thus
Coordination : Jeanne Bucher

Illustration de couverture : Leonardo Ken Usami
© 2020 Leonardo Ken Usami / Kappalab

Sommaire

Chapitre 1 – Dans lequel Sophie parle à des chapeaux 9

Chapitre 2 – Dans lequel Sophie est poussée
à chercher fortune 29

Chapitre 3 – Dans lequel Sophie entre dans
un château et dans un pacte 53

Chapitre 4 – Dans lequel Sophie découvre
des choses étranges 69

Chapitre 5 – Dans lequel il est beaucoup
trop question de ménage 85

Chapitre 6 – Dans lequel Hurle exprime ses
sentiments à l'aide de mucus verdâtre ... 105

Chapitre 7 – Dans lequel un épouvantail empêche
Sophie de quitter le château 129

Chapitre 8 – Dans lequel Sophie quitte le château
dans plusieurs directions à la fois 151

Chapitre 9 – Dans lequel Michael rencontre
quelques soucis avec un sort 171

Chapitre 10 –	Dans lequel Calcifer promet un indice à Sophie..................	189
Chapitre 11 –	Dans lequel Hurle s'en va en un étrange pays à la recherche d'un sort................	207
Chapitre 12 –	Dans lequel Sophie devient la vieille mère de Hurle................	229
Chapitre 13 –	Dans lequel Sophie noircit le nom de Hurle................	245
Chapitre 14 –	Dans lequel le sorcier royal prend froid...........	265
Chapitre 15 –	Dans lequel Hurle se rend déguisé à des funérailles................	287
Chapitre 16 –	Dans lequel il y a beaucoup de sorcellerie.....	303
Chapitre 17 –	Dans lequel le château ambulant déménage................	317
Chapitre 18 –	Dans lequel reparaissent l'épouvantail et Mlle Angorian................	333
Chapitre 19 –	Dans lequel Sophie exprime ses sentiments à coups de désherbant................	353
Chapitre 20 –	Dans lequel Sophie éprouve encore des difficultés à quitter le château................	375
Chapitre 21 –	Dans lequel un contrat se conclut devant témoins................	399

Ce livre est dédié à Stephen.
L'idée de ce roman m'a été suggérée par un jeune garçon un jour où je visitais son école. Il m'a demandé d'écrire un livre intitulé *Le Château mouvant*. J'ai noté son nom, et l'ai tellement bien rangé que j'ai été incapable de le retrouver. Je voudrais pouvoir le remercier chaleureusement.

Chapitre 1
Dans lequel Sophie parle à des chapeaux

Au pays d'Ingarie, où existaient réellement des choses telles que les bottes de sept lieues et les capes d'invisibilité, il était malvenu d'être l'aîné d'une famille de trois. Chacun savait qu'il serait le premier à échouer – voire pire – si toute la fratrie tentait de faire fortune.

Sophie Chapelier était l'aînée de trois sœurs. Et elle n'était même pas la fille d'un pauvre bûcheron, ce qui lui aurait assuré quelque chance de succès. Ses parents, des gens aisés, tenaient une boutique de chapeaux pour dames dans la ville prospère de Marché-aux-Copeaux. Certes, sa mère était morte quand Sophie avait tout juste deux ans et sa sœur Lettie un seul. Son père avait alors épousé la plus jeune des assistantes du magasin, une jolie blonde nommée Fanny. Cette dernière donna peu après naissance à la benjamine, Martha. Cela aurait dû faire de Sophie et Lettie les « vilaines grandes sœurs », mais il se trouva que toutes trois grandirent pour devenir très jolies, et chacun s'accordait à dire que Lettie était la plus belle. Fanny traitait les trois filles avec la même bonté, sans favoriser Martha le moins du monde.

M. Chapelier était fier de ses trois enfants et il les envoya dans les meilleures écoles de la ville. Sophie était la plus studieuse. Elle lisait énormément, et comprit bien vite qu'elle avait fort peu de chances d'avoir un avenir très intéressant. Elle était déçue, mais n'en demeurait pas moins très heureuse, s'occupant de ses sœurs et poussant Martha à partir chercher fortune le moment venu. Comme Fanny était toujours très affairée par la boutique, c'était Sophie qui devait veiller sur ses cadettes. Ces deux-là avaient tendance à se crier après et à se tirer les cheveux. Lettie n'était pas du tout résignée à devenir celle qui, après Sophie, serait destinée à rencontrer le moins de succès.

« C'est injuste ! protestait-elle. Pourquoi Martha devrait-elle avoir ce qu'il y a de mieux sous prétexte qu'elle est la plus jeune ? J'épouserai un prince et puis voilà ! »

Ce à quoi Martha répondait qu'elle finirait abominablement riche sans avoir à se marier avec qui que ce fût.

Sophie devait alors les séparer et raccommoder leurs habits. Elle était très habile avec son aiguille. Avec le temps, elle se mit d'ailleurs à créer des vêtements pour ses sœurs. Elle avait par exemple cousu un costume d'un rose profond pour Lettie, pour le 1er Mai précédant le vrai début de notre histoire. Fanny leur avait alors dit qu'il semblait sorti des boutiques les plus chères de Fort-Royal.

Vers cette même époque, on commença à reparler de la sorcière des Steppes. On racontait qu'elle avait menacé la fille du roi et que celui-ci avait demandé à son magicien personnel, le mage Soliman, d'aller dans les régions désertes pour prendre les choses en main. Il semblait que non seulement Soliman avait échoué dans sa mission, mais qu'il avait également été tué dans le cadre de celle-ci.

Et quelques mois plus tard, lorsqu'un immense château couleur de suie apparut dans les collines entourant

Le Château de Hurle

Marché-aux-Copeaux, crachant de la fumée noire par ses quatre longues tourelles, tout le monde se persuada que la sorcière avait de nouveau quitté les Steppes et venait terroriser le pays, comme elle l'avait fait 50 ans auparavant. Les gens en étaient fort effrayés. Plus personne ne sortait seul, particulièrement la nuit. Ce qui rendait la chose plus terrifiante encore, c'était que le château ne restait pas en place. Parfois, il apparaissait comme une grande tache noire sur les landes du nord-ouest, parfois il surplombait les rocailles de l'est, et parfois il descendait la colline pour se poser sur les bruyères, tout juste au-delà de la dernière ferme, au nord. On pouvait même le voir bouger, de temps en temps, vomissant par ses tourelles des fumerolles grisâtres et sales. Pendant un temps, chacun fut certain que le château descendrait sous peu dans la vallée, et le maire proposa de demander l'aide du roi.

Mais le château se contenta de rôder dans les collines, et l'on apprit qu'il n'appartenait pas à la sorcière, mais au mage Hurle. C'était déjà bien assez inquiétant. S'il ne semblait pas vouloir descendre vers la ville, il était connu pour s'amuser en capturant des jeunes filles avant de boire leur âme. Ou de dévorer leur cœur, disaient certains. C'était un sorcier dénué de sentiment, un être froid, et nulle jeune fille n'était en sécurité si elle se promenait seule. On avait averti Sophie, Lettie et Martha, comme toutes les autres habitantes de Marché-aux-Copeaux, qu'elles ne devaient pas quitter les murs sans être accompagnées, ce qui les agaçait grandement. Elles se demandaient ce que le mage Hurle pouvait faire de toutes ces âmes capturées.

Mais rapidement, d'autres choses les préoccupèrent. Car M. Chapelier mourut subitement, au moment où Sophie était assez âgée pour enfin quitter l'école. On découvrit alors qu'il avait été sans doute trop fier de ses filles ; les frais qu'il avait payés à l'école avaient laissé la boutique criblée de dettes. Après les funérailles, Fanny réunit les enfants dans le salon de la maison, voisine du magasin, et leur expliqua la situation.

« Vous devrez toutes quitter l'école, je crains, leur annonça-t-elle. J'ai refait les comptes à l'endroit, à l'envers et dans tous les autres sens, et le seul moyen de continuer à faire tourner l'affaire *et* de m'occuper de vous trois est de vous trouver un bon apprentissage quelque part. Ça ne sert à rien de vous avoir toutes ici. Je ne peux pas me le permettre. Voici donc ce que j'ai décidé. Lettie d'abord… »

Lettie leva la tête, resplendissante d'une santé et d'une beauté que même la tristesse et les habits de deuil ne pouvaient cacher.

« Je veux continuer d'apprendre, affirma-t-elle.

— Et tu apprendras, ma chérie, répondit Fanny. Je t'ai trouvé une place chez Cesari, le pâtissier de la place du Marché. Ils sont réputés pour traiter leurs apprentis comme des rois et des reines, et tu devrais y être heureuse, tout en apprenant un métier utile. Mme Cesari est une bonne cliente et une bonne amie, et elle accepte de te rendre ce service. »

Lettie éclata de rire, d'une façon qui laissait paraître son profond déplaisir.

« Eh bien merci, lâcha-t-elle. Une chance que j'aime cuisiner, non ? »

Fanny sembla soulagée. Lettie se comportait parfois en forte tête.

« À Martha, maintenant, poursuivit-elle. Je te sais trop jeune pour aller directement travailler, alors je t'ai trouvé un apprentissage tranquille et long, qui te sera utile le temps de décider de ce que tu feras ensuite. Connais-tu ma vieille amie d'école Annabelle Blondin ? »

Martha, qui était blonde et svelte, fixa Fanny de ses grands yeux gris, avec autant de mauvaise humeur que Lettie.

« Celle qui parle tout le temps ? demanda-t-elle. Ce n'est pas une sorcière ?

— Si, avec une jolie maison et des clients dans toute la vallée des Méandres, répondit Fanny avec empressement. C'est une femme bonne, Martha. Elle t'apprendra tout ce qu'elle sait, et te présentera sans doute tous les gens importants de Fort-Royal. Tu auras pris un bon départ dans la vie quand elle en aura fini avec toi.

— C'est une gentille dame, concéda Martha. D'accord. »

Sophie, qui écoutait, sentait bien que Fanny avait organisé les choses au mieux. Lettie, la deuxième fille, ne risquait pas d'arriver à grand-chose par elle-même, et elle avait donc été placée là où elle pourrait rencontrer un bel apprenti et trouver un bonheur simple. Martha, partie pour sortir du lot et faire fortune, aurait la sorcellerie et de riches amis pour l'aider. Quant à Sophie, elle ne doutait pas de ce qui l'attendait. Elle ne fut donc pas surprise quand Fanny annonça :

« Et toi, chère Sophie, il me semble juste que tu hérites de la chapellerie quand je prendrai ma retraite, tu es l'aînée, après tout. J'ai décidé de te prendre moi-même en apprentissage et de t'enseigner le métier. Qu'en penses-tu ? »

Sophie ne pouvait pas répondre qu'elle se résignait simplement à la chapellerie. Elle remercia chaleureusement Fanny.

« C'est donc réglé ! » conclut celle-ci.

Le lendemain, Sophie aida Martha à faire ses bagages, et le surlendemain elles la virent toutes partir sur la carriole du transporteur, semblant toute petite, raide et nerveuse. Car la route menant aux Hauts-Méandres, où vivait Mme Blondin, passait sous les collines hantées par le château ambulant du mage Hurle. Martha avait peur, et on la comprenait.

« Tout ira bien », la rassura Lettie.

Cette dernière avait refusé toute aide pour ses propres préparatifs. Quand la charrette fut hors de vue, elle fourra toutes ses possessions dans une taie d'oreiller et paya six sous au grouillot des voisins pour emporter le tout en brouette chez Cesari, sur la place du Marché.

Lettie suivait, de bien meilleure humeur que Sophie ne l'aurait cru. Elle semblait laisser pour de bon la boutique derrière elle.

Le grouillot revint avec une note griffonnée de Lettie disant qu'elle avait déposé ses affaires dans le dortoir des filles et que la boutique de Cesari paraissait un endroit très amusant. Une semaine plus tard, un messager apporta une lettre de Martha indiquant qu'elle était bien arrivée. Mme Blondin « est charmante et elle met du miel dans tout. Elle élève des abeilles. » Et pendant un temps, ce furent toutes les nouvelles que Sophie reçut de ses sœurs ; elle avait commencé son propre apprentissage le jour de leur départ.

Sophie connaissait déjà bien le métier de chapelier. Depuis sa plus tendre enfance, elle avait couru en tous sens dans l'atelier où l'on trempait puis moulait les chapeaux sur des gabarits, et où l'on modelait en cire les fleurs, fruits et autres décorations. Elle en connaissait tous les ouvriers. La plupart d'entre eux étaient là depuis la jeunesse de son propre père. Elle connaissait Bessie, la seule aide restant à la boutique. Elle connaissait les clients achetant les chapeaux et l'homme conduisant la carriole, celle qui rapportait les chapeaux de paille brute de la campagne, pour qu'on les mît en forme sous l'appentis. Elle connaissait les autres fournisseurs, et comment doubler les coiffes d'hiver. Fanny n'avait donc plus grand-chose à lui apprendre, à part peut-être les meilleurs moyens de convaincre un acheteur.

« Il faut les amener au chapeau idéal, ma belle, disait Fanny. Leur montrer d'abord ceux qui ne conviendront pas tout à fait, afin qu'ils voient la différence quand ils mettront le bon. »

De fait, Sophie ne vendit pas beaucoup de chapeaux. Après une journée à observer l'atelier, et une autre

Le Château de Hurle

à faire la tournée des tisserands et des marchands de soie avec Fanny, cette dernière l'installa à s'occuper des garnitures. Sophie s'asseyait dans une petite alcôve de l'arrière-boutique pour coudre des roses aux bonnets et des voiles aux coiffes de velours, piquer des bordures de soie, arranger avec style les fruits de cire et les rubans sur l'extérieur. Elle était douée pour ça. Elle aimait même cette tâche. Mais elle se sentait isolée et s'ennuyait un peu. Les ouvriers étaient trop vieux pour être de bonne compagnie, et de plus ils la traitaient comme quelqu'un de différent, celle qui hériterait un jour de l'affaire. Bessie faisait de même, mais ne parlait de toute façon que du fermier qu'elle épouserait la semaine suivant le 1er Mai. Sophie enviait un peu Fanny, qui pouvait sortir et aller négocier avec les marchands de soie chaque fois que l'envie l'en prenait.

Le plus intéressant, c'étaient les discussions des clients. Personne ne pouvait acheter un chapeau sans échanger des ragots. Sophie s'asseyait pour coudre dans son alcôve, et apprenait que le maire ne voulait jamais manger de légumes verts, ou encore que le château du mage Hurle s'était à nouveau déplacé vers les falaises, et cet homme, très franchement, murmures, murmures, murmures… Les voix baissaient toujours dès qu'il s'agissait de parler de lui, mais Sophie apprit que le mois précédent, il avait capturé une jeune fille dans la vallée. « Barbe bleue ! » s'exclamaient les murmures, avant de redevenir voix pour dire à quel point Jeanne Farrier devrait avoir honte d'avoir fait ça de ses cheveux. *Celle-là* n'attirerait jamais le mage Hurle et encore moins un homme respectable. Puis l'on passait à des chuchotis craintifs à propos de la sorcière des Steppes. Sophie commença à penser que le mage et la sorcière devraient trouver à s'entendre, quand même.

« Ils semblent faits l'un pour l'autre. Quelqu'un devrait arranger une rencontre », glissa-t-elle au chapeau qu'elle décorait à ce moment-là.

Mais quand vint la fin du mois, toutes les discussions tournaient autour de Lettie. La pâtisserie de Cesari était pleine du matin au soir de beaux messieurs achetant des gâteaux en quantité, et demandant à être servis par Lettie. Elle avait déjà reçu dix demandes en mariage, allant du fils du maire au balayeur de la rue, et les avait toutes refusées, arguant de sa jeunesse ; il était trop tôt pour choisir.

« Je trouve ça très raisonnable de sa part », confia Sophie à un bonnet sur lequel elle plissait de la soie.

La nouvelle réjouit Fanny.

« Je savais qu'elle serait à sa place ! » clama-t-elle joyeusement.

Il semblait surtout à Sophie que Fanny était heureuse de ne plus avoir Lettie dans les pattes.

« Lettie est mauvaise pour la confection, expliqua-t-elle au bonnet, tout en plissant sa soie couleur champignon. Sur elle, même toi tu aurais l'air magnifique, vieille chose démodée. Les autres dames regardent Lettie et sont au désespoir. »

Sophie conversait de plus en plus avec ses chapeaux au fil des semaines. Elle n'avait personne d'autre à qui parler. Fanny sortait le plus clair de la journée, pour négocier les prix ou s'arranger avec la douane ; Bessie était occupée à servir et à détailler à tout un chacun ses plans pour le mariage. Sophie en vint à prendre l'habitude de poser chaque chapeau sur son présentoir alors qu'elle le terminait, là où il ressemblait presque à une tête sans corps. Elle faisait une pause au cours de laquelle elle racontait au chapeau à quoi devrait ressembler le corps en dessous. Elle les flattait un peu, car on doit toujours flatter la clientèle.

« Tu as une allure mystérieuse », complimenta-t-elle l'un d'entre eux, fait seulement de voilettes et de paillettes cachées. À un grand chapeau couleur crème bordé de roses, elle disait : « Tu vas devoir épouser un homme riche ! » Et à une coiffure en paille teintée de vert chenille, avec une plume émeraude bouclée, elle confiait : « Tu es jeune comme une feuille de printemps. » Elle avouait aux bonnets roses qu'ils avaient de charmantes fossettes et aux chapeaux chics doublés de velours qu'ils étaient pleins d'esprit. Elle dit au bonnet couleur champignon : « Tu as un cœur d'or. Une personne haut placée te verra et tombera amoureuse de toi. » Elle se sentait un peu désolée pour ce bonnet-là. Il lui semblait tellement triste et banal.

Jeanne Farrier vint l'acheter à la boutique le lendemain. Ses cheveux paraissaient assez étranges à Sophie – qui l'observait à la dérobée de son alcôve –, comme s'ils étaient entortillés autour de tisonniers. Quel dommage qu'elle eût choisi ce bonnet. Mais tout le monde semblait alors acheter des chapeaux et des bonnets. Peut-être était-ce le boniment de Fanny, ou bien le printemps qui arrivait, mais le commerce marchait bien. Fanny commençait à dire avec une pointe de regret :

« Peut-être aurais-je dû me montrer moins pressée de placer Martha et Lettie ailleurs. À ce rythme, nous aurions pu nous en sortir. »

Il y avait tant d'activité – alors qu'avril s'acheminait vers le 1er Mai – que Sophie avait été obligée d'enfiler une robe grise modeste pour aller servir en boutique. Mais la

Le Château de Hurle

demande était telle qu'elle devait finir de confectionner les chapeaux entre deux clients et, tous les soirs, elle les emportait à côté, à la maison, pour y travailler à la lueur des lampes jusque très tard dans la nuit. Il s'agissait d'avoir de la marchandise à vendre le lendemain. Des chapeaux vert chenille comme celui de la femme du maire étaient très demandés, tout comme les bonnets roses. Puis, la dernière semaine d'avril, quelqu'un vint demander une pièce doublée de cette même couleur champignon qu'avait portée Jeanne Farrier en partant avec le comte de Catterack.

Cette nuit-là, alors qu'elle cousait, Sophie s'avoua qu'elle trouvait sa vie assez ennuyeuse. Plutôt que de parler aux chapeaux, elle les essaya tous alors qu'elle les terminait et s'admirait dans le miroir. C'était une erreur. La robe grise toute simple n'allait guère à Sophie, d'autant qu'elle avait les yeux rouges à force de coudre. Et comme ses cheveux étaient roux, ni le vert chenille ni le rose ne convenaient non plus. Et le bonnet à la doublure champignon la rendait tout simplement affreuse. *Comme une vieille fille !* se dit-elle. Non qu'elle voulût partir avec des comtes, comme Jeanne Farrier, ou même voir la moitié de la ville demander sa main, comme Lettie. Mais elle voulait faire quelque chose – de cela, elle était sûre – d'un peu plus intéressant que de décorer des chapeaux. Elle se dit qu'elle trouverait un peu de temps, le lendemain, pour aller en parler à Lettie.

Mais elle n'y alla pas. Soit qu'elle ne trouvât pas un instant, soit qu'elle manquât d'énergie, soit que la distance jusqu'à la place du Marché lui semblât trop grande. Ou bien se souvint-elle que seule, elle pouvait devenir la proie du mage Hurle ; quoi qu'il en fût, chaque jour il lui semblait plus difficile de partir voir sa sœur. C'était très curieux. Sophie s'était toujours crue plus entêtée que Lettie. Et soudain, elle découvrait qu'il lui fallait arriver à court d'excuses pour pouvoir faire certaines choses. *C'est absurde*, pensa-t-elle. *La place du Marché n'est qu'à deux rues d'ici. En courant...* Elle se jurait de se rendre chez Cesari quand la boutique de chapeaux serait fermée, au 1er Mai.

Dans l'intervalle, de nouveaux ragots se firent entendre dans la boutique. Le roi s'était querellé avec son propre frère, disait-on. Et le prince Justin avait pris la route de l'exil. Nul ne connaissait les raisons de cette dispute, mais le prince était passé deux mois plus tôt par Marché-aux-Copeaux, déguisé, et personne n'en avait rien su. Le comte de Catterack avait été envoyé à la recherche du prince par le roi, et avait rencontré

Le Château de Hurle

Jeanne Farrier à la place. Sophie écoutait, et s'en attristait. Il semblait arriver bien des choses intéressantes, mais toujours à quelqu'un d'autre. Cela étant, il lui serait quand même agréable de voir Lettie.

Vint le 1er Mai. Les réjouissances occupèrent les rues dès l'aube. Fanny sortit tôt, mais Sophie avait quelques chapeaux à finir d'abord. Elle chantait en travaillant. Après tout, Lettie travaillait aussi. Et Cesari restait ouvert jusqu'à minuit, les jours fériés. *J'irai acheter un de leurs gâteaux à la crème*, décida-t-elle. *Je n'en ai pas mangé depuis bien longtemps.* Elle regardait la foule passer devant les vitrines, dans toutes sortes d'habits aux couleurs vives, et des gens vendant des souvenirs, d'autres marchant sur des échasses. Tout cela l'excitait grandement.

Mais quand elle put enfin passer un châle gris sur sa robe de même couleur et sortir dans la rue, ce n'était plus de l'excitation qu'elle ressentait. Elle se sentait submergée. Il y avait trop de fêtards courant, riant, hurlant, trop de bruit et de bousculade. Sophie avait l'impression de s'être transformée en vieille femme, ou en semi-invalide, à force de rester assise à coudre pendant des mois. Elle referma son châle sur elle et se rapprocha des maisons, essayant d'éviter de se faire marcher dessus par des chaussures du dimanche ou de se prendre des coups de coude dans des manches de soie. Puis une volée de détonations éclata au-dessus d'elle, quelque part, et Sophie crut qu'elle allait s'évanouir. Elle leva la tête et vit le château du mage Hurle. Il se dressait sur la colline surplombant la ville, si proche qu'il paraissait installé sur les cheminées. Ses quatre tourelles crachaient des flammes bleues, des boules de feu qui explosaient bruyamment tout en haut du ciel. Les festivités du 1er Mai semblaient offenser le mage. Ou peut-être voulait-il seulement y participer à sa manière. Sophie était trop terrifiée pour s'en soucier. Elle serait bien rentrée chez elle, mais elle avait déjà parcouru la moitié du chemin jusqu'à la boutique de Cesari. Elle courut donc.

Pourquoi diable voulais-je une vie intéressante ? se demanda-t-elle en avançant. *J'aurais bien trop peur. C'est parce que je suis l'aînée des trois...*

Mais c'était pire sur la place du Marché, si la chose était possible. La plupart des auberges donnaient sur la place. Des foules de jeunes hommes allaient et venaient, portant des capes et des manches longues, tapant de leurs bottes à boucles qu'ils n'auraient jamais imaginé porter un jour de travail. Ils faisaient des remarques à haute voix et accostaient les filles. Celles-ci se déplaçaient par paires, prêtes à être abordées. Tout cela était parfaitement normal pour un 1er Mai, et pourtant cela effrayait également Sophie. Quand un jeune homme portant un incroyable costume bleu et argent la repéra et décida de l'accoster elle aussi, elle se pelotonna dans l'entrée d'une boutique et tenta de se cacher.

Le jeune homme la regarda, surpris.

« Tout va bien, petite souris grise, plaisanta-t-il en riant de pitié. Je voulais juste t'offrir un verre. N'aie pas peur comme ça. »

Ce regard apitoyé fit honte à Sophie. C'était un beau spécimen, au visage anguleux et sophistiqué – plutôt vieux, d'ailleurs, la vingtaine dépassée –, et des cheveux blonds à la coiffure élaborée. Ses manches traînaient plus bas encore qu'aucune autre sur toute la place, tout en galons et barrettes d'argent.

« Oh, non, merci, si vous le permettez monsieur, bafouilla-t-elle. Je… J'allais voir ma sœur.

— Faites donc, alors, répondit-il en riant. Qui suis-je pour empêcher une jolie dame de rendre visite à sa famille ? Voulez-vous que je vous escorte, puisque vous avez si peur ? »

Il le proposait gentiment, ce qui accrut encore la honte de Sophie.

« Non, non, merci bien, monsieur », lâcha-t-elle avant de s'enfuir.

Il s'était parfumé, aussi. L'odeur des jacinthes la suivit alors qu'elle courait. *Quelle personne courtoise !* pensa-t-elle, se faufilant entre les petites tables devant *Chez Cesari*.

La terrasse était bondée. L'intérieur également, et aussi bruyant que la place. Sophie localisa sans mal Lettie dans toute la ribambelle de vendeuses au comptoir ; un groupe de fils de fermiers s'y étaient accoudés devant elle pour lui lancer des remarques. Lettie, plus jolie que jamais et peut-être plus mince, fourrait les gâteaux dans des sacs aussi vite qu'elle le pouvait, les refermant d'une torsion et regardant à chaque fois derrière son épaule pour sourire et répondre. Tout le monde riait beaucoup. Sophie dut péniblement se frayer un chemin pour s'approcher.

Lettie la vit. Elle sembla secouée, un instant. Puis ses yeux et son sourire s'élargirent. Elle cria :

« Sophie !

— Puis-je te parler ? cria Sophie en retour. Quelque part. »

Elle hurla ces derniers mots, un peu impuissante, alors qu'un coude bien vêtu l'écartait brutalement du comptoir.

« Un instant ! » hurla à son tour Lettie.

Elle se tourna vers sa voisine et lui murmura à l'oreille. La fille acquiesça, sourit et vint prendre sa place.

« Vous devrez vous contenter de moi, annonça-t-elle à la foule. Qui est le suivant ?

— Mais je veux vous parler, Lettie ! couina un fils de fermier.

— Parlez à Carrie, répondit Lettie. Je veux discuter avec ma sœur. »

Nul ne semblait s'en soucier. Ils poussèrent Sophie vers l'extrémité du comptoir, que Lettie souleva pour la laisser passer, mais lui demandèrent de ne pas la garder toute la journée. Quand Sophie fut passée par l'ouverture, Lettie la prit par le poignet et l'entraîna dans l'arrière-boutique, dans une pièce aux murs couverts d'étagères en bois, toutes surchargées de gâteaux. Lettie apporta deux tabourets.

« Assieds-toi », proposa-t-elle.

Elle examina une des étagères d'un air absent, puis tendit à sa sœur un petit gâteau à la crème.

« Tu pourrais en avoir besoin », ajouta-t-elle.

Sophie s'effondra sur le tabouret, humant les riches effluves du gâteau ; elle se sentait presque aux larmes.

« Oh, Lettie ! Je suis tellement contente de te voir !

— Oui. Et je suis contente que tu te sois assise, dit Lettie. Car vois-tu, je ne suis pas Lettie. Je suis Martha. »

Chapitre 2
Dans lequel Sophie est poussée à chercher fortune

« Quoi ? »

Sophie fixa la fille assise devant elle, sur l'autre tabouret. Elle ressemblait exactement à Lettie. Elle portait la deuxième plus belle robe de Lettie, la bleue, et un très beau chapeau de même couleur qui lui allait à la perfection. Elle avait les cheveux sombres de Lettie et ses yeux bleus.

« Je suis Martha, répéta sa sœur. Qui as-tu surpris à couper les soieries de Lettie dans son tiroir ? Moi, je ne l'ai jamais mentionné à Lettie. Et toi ?

— Non plus », répondit Sophie, estomaquée.

Elle voyait bien que c'était Martha, désormais. Martha inclinait sa tête de Lettie d'une manière qui lui était propre, tout comme sa façon de poser ses mains sur ses genoux, de se tourner les pouces.

« Pourquoi ?

— J'appréhendais le moment où tu viendrais me voir, dit Martha, parce que je savais qu'il me faudrait te le dire. Et me voici soulagée maintenant que c'est fait. Promets-moi de n'en parler à personne. Je sais que si tu me le promets, je pourrai avoir confiance. Tu es tellement honorable.

— C'est promis, répondit Sophie. Mais pourquoi ? Comment ?

— C'est un arrangement entre Lettie et moi, reprit Martha, en se tournant les pouces. Elle voulait apprendre la sorcellerie et moi, ça ne m'intéressait pas. Lettie a de la cervelle, et elle veut un avenir dans lequel elle puisse s'en servir – mais va dire ça à Mère ! Elle est trop jalouse de Lettie pour admettre son intelligence. »

Sophie ne pouvait imaginer que Fanny fût comme ça, mais elle ne releva pas.

« Et toi ?

— Mange ton gâteau, dit Martha. Il est bon. Oh oui, je peux être maligne, moi aussi ! Il ne me fallut que deux semaines chez Mme Blondin pour découvrir le sort dont nous nous servons. Je me levais la nuit pour lire ses livres, et c'était vraiment facile, en fait. J'ai alors demandé à Mme Blondin l'autorisation de rendre visite à ma famille, et elle me l'a accordée. Elle est gentille comme tout. Elle pensait que j'avais le mal du pays. J'ai donc pris le sort et je suis venue ici, et Lettie est retournée là-bas en se faisant passer pour moi. C'est la première semaine qui a été difficile, car je ne savais pas ce qu'elle avait déjà appris. C'était affreux. Mais j'ai découvert que les gens m'appréciaient – vraiment, tu sais, il suffit que *toi* tu les apprécies – et après, tout s'est bien passé. Et comme Mme Blondin n'a pas renvoyé Lettie, je suppose qu'elle s'en est bien sortie aussi. »

Sophie mâchait un gâteau dont elle ne sentait même pas vraiment le goût.

« Mais qu'est-ce qui t'a donné envie de faire ça ? »

Martha se balançait sur son tabouret, son sourire malicieux plaqué sur le visage de Lettie, se tournant les pouces en un tourbillon rose.

« Je veux me marier et avoir dix enfants.

— Mais tu n'en as pas l'âge ! dit Sophie.

— Pas encore, admit Martha. Mais tu dois comprendre qu'il me faudra commencer vite, si je veux en avoir autant. Et comme ça, ça me laisse le temps de voir si la personne que je veux m'aime pour *moi*. Le sort se dissipera graduellement, et je ressemblerai de plus en plus à moi-même. »

Sophie était tellement ébahie qu'elle avait fini son gâteau sans même remarquer de quelle sorte il était.

« Mais pourquoi dix ?

— Parce que j'en veux autant, répondit Martha.

— Je l'ignorais !

— Eh bien, je n'en parlais pas trop, quand tu étais occupée à préparer ma fortune avec Mère, dit Martha. Tu pensais que Mère était sérieuse. Moi aussi, d'ailleurs, jusqu'à la mort de Père. J'ai vu alors qu'elle cherchait surtout à se débarrasser de nous – en mettant Lettie là où elle rencontrerait beaucoup d'hommes pour se marier, et en m'éloignant le plus possible ! J'étais tellement en colère que j'ai pensé "et pourquoi pas ?" J'en ai donc parlé à Lettie, et elle était autant en colère que moi. Nous avons donc arrangé ça. Et maintenant, tout va bien. Mais nous avons toutes deux des scrupules en ce qui te concerne. Tu es bien trop intelligente et gentille pour rester coincée toute ta vie dans cette boutique. Nous en avons discuté, sans trouver quoi que ce soit pour y remédier.

— Mais ça va, protesta Sophie. Je m'ennuie un peu, c'est tout.

— Ça va ? s'exclama Martha. Oui, tu nous prouves que ça va en n'approchant pas d'ici pendant des mois, puis en débarquant dans une horrible robe grise avec un châle assorti, et l'air d'avoir peur, même de moi ! Mais qu'est-ce que te fait Mère ?

— Rien, dit Sophie, mal à l'aise. Nous avons été très occupées. Tu ne devrais pas parler comme ça de Fanny, Martha. C'est *ta* mère.

— Oui, et je lui ressemble assez pour la comprendre, rétorqua Martha. C'est pour ça qu'elle m'avait envoyée si loin, ou plutôt qu'elle a essayé. Mère sait que tu n'as pas besoin d'être méchante avec les gens pour les exploiter. Elle sait à quel point tu es dévouée. Elle sait que tu as peur d'être une ratée sous prétexte d'être l'aînée. Elle t'a parfaitement manipulée, et poussée à trimer pour elle comme une esclave. Je parie qu'elle ne te paie pas.

— Je ne suis encore qu'apprentie, protesta Sophie.

— Moi aussi, mais je touche un salaire. Les Cesari savent que je le vaux bien, expliqua Martha. La boutique rapporte *beaucoup*, ces temps-ci, et c'est grâce à toi ! Tu as fait ce chapeau vert qui donne à la femme du maire une allure de jeune fille, pas vrai ?

— Vert chenille. J'ai réalisé les finitions, dit Sophie.

— Et le bonnet que portait Jeanne Farrier en rencontrant ce noble, poursuivit Martha. Tu es un génie pour tout ce qui touche aux chapeaux et aux vêtements. Mère le sait ! Tu as scellé ton destin en confectionnant ce costume pour Lettie, pour le 1er Mai de l'an dernier. Et maintenant, tu gagnes l'argent pendant qu'elle sort musarder…

— Elle sort négocier les achats, rectifia Sophie.

— Les achats ! » cria Martha.

Ses pouces tourbillonnaient.

« Ça lui prend la moitié de la matinée. Je l'ai vue, Sophie, et je l'ai entendue discuter. Elle part en carrosse de location et en habits payés par ton travail pour visiter tous les manoirs de la vallée. Elle dit vouloir acheter cette grande maison à Fondeval pour s'y installer avec panache. Et toi, quelle est ta place là-dedans ?

— Eh bien, Fanny a bien le droit à un peu de plaisir, après s'être démenée pour nous élever, objecta Sophie. J'imagine que j'hériterai de la boutique.

— Quel destin ! s'exclama Martha. Écoute… »

Mais à cet instant, deux présentoirs à gâteaux vides furent tirés à l'autre bout de la pièce, et un apprenti passa la tête par la porte menant derrière.

« Il me semblait bien avoir entendu ta voix, Lettie, dit-il avec un sourire amical et charmeur. La nouvelle fournée vient de sortir. Va leur dire. »

Sa tête couverte de boucles, mais aussi de farine, disparut. Sophie avait trouvé ce garçon plutôt gentil. Elle voulait demander à Martha si elle l'appréciait, mais n'en eut pas l'occasion. Sa sœur s'était relevée d'un bond sans cesser de parler.

« Je dois aider les filles à apporter tout ça devant, dit-elle. Aide-moi avec ce présentoir. »

Elle souleva le plus proche et Sophie lui prêta main-forte ; elles passèrent la porte et retournèrent ainsi dans la boutique bondée et bruyante.

« Tu dois faire quelque chose pour toi, Sophie, haleta Martha alors qu'elles avançaient. Lettie disait toujours ignorer ce qu'il adviendrait de toi si nous n'étions plus là pour ranimer ton respect de toi-même. Elle avait bien raison de s'inquiéter. »

Dans la boutique, Mme Cesari leur arracha le présentoir, le portant seule de ses bras massifs, hurlant des instructions, et une file d'employés passa devant Martha pour en rapporter d'autres. Sophie cria au revoir et se glissa dans la foule. Il ne lui semblait pas correct d'abuser encore du temps de sa sœur. Qui plus est, elle avait besoin de solitude pour réfléchir. Elle courut à la maison. Des feux d'artifice fusaient, tirés de la rive où avait été installée la foire. Ils faisaient concurrence aux éclairs bleus du château de Hurle. Sophie se sentit plus invalide que jamais.

Elle passa le plus clair des semaines suivantes à penser et repenser, mais ne parvint qu'à se plonger encore un peu plus dans la confusion et le mécontentement. Les choses n'avaient rien à voir avec ce qu'elle avait cru. Elle était ébahie par ce qu'avaient osé Lettie et Martha. Des années durant, elle n'avait pas su les comprendre. Mais elle ne parvenait pas à croire que Fanny fût le genre de femme décrit par Martha.

Elle avait beaucoup de temps pour réfléchir, car Bessie était partie se marier, et Sophie restait donc souvent seule dans la boutique. Fanny sortait beaucoup, que ce fût pour musarder ou pas, et la fièvre des acheteurs était retombée après le 1er Mai. Au bout de trois jours, Sophie réunit son courage pour demander à Fanny :

« Ne devrais-je pas gagner un salaire ?

— Mais bien sûr, ma chérie, avec tout ce que tu fais ! répondit chaleureusement celle-ci en fixant un chapeau doublé de rose devant l'un des miroirs de la boutique. Nous verrons cela ce soir, dès que j'aurai fait les comptes. »

Puis elle sortit, et ne revint pas avant que Sophie eût fermé la boutique et rapporté chez elle les chapeaux à finir.

La jeune fille se sentait méchante d'avoir écouté Martha. Mais Fanny ne reparla pas de salaire ce soir-là, ni à aucun autre moment de la semaine. Et Sophie commença à penser que Martha avait raison.

« Peut-être suis-je *en effet* exploitée, dit-elle à un chapeau qu'elle doublait de soie rouge et ornait de cerises en cire. Mais quelqu'un doit bien faire ce travail, sinon nous n'aurons plus du tout de chapeaux à vendre. »

Elle acheva cette coiffe et passa à une autre, noire et blanche, très sophistiquée, quand lui vint une pensée nouvelle :

« Serait-ce si grave de ne plus avoir de chapeaux à vendre ? » l'interrogea-t-elle.

Elle regarda tout autour les pièces sur lesquelles elle avait travaillé, sur des stands ou en tas, attendant d'être doublées.

« À quoi bon ? leur demanda-t-elle. Vous ne faites aucun bien. »

Elle était à deux doigts de quitter la maison pour s'en aller chercher fortune, mais se souvint qu'elle était l'aînée, et que ce serait donc inutile. Elle reprit alors son ouvrage en soupirant.

Ce mécontentement la travaillait encore le lendemain matin, alors qu'elle se trouvait seule dans la boutique. Une jeune femme assez banale entra comme une furie, faisant tournoyer un des bonnets couleur champignon par le bout de ses rubans.

« Regardez ça ! hurla la cliente. Vous m'aviez dit qu'il était identique à celui porté par Jeanne Farrier lors de sa rencontre avec le comte ! Vous m'avez menti. Il ne m'est rien arrivé, à moi !

— Je n'en suis pas surprise, répondit Sophie avant qu'elle n'eût le temps de reprendre. Si vous êtes assez sotte pour porter un tel bonnet avec un tel visage, vous n'auriez pas assez d'esprit pour repérer le roi en personne, quand bien même il viendrait mendier à vos pieds – et encore, il risquerait de se changer en pierre rien qu'à vous voir. »

La cliente ouvrit de grands yeux. Puis elle jeta le bonnet à la tête de Sophie et ressortit en claquant la porte. Sophie ramassa la coiffe et la mit précautionneusement au panier tout en reprenant son souffle. Elle connaissait la règle : perdre son calme, c'était perdre un client. Elle venait d'en faire la démonstration. Et le plaisir qu'elle y avait pris la troublait grandement.

Elle n'eut pas le temps de s'en remettre. Elle entendit un bruit de roues et de sabots, puis un carrosse vint obscurcir la vitrine. La cloche de la boutique sonna et la cliente la plus majestueuse qu'elle eût jamais vue entra, une étole couleur sable pendant entre ses coudes, et des diamants parsemant sa robe d'un noir profond. Les yeux de Sophie se fixèrent d'abord sur le chapeau de la dame – vraie plume d'autruche teinte pour refléter le rose et le vert projetés par les éclats de diamants, et pourtant toujours noire. C'était un chapeau de prix. Le visage de la femme était méticuleusement beau. Ses cheveux châtains lui donnaient un air de jeunesse, mais… Les yeux de Sophie glissèrent sur le jeune homme qui l'accompagnait, un personnage au visage assez informe, aux cheveux roux, plutôt bien habillé, mais visiblement dans tous ses états. Il fixa Sophie avec une pointe d'horreur implorante. Il était à l'évidence plus jeune que la dame. Sophie était perplexe.

« Mademoiselle Chapelier ? demanda la dame d'une voix chantante, mais autoritaire.

— Oui », répondit Sophie.

Le Château de Hurle

L'homme sembla plus anxieux que jamais. Peut-être la dame était-elle sa mère.

« Il paraît que vous vendez les plus délicieux chapeaux, dit la dame. Montrez-moi donc ça. »

Sophie se voyait mal répondre, vu sa mauvaise humeur. Elle se contenta d'aller en réserve et rapporta des chapeaux. Aucun d'entre eux n'était de la classe de cette dame. Elle pouvait sentir le regard de l'homme la suivre, et cela la mit mal à l'aise. Plus vite la dame découvrirait que ces chapeaux ne convenaient pas, plus vite cet étrange duo ressortirait. Elle suivit le conseil de Fanny et présenta d'abord les moins appropriés.

La dame commença immédiatement à en rejeter. « Fripé », lança-t-elle au bonnet rose, et « trop jeune » au chapeau vert chenille. À celui fait de voiles et de paillettes : « Un attrait mystérieux. Comme c'est évident. »

« Qu'avez-vous d'autre ? »

Sophie sortit le chapeau noir et blanc, à la mode, le seul qui pût vaguement intéresser cette dame.

Elle le regarda avec mépris.

« Celui-ci n'irait à personne. Vous me faites perdre mon temps, mademoiselle Chapelier.

— Seulement parce que vous demandiez après des chapeaux, répondit Sophie. Nous ne sommes qu'une petite boutique dans une petite ville, madame. Pourquoi vous êtes-vous... »

Derrière la dame, l'homme manqua de s'étouffer, et sembla tenter de l'avertir.

« Donné la peine d'entrer ? acheva Sophie, se demandant ce qui se passait.

— Je me donne toujours de la peine quand quelqu'un tente de se dresser contre la sorcière des Steppes, répondit la dame. On m'a parlé de vous, mademoiselle Chapelier, et je n'ai cure de votre concurrence, ni de votre attitude. Je suis venue y mettre fin. Voilà. »

Elle ouvrit la main en un mouvement de lancer vers le visage de Sophie.

« Vous voulez dire que vous êtes la sorcière des Steppes ? dit Sophie d'une voix tremblante, rendue étrange par la peur et l'étonnement.

— En effet, confirma la dame. Et que ça vous apprenne à vous mêler de ce qui m'appartient.

— Je ne crois pas l'avoir fait. Il doit y avoir erreur », croassa Sophie.

L'homme la regardait, horrifié, et elle ne comprenait pas pourquoi.

« Il n'y a aucune erreur, mademoiselle Chapelier, annonça la sorcière. Venez, Gaston. »

Elle tourna les talons et se dirigea vers la porte. Alors que l'homme la lui ouvrait humblement, elle se retourna de nouveau vers Sophie.

« Au fait… Vous ne pourrez dire à personne que vous êtes sous l'influence d'un sort. »

La cloche de la porte sonna comme le glas à son départ.

Sophie se toucha la figure, se demandant ce que l'homme avait ainsi regardé. Elle sentit les rides douces, à consistance de cuir. Elle regarda ses mains. Elles aussi étaient ridées et fines, avec de grosses veines sur le dos et des articulations enflées. Elle releva sa robe grise sur ses jambes et contempla ses chevilles maigres et décrépites, et ses pieds qui avaient fait gonfler ses chaussures. Ses membres semblaient appartenir à une vieillarde de 90 ans, et tout cela avait l'air réel.

Sophie se regarda dans le miroir, et dut s'approcher pour voir. Le visage dans la glace était plutôt calme, car c'était ce qu'elle s'attendait à découvrir. C'était celui d'une vieille femme émaciée, usée, brunie, entouré de cheveux blancs. Ses yeux, jaunes et humides, lui rendaient tragiquement son regard.

« Ne t'en fais pas, vieille chose, dit Sophie à cette triste figure. Tu as l'air en bonne santé. Et ça ressemble beaucoup plus à ce que tu es au fond de toi. »

Elle réfléchit très calmement à sa situation. Tout semblait lointain et tranquille. Elle n'était même pas particulièrement en colère après la sorcière des Steppes.

Bien sûr, il faudra que je lui rende la pareille quand j'en aurai l'occasion, songea-t-elle, *mais dans l'intervalle, si Lettie et Martha peuvent supporter d'être quelqu'un d'autre, je peux supporter d'être ainsi. Mais je ne peux pas rester ici. Fanny en ferait une attaque. Voyons… Cette robe grise convient assez, mais il va me falloir mon châle et de quoi manger.*

Elle se dirigea vers la porte et y installa méticuleusement le panneau « Fermé ». Ses articulations craquaient à chaque mouvement. Elle devait marcher lentement, courbée. Mais elle fut soulagée de découvrir qu'elle était une vieille femme en bonne santé. Elle ne se sentait ni faible ni malade. Seulement raide. Elle récupéra son châle et s'emmitoufla, s'en entourant la tête et les épaules comme le faisaient les dames âgées. Puis elle fit le tour de la maison, où elle prit sa bourse avec quelques sous dedans, ainsi qu'un morceau de pain et de fromage. Elle sortit, cachant la clé à l'endroit habituel, puis partit dans la rue, surprise de son propre calme.

Elle se demanda si elle devait dire au revoir à Martha, mais elle n'aimait pas l'idée de ne pas être reconnue.

Mieux valait partir. Sophie décida d'écrire à ses sœurs en arrivant à sa destination, quelle qu'elle fût, et traversa à petits pas le pré où s'était tenue la foire, puis le pont, et s'enfonça dans la campagne, sur l'autre rive, par les petits sentiers. C'était une chaude journée de printemps. Sophie découvrit que son grand âge ne l'empêchait pas d'apprécier la vue et les parfums des haies d'aubépine, quand bien même tout était flou. Son dos commença à la faire souffrir. Elle avançait d'un bon pas, mais avait besoin d'une canne. Elle fouilla les haies à la recherche d'une branche assez longue.

Bien entendu, ses yeux n'avaient plus leur acuité d'antan. Elle pensait avoir vu un bâton à un mile de distance ou à peu près, mais en arrivant dessus, il s'avéra être le bas d'un vieil épouvantail que quelqu'un avait jeté par-dessus la haie. Sophie le redressa. Il avait en guise de visage un vieux navet tout flétri. Sophie le trouva touchant. Plutôt que de le démonter pour prendre le bâton, elle le planta entre deux branches de la haie pour qu'il se tînt fièrement au-dessus des aubépines, les manches en lambeaux flottant sur ses bras de bois.

« Voilà », dit-elle.

Sa voix rocailleuse et vieille la surprit au point qu'elle éclata d'un rire caquetant.

« Nous n'avons pas très bonne mine, l'un et l'autre, n'est-ce pas mon ami ? Peut-être retourneras-tu à ton champ si je te laisse ici, où les gens peuvent te voir. »

Elle se préparait à repartir, quand une pensée la frappa, et elle revint auprès de lui.

« Si je n'étais pas condamnée à l'échec de par ma place dans la famille, déclara-t-elle à l'épouvantail, tu prendrais vie et tu viendrais m'aider à faire fortune. Je te souhaite bonne chance quand même, va. »

Elle caqueta de nouveau en reprenant sa marche. Peut-être était-elle un peu folle, mais bien des vieilles femmes l'étaient, après tout.

Elle trouva un bâton une heure plus tard, en s'asseyant sur le bord de la route pour se reposer et manger son pain et son fromage. La haie derrière elle bruissait d'étranges petits couinements, suivis de coups qui firent tomber des pétales d'aubépine. Sophie rampa sur ses genoux osseux pour jeter un œil à l'intérieur de la haie, entre les feuilles, les fleurs et les épines. Elle y découvrit un petit chien gris. Il était piégé par une lanière souple enroulée autour de son cou à l'aide d'un bâton qui s'était coincé entre deux branches. L'animal pouvait à peine bouger, il roulait désespérément des yeux vers Sophie.

Enfant, Sophie avait peur des chiens. Et même en tant que femme âgée, elle restait inquiète de voir les deux rangées de crocs blancs dans la gueule grande ouverte de la bête. Mais elle se dit en son for intérieur : *Dans l'état où je suis à présent, je n'ai plus vraiment à m'inquiéter.* Elle sentait dans sa poche ses ciseaux de couture et tailla avec dans la haie, jusqu'à pouvoir attaquer la corde entravant le chien.

L'animal était très sauvage. Il eut un mouvement de recul et grogna. Mais Sophie continua bravement à scier.

« Tu vas mourir de faim ou t'étrangler, l'ami, lui dit-elle de sa voix chevrotante, à moins que tu ne me laisses te libérer. En fait, j'ai bien l'impression que quelqu'un a déjà tenté de te tordre le cou. Peut-être cela explique-t-il ton humeur. »

La corde avait été serrée autour de son cou, et le bâton tourné dedans avec méchanceté. Il fallut tailler longuement avant qu'elle ne lâchât et que l'animal pût s'extraire.

« Veux-tu un peu de pain et de fromage ? » lui demanda Sophie.

Mais la bête se contenta de grogner, cherchant à sortir de l'autre côté de la haie. Elle disparut.

« Quelle gratitude ! dit Sophie en massant ses bras écorchés. Mais tu m'as laissé un cadeau malgré toi. »

Elle sortit de la haie le bâton qui avait piégé le chien et découvrit qu'il s'agissait d'une bonne canne de marche, bien finie, au bout renforcé de fer. Sophie termina son modeste repas et reprit la route. Le chemin était de plus en plus raide, et le bâton lui fut d'une grande aide. Et c'était quelque chose à quoi parler. Elle battait donc le sol en discutant avec sa badine. Après tout, les vieilles personnes parlent souvent toutes seules.

« Cela nous fait deux rencontres, récapitula-t-elle, et pas une miette de gratitude magique ni de l'une ni de l'autre. Mais je ne me plains pas, tu es une bonne canne. Je vais certainement faire une troisième rencontre, magique ou pas. Je préférerais qu'elle le soit, d'ailleurs. Et je me demande ce que ce sera. »

La troisième eut lieu en fin d'après-midi, alors que Sophie approchait des collines. Un paysan vint à elle en sifflotant sur le chemin. *Un berger*, pensa-t-elle, *qui rentre après être allé voir ses moutons.* C'était un jeune homme bien bâti, d'une quarantaine d'années à peu près.

« Seigneur ! chuchota Sophie. Ce matin, je l'aurais vu comme un vieux. Comme les points de vue changent, parfois ! »

Le Château de Hurle

Quand le berger la vit marmonner, il s'écarta sur le côté du chemin et l'interpella chaleureusement :

« Bonsoir, petite mère ! Où allez-vous comme ça ?

— Petite mère ? s'offusqua Sophie. Je ne suis pas ta mère, jeune homme !

— Façon de parler, dit-il en longeant la haie, du côté opposé. Ce n'était qu'une question polie, vous voyant marcher vers les collines à la fin du jour. Vous n'arriverez pas aux Hauts-Méandres avant la tombée de la nuit, vous savez ? »

Sophie n'y avait pas pensé. Elle resta plantée sur la route et y réfléchit.

« Ça n'a vraiment pas d'importance, dit-elle, surtout pour elle-même. On ne peut pas chipoter, quand on cherche fortune.

— Vraiment, petite mère ? » demanda le berger.

Il continuait à descendre sur le chemin, et semblait soulagé de s'éloigner.

« Alors je vous souhaite bonne chance, petite mère, si tant est que votre fortune n'ait rien à voir avec des charmes jetés au bétail. »

Puis il partit à grands pas, courant presque. Sophie le regarda disparaître avec indignation.

« Il m'a prise pour une sorcière ! » expliqua-t-elle à son bâton.

Elle avait presque envie d'effrayer le berger en lui hurlant de vilains mots, mais ça ne lui sembla pas très gentil. Elle poursuivit sa route en grommelant. Bientôt, les haies cédèrent la place à un bord nu, et les prairies au-delà à des bruyères et des pentes couvertes d'une herbe rêche, jaunâtre. Sophie continua, morose. Ses vieux pieds noueux lui faisaient mal, tout comme son dos, et ses genoux. Elle fut bientôt trop fatiguée pour marmonner, et se contentait de marcher en haletant, alors que le soleil descendait de plus en plus. Et, d'un coup, il devint clair à ses yeux qu'elle ne pourrait faire un pas de plus.

Elle s'effondra sur une pierre du bas-côté, se demandant que faire.

« La seule fortune à laquelle je puisse penser désormais, c'est à un siège confortable », se lamenta-t-elle.

La pierre s'avéra être sur une sorte de promontoire, ce qui donnait à Sophie une belle vue du chemin parcouru. Presque toute la vallée s'étendait devant elle, illuminée par le soleil couchant : tous les champs, les murets et les haies, les méandres du fleuve, les manoirs des gens riches entre les arbres, jusqu'aux montagnes bleues à l'horizon. En dessous, elle pouvait voir Marché-aux-Copeaux, et son regard parcourait des rues familières. Il y avait la place du Marché et la boutique des Cesari. Elle aurait pu jeter une pierre et toucher l'une des cheminées des maisons voisines de la chapellerie.

« C'est encore tellement proche ! dit-elle à sa canne avec consternation. Toute cette marche pour n'être qu'au-dessus de mon propre toit ! »

Il commençait à faire froid sur la pierre, alors que le soleil disparaissait. Un vent déplaisant soufflait, et chaque fois que Sophie se tournait pour s'en protéger, il tournait avec elle. Il ne lui semblait plus si anodin de passer la nuit dans les collines. Elle pensait de plus en plus à un fauteuil confortable et à un coin de cheminée, mais aussi à l'obscurité et aux animaux sauvages. Si elle retournait vers Marché-aux-Copeaux, elle n'y arriverait pas avant le milieu de la nuit. Autant continuer, donc. Elle soupira et se releva en craquant des jointures. C'était affreux. Elle avait mal partout.

« Je ne m'étais jamais rendu compte de ce que devaient endurer les personnes âgées ! haletait-elle en progressant vers le sommet. Mais je ne pense pas que les loups iraient me manger. Je dois être trop dure et trop sèche. C'est réconfortant. »

La nuit tombait très vite, désormais, et les champs étaient devenus bleu-gris. Le vent forcissait. Sophie avait le souffle court, et les craquements de ses membres retentissaient si fort à ses oreilles qu'il lui fallut un moment pour comprendre : certains grincements et soupirs ne venaient pas d'elle. Elle leva les yeux et vit flou.

Le château du mage Hurle dévalait la pente dans sa direction. Une fumée noire montait en gros nuages de derrière ses créneaux pleins de suie. Il avait l'air grand, élancé et lourd à la fois, laid et plutôt sinistre. Sophie s'appuya sur sa canne pour le regarder. Elle n'était pas particulièrement effrayée, et se demandait surtout ce qui le faisait bouger. Ce qui occupait ses pensées, de toute façon, c'était qu'une telle fumée signifiait une grande cheminée, quelque part derrière ces grands murs sombres.

« Hé, pourquoi pas ? dit-elle à son bâton. Le mage Hurle ne voudra certainement pas de mon âme pour sa collection. Il ne prend que des jeunes filles. »

Elle leva sa canne et l'agita impérieusement en direction du château.

« Stop ! » hurla-t-elle.

Obéissant, le château fit halte en grinçant et grondant à 50 pieds d'elle, plus haut sur la pente. Sophie en ressentit une pointe de satisfaction alors qu'elle montait en claudiquant à sa rencontre.

Chapitre 3
Dans lequel Sophie entre dans un château et dans un pacte

Il y avait une grande porte noire dans le mur duquel s'approchait Sophie, qui s'avança dans sa direction à petits pas. Le château était encore plus laid vu de près : bien trop haut, et d'une forme pas très régulière. Pour ce que Sophie pouvait en voir dans l'obscurité grandissante, il était bâti en gros blocs d'un noir de suie. Et, à l'instar de morceaux de charbon, ces pierres étaient de toutes

Le Château de Hurle

tailles et de toutes formes. Les murs frissonnaient à son approche, mais cela n'effraya pas Sophie. Elle ne pensait qu'à des fauteuils et à des cheminées, et elle leva la main vers l'huisserie.

Elle ne put s'en approcher. Un mur invisible l'arrêta à un pied de la porte. Sophie le palpa avec irritation. Impossible d'avancer. Elle le sonda alors du bout de sa canne. Cette barrière semblait recouvrir la porte aussi haut que son bâton pût monter, et descendre jusqu'au perron.

« Ouvrez ! » caqueta Sophie.

Ça ne fit aucune différence.

« Très bien, dit Sophie. Je trouverai votre porte de derrière. »

Elle se dirigea en boitillant vers l'angle gauche du château, le plus proche, et sur une pente légèrement descendante. Mais elle ne parvint pas à tourner au coin. Le mur invisible l'arrêta alors qu'elle arrivait à la hauteur de l'arête noire et irrégulière. Sophie lâcha un mot qu'elle avait appris de Martha, et que ni les vieilles dames ni les jeunes filles ne sont censées connaître, et elle remonta dans l'autre sens, vers le coin droit du bâtiment. Rien ne faisait barrage à cet endroit. Elle tourna donc et se dirigea avec empressement vers une deuxième grande porte noire au milieu de ce côté-là.

Elle était également recouverte d'une barrière invisible.

Sophie fronça les sourcils.

« Je ne trouve pas cela très accueillant », dit-elle.

De la fumée noire s'élevait en gros nuages au-dessus des murailles. Sophie toussa. Elle était en colère, désormais. Elle était vieille, frêle, elle avait froid et mal partout. La nuit tombait et le château restait planté là, à lui souffler sa fumée dessus.

« J'aurais deux mots à dire à Hurle », lâcha-t-elle avant de partir d'un pas décidé vers le coin suivant.

Il n'y avait pas de barrière : il fallait donc contourner l'édifice en sens inverse des aiguilles d'une montre et là, légèrement décentrée sur le mur, il y avait une troisième porte, plus petite, et plus piteuse, aussi.

« Ah ! La porte de derrière, enfin ! » s'exclama Sophie.

Le château se remit en route alors que Sophie s'approchait de l'ouverture. Le sol tremblait. Les murs frissonnaient en émettant des craquements, et la porte semblait se déplacer en crabe par rapport à elle.

« Ah non, pas question ! » hurla Sophie.

Elle courut après la porte et la frappa violemment de sa canne.

« Ouvre-toi ! », criait-elle.

Le Château de Hurle

Et elle s'ouvrit vers l'intérieur, tout en continuant de s'éloigner sur le côté. En claudiquant furieusement, Sophie parvint à mettre un pied sur le perron. Puis elle bondit, s'éleva et sauta encore, tandis que les grands blocs noirs autour de la porte frémissaient en grinçant et que le château prenait de la vitesse sur la pente inégale. Sophie ne s'étonnait plus que la bâtisse eût un air bancal. Le plus merveilleux, c'était qu'elle ne s'écroulât pas séance tenante.

« Quelle manière stupide de traiter une construction », observa-t-elle, pantelante, pendant qu'elle entrait.

Elle avait été obligée de lâcher sa canne et de s'accrocher à la porte ouverte pour ne pas être éjectée.

Alors qu'elle reprenait son souffle, elle vit une personne debout devant elle, se tenant à la porte elle aussi. C'était un garçon, plus grand d'une tête que Sophie, mais presque un enfant encore. Elle voyait qu'il était à peine plus âgé que Martha. Il semblait vouloir refermer la porte sur elle, et la chasser de la pièce chaude, éclairée à la lampe, au plafond bas soutenu par des poutres. La rejeter vers la nuit.

« Tu n'aurais quand même pas l'impudence de me refermer la porte dessus, mon garçon ? dit-elle.

— Je ne voulais pas, mais vous la maintenez grande ouverte, protesta-t-il. Que voulez-vous ? »

Sophie regarda ce qu'elle pouvait voir derrière le garçon. Il y avait beaucoup d'objets relevant probablement de la sorcellerie, accrochés aux poutres : des chapelets d'oignons, des bouquets d'herbes et des bottes de racines étranges. Il y avait aussi des choses définitivement liées à la sorcellerie, comme des livres reliés en cuir, des bouteilles contournées et un vieux crâne humain grimaçant et bruni. De l'autre côté, elle distinguait une cheminée où brûlait un petit feu. Bien plus que ce que suggérait la fumée dehors, mais ce n'était visiblement qu'une petite pièce du château. Mais le plus important à ses yeux, c'était que les braises avaient atteint cet état rosâtre, avec de légères flammes bleues montant au-dessus des bûches ; devant l'âtre, à l'endroit le plus chaud, on avait disposé un fauteuil bas orné d'un coussin.

Sophie repoussa le garçon sur le côté et alla s'asseoir.

« Ah ! Ma fortune ! » s'exclama-t-elle en s'installant confortablement dedans.

C'était un délice. Le feu réchauffa ses rhumatismes, le dossier lui supportait le dos, et elle sut que si jamais quelqu'un tentait de la sortir de là, il faudrait à cette personne recourir à des moyens violents et magiques pour y parvenir.

Le Château de Hurle

Le garçon referma la porte, puis ramassa la canne de Sophie et la plaça poliment sur le côté du fauteuil. Elle se rendit compte alors d'une chose étrange : aucun signe n'indiquait que le château se déplaçait à flanc de colline, pas même le fantôme d'un grondement ni le plus petit tremblement. Comme c'était curieux !

« Va dire au mage Hurle, ordonna-t-elle au garçon, que son château va finir par s'effondrer s'il voyage encore.

— C'est un sort qui le maintient, répondit-il. Mais j'ai bien peur que Hurle ne soit pas là en ce moment. »

C'était une bonne nouvelle pour Sophie.

« Et quand rentrera-t-il ? demanda-t-elle avec nervosité.

— Pas avant demain, je pense. Que voulez-vous ? Puis-je vous aider en attendant ? Je suis son apprenti, Michael. »

C'était encore mieux.

« Je crains que seul le mage puisse m'aider », dit-elle rapidement et fermement.

C'était même probablement vrai.

« J'attendrai, si ça ne te dérange pas. »

Il était clair que cela dérangeait Michael. Il s'approcha d'elle, l'air impuissant. Pour bien lui montrer qu'elle ne se laisserait pas éconduire par un simple apprenti, Sophie ferma les yeux et fit semblant de vouloir s'endormir.

« Dis-lui que mon nom est Sophie, murmura-t-elle. La *vieille* Sophie, ajouta-t-elle par prudence.

— Ça vous obligera sans doute à attendre toute la nuit », renchérit Michael.

Comme c'était exactement ce que voulait Sophie, elle fit celle qui n'avait rien entendu. Et en fait, elle sombra vite dans une douce somnolence. La marche l'avait épuisée. Au bout d'un moment, Michael abandonna et retourna travailler sur l'établi où était posée la lampe.

Ainsi, j'aurai l'abri pour toute une nuit, pensa-t-elle, un peu embrumée. Même si c'était sous des prétextes assez fallacieux. Puisque Hurle était un homme méchant, c'était bien fait pour lui de se voir imposer un hôte. Mais elle comptait être loin avant que le mage ne rentrât et soulevât la moindre objection.

D'un œil ensommeillé, elle regarda l'apprenti à la dérobée. Le découvrir si poli et agréable la surprenait. Après tout, elle avait forcé le passage assez impoliment, et Michael ne s'était pas plaint du tout. Peut-être Hurle le maintenait-il dans une servilité abjecte. Mais Michael n'avait pas l'air servile. C'était un jeune homme assez grand pour son âge, brun, avec un visage plaisant et ouvert, habillé de façon respectable. En fait, si Sophie ne l'avait pas vu verser délicatement un fluide vert d'un

Le Château de Hurle

flacon biscornu sur la poudre noire d'une jatte de verre, elle aurait pu le prendre pour le fils d'un riche fermier. Comme c'était curieux !

Mais les choses se doivent d'être curieuses dès qu'il est question de mages et de sorciers, pensa Sophie. Et cette cuisine, ou cet atelier, était à la fois confortable et paisible. Sophie finit par s'endormir pour de bon et elle ronfla. Elle ne se réveilla même pas quand un éclair et une explosion étouffée éclatèrent sur la table de travail, suivis par un juron marmonné de Michael qui suça ses doigts brûlés, mit son ouvrage de côté et partit chercher du pain et du fromage dans le placard. Elle ne réagit pas non plus quand Michael fit tomber sa canne par terre en se penchant au-dessus d'elle pour remettre du bois dans le feu, ni quand, regardant la bouche ouverte de Sophie, il dit à la cheminée :

« Elle a toutes ses dents. Ce n'est pas la sorcière des Steppes, alors ?

— Je ne l'aurais pas laissée entrer si ça avait été le cas », répondit la cheminée.

Michael haussa les épaules et ramassa poliment, une nouvelle fois, la canne de Sophie. Puis il remit tout aussi poliment une bûche dans l'âtre, et partit se coucher ailleurs.

Au milieu de la nuit, Sophie fut réveillée par des ronflements. Elle se leva d'un bond, vexée de comprendre que c'était elle la ronfleuse. Il lui semblait n'avoir perdu conscience que quelques secondes, mais cet instant avait suffi à Michael pour disparaître avec la lampe. Nul doute qu'un apprenti mage devait avoir appris un tel tour dès sa première semaine. Et il avait laissé le feu presque s'éteindre. De l'âtre sortaient des crépitements et sifflements irritants. Sophie sentit un frisson glacé lui descendre dans le dos. Elle se souvint d'être au château du mage et, distinctement, qu'un crâne humain traînait sur l'établi, derrière elle.

Elle frissonna encore, et regarda autour d'elle, mais la pièce était plongée dans l'obscurité.

« Donnons un peu plus de lumière, d'accord ? » lança-t-elle.

Sa petite voix rocailleuse ne semblait pas faire beaucoup plus de bruit que les crépitements du feu. Sophie en fut surprise. Elle s'attendait à l'entendre se réverbérer dans les profondeurs du château. Il y avait un panier de bois à côté d'elle. Elle tendit un bras aux articulations craquantes et jeta une bûche dans le feu, ce qui fit jaillir des étincelles vertes et bleues dans le conduit de cheminée. Elle ajouta une seconde bûche et se rassit, non sans regarder nerveusement derrière

Le Château de Hurle

elle, là où la lumière des flammes dansait sur l'os poli et brun du crâne. La pièce n'était pas bien grande. Il n'y avait personne, en dehors de Sophie et de cette tête de mort.

« Il a les deux pieds dans la tombe, quand moi je n'en ai qu'un », se dit-elle pour se consoler.

Elle se tourna de nouveau vers le feu qui brûlait vivement en grandes flammes bleu-vert.

« Il doit y avoir des sels dans ce bois », murmura-t-elle.

Elle s'installa plus confortablement, posant ses pieds noueux sur le pare-étincelles et sa tête dans un coin du fauteuil, là où elle pourrait regarder les flammes colorées. Rêveuse, elle réfléchit à ce qu'elle devrait faire le lendemain matin. Mais ses pensées déraillèrent quand elle imagina un visage dans les flammes.

« Ce serait un visage fin et bleu, chuchota-t-elle, très long et maigre, avec un nez fin et bleu lui aussi. Mais ces flammes vertes et bouclées au-dessus sont à l'évidence tes cheveux. Imaginons que je ne parte pas avant l'arrivée de Hurle ? Les mages peuvent lever des sorts, je suppose. Et ces flammèches violettes, en bas, te font une bouche – tu as des dents féroces, mon ami. Et deux volutes vertes en guise de sourcils… »

Curieusement, les deux seules flammes orangées dans ce feu se situaient juste au-dessous des sourcils verts, exactement comme des yeux, et chacune avait un petit reflet violet au milieu. Sophie en venait presque à croire que cela la regardait, comme si c'était une pupille.

« D'un autre côté, continua-t-elle, les yeux rivés sur le brasier, si ce sort était levé, mon cœur serait dévoré avant que je ne puisse m'enfuir.

— Tu ne veux pas qu'on te dévore le cœur ? » demanda le feu.

Les paroles venaient définitivement des flammes. Sophie voyait la bouche violette se mouvoir à mesure qu'en sortaient des mots. La voix était presque aussi rocailleuse que la sienne, pleine des crachotis et vrombissements du bois en train de brûler.

« Bien sûr que non, rétorqua Sophie. Qu'es-tu donc ?

— Un démon du feu », répondit la bouche violette.

Sa voix était plus gémissante en disant :

« Je suis lié à ce foyer par un pacte. Je ne peux quitter ma cheminée. »

Puis elle reprit un caractère âpre et craquant.

« Et toi, qu'es-tu ? Je vois bien que tu es sous l'effet d'un sort. »

Cela sortit Sophie de son état de demi-rêve.

« Tu le vois ? s'exclama-t-elle. Peux-tu annuler ce charme ? »

Il y eut un silence bouillonnant, flamboyant, tandis que les yeux orangés, sur le visage mouvant et bleu du démon, examinaient Sophie de haut en bas.

« C'est un sort puissant, dit-il lentement. Ça ressemble à ceux que lance la sorcière des Steppes.

— En effet, répondit Sophie.

— Mais il semble y avoir plus que ça, ajouta-t-il d'une voix qui craquait. J'en discerne deux niveaux. Et bien sûr, tu ne pourras en parler à personne à moins qu'ils ne le sachent déjà. »

Il fixa Sophie quelques instants de plus.

« Il me faudra l'étudier, conclut-il.

— Combien de temps cela prendra-t-il ? lui demanda Sophie.

— Assez longtemps peut-être, dit le démon, ponctuant sa réponse d'un scintillement doux et persuasif. Et si tu passais un pacte avec moi ? Je romprai ton charme si tu acceptes de détruire le contrat qui me lie. »

Sophie examina le petit visage bleu avec circonspection. Il avait un air distinctement rusé en faisant sa proposition. Tout ce qu'elle avait pu lire lui avait prouvé le danger constitué par de tels pactes. Et il était clair que cette créature avait un air extraordinairement malfaisant. Ces longues dents violettes…

« Es-tu bien certain d'être complètement honnête ? l'interrogea-t-elle.

— Pas tout à fait, admit-il. Mais tiens-tu à rester comme ça jusqu'à ta mort ? Ce sort a raccourci ta vie d'une soixantaine d'années, si je puis juger de ces choses. »

C'était une idée inquiétante, à laquelle Sophie avait évité de réfléchir pour se concentrer sur le présent. Cela faisait une grosse différence. Elle l'interrogea :

« Et ton contrat est avec le mage Hurle, n'est-ce pas ?

— Bien sûr », répondit le démon.

Sa voix reprit une tonalité gémissante.

« Je suis attaché à ce foyer, et je ne peux m'en éloigner de plus d'un pied. Je suis forcé de faire l'essentiel de la magie par ici. Je dois maintenir le château en état et le déplacer, tout en produisant les effets spéciaux qui effraient les gens et en obéissant aux caprices de Hurle. C'est un homme sans cœur, tu sais… »

Sophie n'avait pas besoin qu'on lui rappelât la réputation du mage. D'un autre côté, le démon ne valait probablement pas mieux.

« Et tu ne retires rien de ce contrat, toi ? demanda-t-elle.

Le Château de Hurle

— Je ne l'aurais pas accepté si ça avait été le cas, répondit-il en scintillant tristement. Mais je ne l'aurais pas signé si j'avais su à quoi je m'exposais. Je suis exploité. »

En dépit de sa prudence, Sophie ressentait de la sympathie pour le démon. Elle se revit fabriquant des chapeaux pour Fanny quand celle-ci sortait musarder.

« D'accord. Quels sont les termes du contrat ? Comment puis-je t'en libérer ? »

Un sourire impatient et violet se peignit sur le visage bleu.

« Tu acceptes le marché ?

— Si toi tu acceptes de lever le sort qui pèse sur moi, dit Sophie avec l'impression de prononcer une parole fatale.

— D'accord ! cria le démon, son visage allongé sautillant joyeusement dans la cheminée. Je lèverai ton sort à l'instant où tu rompras mon contrat !

— Alors, dis-moi comment je dois m'y prendre », demanda Sophie.

Les yeux orange se plissèrent, et se détournèrent.

« Je ne peux pas. Un point du contrat, c'est que ni le mage ni moi ne pouvons en dévoiler la clause principale. »

Sophie voyait bien qu'elle avait été trompée. Elle ouvrit la bouche pour annoncer au démon que, dans ce cas, il pouvait rester dans sa cheminée jusqu'au jugement dernier.

Le démon la vit venir.

« Pas la peine de se précipiter ! geignit-il. Tu peux trouver ce que c'est en regardant et en écoutant attentivement. Je te supplie d'essayer. Ce contrat ne nous vaudra rien de bon à la longue. Et je tiens parole. Le fait que je sois coincé ici le prouve ! »

Il montrait son impatience en sautant frénétiquement d'une bûche à l'autre. Sophie ressentit de nouveau de la sympathie pour lui.

« Mais si je dois observer et écouter, cela signifie qu'il me faut rester au château, objecta-t-elle.

— Seulement pendant un mois. Et souviens-toi que je dois étudier ton sort, aussi, plaida le démon.

— Mais quelle excuse puis-je invoquer ? demanda Sophie.

— Nous trouverons bien quelque chose. Hurle n'est doué que dans un très petit nombre de domaines, répondit le démon dans un sifflement venimeux. La plupart du temps, il est trop imbu de sa personne pour voir plus loin que le bout de son nez. Nous pourrons le manœuvrer, tant que tu acceptes de rester.

— Très bien, dit Sophie. Je resterai. Et maintenant, trouve-moi une excuse. »

Elle se réinstalla confortablement dans le fauteuil pendant que le démon réfléchissait. Il pensait à haute voix, en un murmure crachotant et bruissant rappelant un peu à Sophie la façon dont elle parlait à sa canne en arrivant. Le brasier rugissait si puissamment que, bercée, elle se rendormit. Elle songea que le démon avait fait quelques suggestions. Elle se souvint vaguement d'avoir secoué la tête quand il lui proposa de se faire passer pour la grand-tante disparue de Hurle, et face à deux autres idées plus farfelues encore, mais tout cela n'était pas bien clair dans sa mémoire. Le démon finit par fredonner une petite chanson crépitante. Sophie n'avait jamais entendu ce langage – ou elle ne le pensait pas, quoiqu'elle eût distingué à plusieurs reprises le mot « casserole » –, mais il avait un côté somnolent. Sophie sombra pour de bon dans un profond sommeil, avec le distinct soupçon d'avoir à nouveau été enchantée, et peut-être grugée, bien que cela ne l'inquiétât pas particulièrement. Elle serait bientôt libérée du sort…

Chapitre 4
Dans lequel Sophie découvre des choses étranges

Quand Sophie s'éveilla, elle était baignée dans la lumière du jour. Comme elle ne se souvenait pas d'avoir vu des fenêtres aux murs du château, sa première idée fut qu'elle s'était endormie en doublant des chapeaux, et qu'elle avait rêvé son départ de la maison. Du feu devant elle ne restaient que des braises rosâtres et de la cendre blanche. Cela la convainquit que le démon des flammes avait été un simple songe. Mais son premier geste lui rappela que certaines choses n'étaient pas le produit de son imagination. Tout son corps émit des craquements secs.

« Aïe ! s'exclama-t-elle. J'ai mal partout ! »

Sa voix était un pépiement faible et chevrotant. Elle posa ses mains noueuses sur son visage et sentit des rides. Elle se rendit compte qu'elle avait passé toute la journée de la veille en état de choc. Elle était très en colère après la sorcière des Steppes, qui lui avait fait ça, une colère flamboyante et énorme.

« Débarquer dans les boutiques pour y changer les gens en vieillards ! cria-t-elle. Oh, si je la tenais ! »

Sa colère la fit bondir de son siège, dans une symphonie de craquements, jusqu'à la fenêtre inattendue. Elle s'ouvrait au-dessus de l'établi. À sa grande surprise, elle y découvrit la vue d'une ville portuaire. Elle voyait une rue non pavée descendant en pente douce et bordée de petites maisons à l'allure pauvre, mais aussi des mâts se dressant plus haut que les toitures. Et au-delà, elle aperçut les reflets du soleil jouant sur la mer, une vision totalement nouvelle pour elle.

« Où suis-je ? demanda-t-elle au crâne posé sur l'établi. Je ne m'attends pas à ce que tu répondes à ça, l'ami », ajouta-t-elle à la hâte, se souvenant qu'elle se trouvait dans le château d'un mage.

Elle se retourna et examina la pièce. L'endroit était petit, avec des poutres noircies au plafond. À la lumière du jour, tout cela semblait incroyablement sale. Le dallage était taché, des cendres grisâtres s'amassaient devant le pare-étincelles et des toiles d'araignées pendaient au-dessus de sa tête. Le crâne était couvert d'une bonne couche de poussière. Sophie l'essuya d'un geste distrait alors qu'elle se penchait pour examiner l'évier, à côté de l'établi. Elle frissonna en y découvrant une sorte de mucus rose et gris, et une autre, blanche, coulant de la pompe le surmontant. Hurle ne semblait guère se soucier de laisser vivre ses serviteurs dans la crasse.

Le reste du château devait se trouver de l'autre côté de l'une ou l'autre porte. En plus de celle de l'entrée, il y en avait quatre dans la pièce, basses et noires. Sophie ouvrit la plus proche, sur le mur de l'établi. Elle découvrit une grande salle de bains, du genre qu'on trouve habituellement dans les palais, avec des luxes comme des toilettes d'intérieur, une cabine de douche et une immense baignoire aux pieds ornés de griffes. Il y avait des miroirs sur tous les murs. Mais elle était encore plus sale que l'autre pièce. Sophie fit la moue face aux toilettes, fronça le nez devant la couleur de la baignoire, eut un mouvement de recul en constatant qu'une moisissure verdâtre poussait dans la douche, et évita soigneusement de regarder son visage flétri dans les glaces tant elles étaient couvertes de taches et de coulures innommables. On retrouvait ces mêmes substances visqueuses sur la grande étagère au-dessus de la baignoire. Elles étaient contenues dans des cruches, des boîtes, des tubes et des centaines de petits paquets bruns et autres sachets en papier. Le plus grand flacon avait un nom : POUDR À SÉCHER, en lettres penchées et tordues. Elle se demanda s'il ne manquait pas un E, ou si le D et le À n'étaient pas de trop. Elle prit un paquet au hasard. Le terme PEAU était griffonné dessus, et elle le reposa avec empressement. Une autre bouteille était étiquetée du mot YEUX, avec la même écriture en pattes de mouche. Sur un tube était portée la mention POUR LA DÉCOMPOSITION.

« Ça a l'air très efficace », murmura-t-elle en regardant le lavabo en frissonnant.

De l'eau coula dedans lorsqu'elle tourna un bouton bleu-vert fait de ce qui avait dû être du cuivre, et emporta une partie des traces. Sophie se rinça les mains et le visage sans toucher à la faïence, mais elle n'eut pas le courage de tester la POUDR À SÉCHER. Elle s'essuya avec un coin de sa jupe et s'en fut ouvrir une autre porte noire.

Elle donnait sur une volée de marches branlantes en bois. Sophie entendit des pas en haut et referma la porte avec empressement. Elle ne semblait mener qu'à un atelier à l'étage, de toute façon. Elle s'approcha de la suivante. Elle parvenait désormais à se déplacer facilement. Comme elle l'avait découvert la veille, elle était une vieille dame en bonne santé.

La troisième donnait sur une courette exiguë, clôturée de briques. On y trouvait un amoncellement de bûches, ce qui semblait être des tas de ferraille de récupération, des roues, des bassines, des plaques de tôle, du câble, le tout empilé quasiment jusqu'au sommet des murs. Sophie la referma elle aussi, perplexe, car ça ne collait pas du tout au château. On n'en voyait pas les tours au-dessus des murs, qui ne donnaient que sur le ciel. Elle supposa que la cour permettait d'accéder au flanc qu'elle n'avait pas pu voir le jour précédent, lorsqu'elle avait été arrêtée par la barrière invisible.

Elle ouvrit la quatrième porte et ne trouva qu'un placard à balais avec deux manteaux, poussiéreux mais de bonne facture, suspendus aux manches. Sophie la referma lentement. La seule autre porte était sur le mur avec la fenêtre, et c'était par là qu'elle était entrée la veille. Elle s'en approcha et l'ouvrit avec précaution.

Elle se tint là un instant, regardant le paysage des collines se déplacer doucement, la bruyère glisser sous la porte, sentant le vent balayer ses cheveux vaporeux et écoutant les grincements et grondements des grandes pierres alors que le château avançait. Puis elle referma la porte et s'approcha de la fenêtre. Elle y voyait de nouveau la ville portuaire. Ce n'était pas un tableau. Une femme avait ouvert sa porte, de l'autre côté de la rue, et balayait son perron. Derrière sa maison, une voile de toile était hissée par à-coups sur un mât, dérangeant une bande de goélands qui s'égaillèrent au-dessus des flots scintillants.

« Je ne comprends pas », déclara Sophie au crâne humain.

Puis, le feu étant presque éteint, elle alla chercher deux bûches et nettoya une partie des cendres. Des flammes vertes montèrent entre les morceaux de bois, petites et frisées, puis jaillirent franchement pour former un visage bleu aux cheveux émeraude.

« Bonjour, dit le démon flamboyant. N'oublie pas notre accord. »

Ainsi, ce n'était pas un rêve. Sophie en aurait pleuré, mais elle s'assit dans le fauteuil et fixa le démon flou mouvant, sans prêter trop d'attention aux bruits que faisait Michael en se levant, jusqu'à ce qu'elle le trouvât planté derrière elle, l'air embarrassé et un peu exaspéré.

« Vous êtes encore là, vous ? Il y a un problème ? »

Sophie renifla.

« Je suis vieille », commença-t-elle.

Mais comme l'avait annoncé la sorcière et deviné le démon, elle fût forcée de s'interrompre. Michael philosopha joyeusement :

« Ça nous arrivera à tous, avec le temps. Voulez-vous un petit-déjeuner ? »

Et Sophie découvrit que, pour une vieille femme, elle avait encore la santé. Après n'avoir mangé qu'un peu de pain et de fromage la veille, elle était affamée.

« Oui ! » lança-t-elle.

Quand Michael alla ouvrir le placard, elle bondit sur ses pieds et regarda par-dessus son épaule pour voir ce qu'il y avait à manger.

« Je crains qu'il ne reste que du pain et du fromage, dit le jeune homme sur un ton assez sec.

— Mais il y a tout un panier d'œufs, là-dedans ! s'écria Sophie. Et ça, c'est du bacon, non ? Et tu as de quoi boire chaud ? Où est ta bouilloire ?

Le Château de Hurle

« — Il n'y en a pas, répondit Michael. Hurle est le seul à pouvoir cuisiner.

— Moi, je sais faire, déclara Sophie. Prends cette poêle et je vais te montrer ! »

Elle tendit la main vers une grande poêle noire, malgré les efforts de Michael pour l'en empêcher.

« Vous ne comprenez pas. C'est Calcifer, le démon du feu ! Il ne baissera pas la tête pour qu'on cuisine dessus, sauf si c'est Hurle ! »

Sophie se retourna et regarda l'être de flammes. Il flamboya vers elle avec un air malicieux.

« Je refuse d'être exploité, protesta ce dernier.

— Tu veux dire que tu ne peux même pas avoir une boisson chaude si Hurle n'est pas là ? » demanda Sophie.

Michael répondit par un signe de tête, gêné.

« Alors, c'est *toi* qui es exploité ! poursuivit-elle. Donne ça. »

Elle lui arracha la poêle des mains, posa du bacon dedans, plongea une cuiller en bois dans le panier à œufs et, ainsi chargée, s'approcha de la cheminée.

« Eh bien, Calcifer, arrêtons les caprices et baisse la tête.

— Tu ne peux pas m'obliger ! cria le démon dans un craquement.

— Oh que si, rétorqua Sophie avec cette même férocité qui arrêtait ses sœurs à mi-dispute. Si tu ne le fais pas, je te verserai de l'eau dessus. Ou bien je prendrai le tisonnier et je m'en servirai pour retirer tes deux bûches. »

Elle s'agenouilla devant l'âtre, et murmura :

« Ou bien, je pourrais revenir sur notre accord, ou en parler à Hurle.

— Oh, malédiction, cracha Calcifer. Pourquoi l'as-tu laissée entrer, Michael ? »

Il pencha son visage bleu et boudeur jusqu'à ce qu'on ne vît plus de lui qu'un anneau de flammes vertes dansant sur les bûches.

« Merci », dit Sophie en lui posant la lourde poêle dessus.

De cette façon, il ne pouvait plus se redresser.

« J'espère que ton bacon brûlera », maugréa la voix de Calcifer, étouffée par le métal.

Sophie retourna les tranches. Elles chauffèrent, et bientôt crépitèrent. Il fallut qu'elle enroulât un pan de sa jupe autour du manche pour pouvoir le tenir. La porte s'ouvrit, mais elle ne le remarqua pas à cause du bruit de la cuisson.

« Ne fais pas l'idiot, ordonna-t-elle à Calcifer, et ne bouge pas, le temps que je casse les œufs.

— Oh, bonjour, Hurle », lâcha Michael, impuissant.

Sophie se retourna, un peu vivement. Elle écarquilla les yeux. Un grand jeune homme à l'habit flamboyant de bleu et d'argent s'était arrêté net, alors qu'il allait déposer une guitare dans un coin de la pièce. Il passa la main dans ses cheveux blonds pour dégager ses yeux verts emplis de curiosité, et rendit son regard à Sophie. Son long visage anguleux semblait perplexe.

« Qui diable êtes-vous ? demanda Hurle. Où vous ai-je déjà vue ?

— On ne se connaît pas », mentit fermement Sophie.

Après tout, Hurle ne l'avait rencontrée que le temps de la traiter de petite souris. C'était donc presque vrai. Elle aurait dû remercier sa bonne étoile pour le fait d'avoir réussi à s'échapper à ce moment-là, mais ce qui occupait son esprit était une idée simple : *Seigneur ! Le mage Hurle, si méchant soit-il, est encore à peine un enfant, il n'a pas beaucoup plus de 20 ans ! Être vieille change tout*, pensa-t-elle en retournant le bacon dans la poêle. Et elle aurait préféré mourir plutôt que de laisser savoir à ce jeune homme trop bien habillé qu'elle était la jeune fille dont il avait eu pitié le 1ᵉʳ Mai. Les cœurs et les âmes ne s'en mêleraient pas. Hurle ne devait pas l'apprendre.

« Elle dit s'appeler Sophie, l'informa Michael. Elle est arrivée hier soir.

— Comment a-t-elle réussi à soumettre Calcifer ? demanda le mage.

— Elle m'a menacé ! » geignit le démon.

Sa petite voix, étouffée et pitoyable, se faisait entendre sous la poêle crépitante.

« Ce n'est pas à la portée de tout le monde », admit Hurle, pensif.

Il posa sa guitare dans un coin et s'approcha du foyer. L'odeur de jacinthe se mêla à celle du bacon alors qu'il écartait fermement Sophie.

« Calcifer n'aime pas que d'autres que moi cuisinent sur lui, dit-il en s'agenouillant et en enroulant une de ses manches pendantes autour de la poignée de la poêle pour la tenir. Passez-moi deux tranches de bacon de plus et six œufs, je vous prie. Et dites-moi pourquoi vous êtes venue ici. »

Sophie fixa le joyau bleu qui pendait à l'oreille du mage, puis lui tendit les œufs un à un.

« *Pourquoi*, jeune homme ? » demanda-t-elle.

C'était évident, à présent qu'elle avait pu juger de l'état du château.

« Je suis votre nouvelle femme de ménage, bien sûr.

— Vraiment ? » répondit Hurle en cassant les œufs d'une seule main.

Il jeta les coquilles dans les braises. Calcifer les dévorait avec des bruits de contentement.

« Et qui en a décidé ainsi ?

— Moi », répondit Sophie.

Elle ajouta pieusement :

« Je peux nettoyer toute la crasse de cet endroit, jeune homme, même si je ne suis pas capable de nettoyer votre cœur de sa méchanceté.

— Hurle n'est pas méchant, s'insurgea Michael.

— Bien sûr que si, objecta le mage. Tu oublies juste à quel point je peux l'être, Michael. »

Il se tourna brutalement vers Sophie.

« Si vous tenez à ce point à vous rendre utile, petite bonne femme, allez chercher des couteaux et des fourchettes, et débarrassez l'établi. »

Il y avait de grands tabourets sous le plan de travail. Michael les sortit pour leur permettre de s'asseoir, et écarta son matériel pour faire de la place aux couverts sortis d'un tiroir. Sophie s'approcha pour l'aider. Elle ne s'était pas attendue à ce que Hurle lui fît bon accueil, bien sûr, mais il n'avait pas fait mention de la possibilité pour elle de rester au-delà du petit-déjeuner. Michael ne paraissant pas avoir besoin d'aide, Sophie ramassa sa canne et la rangea avec une lenteur délibérée et ostensible dans le placard à balais. Comme cela ne semblait pas susciter de réaction chez le maître des lieux, elle lui proposa :

« Vous pouvez me prendre à l'essai pour un mois, si vous voulez. »

Le mage Hurle ne dit rien, hormis :

« Des assiettes, Michael, je te prie. »

Il se releva, tenant fermement la poêle fumante. Calcifer se redressa en rugissant de soulagement, et brûla haut dans l'âtre.

Sophie fit une autre tentative pour coincer le mage.

« Si je dois faire le ménage ici pour le mois qui vient, j'aimerais savoir où est le reste du château. Je n'ai réussi à trouver qu'une chambre et la salle de bains. »

Et à sa grande surprise, Michael et son maître éclatèrent de rire.

Ce ne fut qu'en finissant le petit-déjeuner qu'elle comprit ce qui avait déclenché leur hilarité. Hurle n'était pas seulement insaisissable, il détestait également répondre à des questions. Sophie cessa de l'interroger, et harcela Michael à la place.

« Dis-lui, concéda Hurle. Cela mettra peut-être fin à son caquetage.

— Le château ne va pas au-delà de ce que vous avez vu et de deux chambres, en haut, répondit Michael.

— Quoi ? » s'exclama Sophie.

Hurle et Michael rirent de nouveau.

« Hurle et Calcifer ont inventé le château, expliqua Michael. C'est Calcifer qui le fait avancer et tenir. L'intérieur n'est que la vieille maison de Hurle à Port-Havre, c'en est la seule partie réelle.

— Mais Port-Havre est à des lieues plus bas, au bord de la mer ! dit Sophie. C'est vilain ! Pourquoi diable faites-vous crapahuter votre affreux château dans les collines pour terroriser les habitants de Marché-aux-Copeaux ? »

Hurle haussa les épaules.

« Voilà une vieille femme qui a du franc-parler ! J'ai atteint ce stade de ma carrière où il me faut impressionner tout le monde par ma puissance et ma méchanceté. Je ne puis me permettre que le roi pense du bien de moi. Et l'an passé, j'ai offensé des gens très puissants, et je dois m'en tenir à l'écart. »

Cela semblait une façon étrange d'éviter les gens, mais Sophie supposa que mages et sorciers n'avaient pas la même notion des manières que les gens ordinaires. Elle découvrit rapidement que le château avait d'autres particularités. Ils avaient fini de manger, et Michael empilait les assiettes dans l'évier crasseux, quand un coup très puissant retentit.

Calcifer flamboya :

« L'entrée de Fort-Royal ! »

Hurle, qui se dirigeait vers la salle de bains, dévia vers la porte. Elle était surmontée d'un gros bouton carré, en bois, fixé au linteau, chacun de ses côtés étant marqué d'une touche de peinture. Pour l'instant, la face orientée vers le bas portait une tache verte, mais Hurle tourna le bouton de façon qu'un point rouge la remplaçât, avant d'ouvrir la porte.

Dehors se tenait un personnage coiffé d'une perruque blanche amidonnée, surmontée d'un chapeau à large bord. Il était vêtu d'écarlate, de pourpre et d'or, et tenait un bâton orné de rubans, ressemblant assez au bébé que pourrait avoir un mât de cocagne. Il s'inclina. Une odeur de girofle et de fleur d'oranger se répandit dans la pièce.

« Sa Majesté le roi vous présente ses compliments, et vous envoie le paiement de deux mille paires de bottes de sept lieues », annonça cette personne.

Derrière elle, Sophie pouvait apercevoir un carrosse attendant dans une rue bordée de maisons somptueuses aux devantures sculptées et peintes, et après elles des tours, des clochers et des dômes, d'une splendeur qu'elle aurait eu même du mal à imaginer. Elle fut désolée qu'il fallût si peu de temps à l'homme à la porte pour tendre une grande bourse de soie sonnante, et à Hurle pour la prendre et refermer. Le mage tourna à nouveau le bouton afin que sa face verte fût dirigée vers le bas, et empocha l'argent. Sophie vit Michael suivre la bourse des yeux avec un air inquiet.

Hurle se rendit ensuite dans la salle de bains, et hurla :
« Calcifer ! J'ai besoin d'eau chaude, là-dedans ! »

Il y resta enfermé très longtemps. Sophie n'arrivait plus à dominer sa curiosité.

« Qui était-ce donc ? demanda-t-elle à Michael. Et *où* était-ce, d'ailleurs ?

— Cette porte donne sur Fort-Royal, répondit-il, là où vit le roi. Je pense que cet homme était le secrétaire du chancelier... »

Il se tourna vers Calcifer :

« J'aurais préféré qu'il n'ait pas donné tout cet argent à Hurle.

— Me laissera-t-il rester ici ? interrogea Sophie.

— Si c'est le cas, vous ne parviendrez jamais à le cerner, répondit le jeune homme. Il déteste être compris, et qu'on lui colle une étiquette. »

Chapitre 5
Dans lequel il est beaucoup trop question de ménage

La seule chose à faire, décida Sophie, était de montrer à Hurle qu'elle pouvait être une excellente femme de ménage, un vrai trésor. Elle noua un torchon autour de ses cheveux blancs et vaporeux, retroussa ses manches sur ses bras maigres et prit une vieille nappe dans le placard à balais pour s'en faire un tablier. Penser qu'il n'y avait que quatre pièces à nettoyer plutôt qu'un château entier était un soulagement. Elle attrapa une bassine et se mit au travail.

« Mais que faites-vous ? crièrent en chœur Michael et Calcifer, horrifiés.

— Le ménage, répondit fermement Sophie. Cet endroit est une honte.

— Il n'y a pas besoin, objecta Calcifer.

— Hurle vous mettra dehors », marmonna Michael.

Sophie les ignora tous les deux. Des nuages de poussière s'élevèrent.

Alors qu'elle s'affairait, d'autres coups retentirent à la porte. Calcifer flamboya, s'égosilla « Porte de Port-Havre ! » et éternua en crachant des étincelles violettes dans les volutes de saleté soulevées par le nettoyage.

Michael quitta l'établi pour aller ouvrir. Sophie l'aperçut alors qu'il tournait le bouton afin de diriger sa face bleue vers le bas. Puis il ouvrit la porte, donnant sur la rue visible par la fenêtre.

Une petite fille se tenait là.

« S'il vous plaît, monsieur Matelot, quémanda-t-elle, je suis venue chercher ce sort pour ma maman.

— Un sort de sûreté pour le bateau de ton père, c'est ça ? sembla se rappeler Michael. Un instant. »

Il retourna à l'établi et préleva dans un pot un petit peu de poudre qu'il versa dans un sachet en papier. Il revint avec ces mots :

« Dis-lui d'en répandre sur les flancs du bateau. Ça tiendra et lui permettra de revenir, même en cas de tempête. »

La fillette prit le paquet et donna une pièce en échange.

« Le mage a-t-il une sorcière qui travaille avec lui ? demanda-t-elle.

— Non, répondit Michael.

— Qui ça, moi ? cria Sophie. Oh oui, mon enfant, je suis la meilleure et la plus propre des sorcières en Ingarie. »

Michael ferma la porte, l'air exaspéré.

« Ça va se répandre dans tout Port-Havre, maintenant. Hurle ne va pas aimer. »

Il tourna à nouveau le bouton, face verte vers le bas.

Sophie ricana sous cape, ne regrettant rien. Peut-être le balai qu'elle maniait avec entrain lui avait-il mis des idées dans la tête. Mais cela pourrait persuader Hurle de la garder, si tout le monde pensait qu'en effet, elle travaillait pour lui. C'était étrange. Jeune fille, Sophie aurait frissonné à l'idée de se comporter comme cela. Mais en tant que vieille femme, elle se fichait assez de ce qu'elle pouvait dire ou faire. Cela lui sembla être un grand soulagement, une libération.

Elle s'approcha, curieuse, alors que Michael soulevait une pierre du foyer et y cachait la pièce de la petite.

« Que fais-tu ?

— Calcifer et moi tentons de constituer une petite réserve, répondit-il avec un air coupable. Hurle dépenserait son moindre sou si nous ne le faisions pas.

— Bon à rien et dépensier ! fulmina Calcifer. Il flamberait la fortune du roi plus vite que je consomme une bûche. L'insensé ! »

Sophie répandit des gouttelettes d'eau prise à l'évier pour faire retomber la poussière, ce qui conduisit Calcifer à battre en retraite au fond de la cheminée. Puis elle balaya une nouvelle fois le sol. Elle se rapprocha de la porte afin d'examiner de plus près le gros bouton carré qui la surplombait. La quatrième face, qui n'avait pas encore été utilisée, portait un gros point de peinture noire. Tout en se demandant où il menait, Sophie commença à nettoyer les toiles d'araignées pendant aux poutres. Michael se plaignit de nouveau, et Calcifer éternua une fois de plus.

Hurle sortit alors de la salle de bains, laissant derrière lui une brume de vapeur parfumée. Il était merveilleusement pimpant. Même les renforts d'argent et les broderies de son costume étaient devenus plus brillants. Il jeta un œil et recula vers la salle de bains, se protégeant la tête d'une manche bleue et argentée.

« Arrêtez, femme ! Laissez ces pauvres araignées en paix, voyons !

— Ces toiles sont une honte, déclara Sophie en les ramassant par paquets.

— Alors retirez-les, mais épargnez les tisserandes », ordonna Hurle.

Peut-être a-t-il une affinité particulière avec ces bestioles, pensa Sophie.

« Elles en referont d'autres, alors, dit-elle.

— Et tueront les mouches, ce qui est utile, rétorqua le mage. Doucement avec le balai, je vous prie, le temps que je traverse mon propre logis. »

Sophie reposa son ustensile et regarda Hurle aller prendre sa guitare. Alors qu'il posait la main sur la poignée de la porte, elle demanda :

« Si la tache rouge vous conduit à Fort-Royal et la bleue à Port-Havre, où mène la noire ?

— Vous êtes décidément une vieille fouine ! rétorqua-t-il. C'est le passage vers mon refuge personnel, et nul ne vous dira où il se trouve. »

Il ouvrit la porte en grand, montrant le paysage mouvant des landes et collines.

« Quand reviendrez-vous ? » demanda Michael avec une voix désespérée.

Hurle fit semblant de ne pas l'entendre. Il dit à Sophie :

« Je vous interdis de tuer la moindre araignée en mon absence. »

Et il claqua la porte derrière lui. Michael jeta un regard mauvais à Calcifer, qui lui répondit par un rire malicieux.

Puisque personne ne lui avait expliqué où était parti Hurle, Sophie en conclut qu'il repartait à la chasse aux jeunes filles, et elle se remit au travail avec d'autant plus de vigueur. Elle n'osait pas faire de mal aux araignées après ce que lui avait dit Hurle, alors elle frappa les poutres à coups de balai en hurlant : « Filez, les araignées ! Dégagez le passage ! » Et les petites bêtes s'égaillèrent pour sauver leur vie, et leurs toiles tombèrent en pluie. Il fallut bien sûr que Sophie nettoyât de nouveau le sol. Après quoi, elle se mit à genoux pour le briquer.

« J'aimerais que vous arrêtiez », dit Michael, assis sur les marches pour lui échapper.

Calcifer, tapi au fond de l'âtre, marmonnait.

« J'aurais voulu ne jamais passer ce pacte avec toi ! »

Sophie frottait vigoureusement.

« Vous serez bien plus heureux quand tout sera propre et net, affirma-t-elle.

— Mais je suis malheureux maintenant ! » protesta Michael.

Hurle ne rentra que très tard cette nuit-là. Dans l'intervalle, Sophie s'était démenée jusqu'à ne plus en pouvoir. Elle s'était effondrée dans le fauteuil et y demeurait, voûtée et percluse de douleurs. Michael attrapa son maître par la manche et l'entraîna dans la salle de bains, où Sophie pouvait l'entendre gronder. Des phrases comme « Quelle vieille bique ! » et « Elle n'écoute rien ! » étaient faciles à distinguer malgré les rugissements de Calcifer.

« Arrêtez-la, Hurle ! Elle va finir par nous tuer ! »

Mais tout ce que répondit le mage, quand Michael le lâcha enfin, ce fut :

« Avez-vous tué la moindre araignée ?

— Bien sûr que non ! s'insurgea Sophie, rendue irritable par ses douleurs. Maintenant, elles fuient à ma seule vue. Qui sont-elles ? Toutes les jeunes filles dont vous avez dévoré le cœur ? »

Hurle éclata de rire.

« Non, de simples araignées », dit-il, puis il monta les escaliers, pensif.

Michael soupira. Il fouilla le placard à balais jusqu'à y trouver un vieux lit pliant, un matelas de paille et quelques couvertures, qu'il installa dans l'alcôve voûtée, sous l'escalier.

« Vous feriez mieux de dormir là, indiqua-t-il à Sophie.

— Cela signifie-t-il que Hurle accepte de me voir rester ? demanda-t-elle.

— Je n'en sais rien, répondit le garçon avec irritation. Hurle ne s'engage jamais. J'ai passé 6 mois ici avant qu'il semble enfin me remarquer et fasse de moi son apprenti. Je pensais juste qu'un lit serait mieux que le fauteuil.

— Alors merci à toi », exprima-t-elle avec gratitude.

De fait, cette couche était nettement plus confortable et, quand Calcifer se plaignait de la faim, la nuit, il était facile pour Sophie de se lever pour lui lancer une bûche.

Les jours suivants, Sophie fit sans trêve un grand ménage dans tout le château. Elle s'amusait beaucoup. Tout en se disant qu'elle cherchait des indices, elle lava les carreaux, décrassa l'évier visqueux et obligea Michael à retirer ses affaires de l'établi et des étagères, afin qu'elle pût tout nettoyer. Elle vida le placard, enleva des poutres tout ce qui y avait été suspendu et lava l'ensemble. Le crâne humain, lui sembla-t-il, avait l'air de souffrir autant que Michael, il avait été si souvent déplacé.

Puis elle prit un des chiffons qui avaient été pendus à un clou des poutres et força Calcifer à se baisser le temps qu'elle époussetât l'intérieur de la cheminée. Calcifer détesta. Mais il éclata de rire ; de la suie s'était déposée dans toute la pièce, et Sophie dût faire un grand ménage de nouveau. C'était le problème : elle mettait du cœur à l'ouvrage, mais manquait de méthode. Pourtant, Sophie avançait méticuleusement : elle avait calculé que tôt ou tard, elle finirait par trouver la cachette secrète de Hurle pour les âmes des jeunes filles ou leurs cœurs mâchouillés – ou sinon quelque chose expliquant le contrat de Calcifer. Le conduit de cheminée, gardé par le démon, lui avait semblé être une bonne cachette. Mais elle n'y trouva qu'une grande quantité de suie qu'elle avait fini par mettre dans des sacs, dans la petite cour. La cour était elle-même haut placée dans sa liste d'endroits possibles.

Chaque fois que Hurle rentrait, Michael et Calcifer se plaignaient de Sophie avec véhémence. Mais le mage ne semblait pas les écouter, pas plus qu'il n'avait l'air de remarquer la propreté des lieux, ni le fait que désormais, le placard était bien rempli de gâteaux, de confitures et parfois d'une laitue.

Car, comme l'avait prédit Michael, le mot avait circulé à Port-Havre. Les gens se pressaient à la porte

Le Château de Hurle

pour voir Sophie. En ville, on l'appelait Mme Sorcière, et à Fort-Royal, Mme la magicienne. On en avait parlé jusqu'à la capitale. Et si les gens frappant à la porte de Fort-Royal étaient mieux habillés que ceux de Port-Havre, aucun individu, quelle que fût sa provenance, ne venait en appeler à une personne aussi puissante sans avoir une excuse. Sophie devait donc régulièrement faire des pauses dans son travail pour faire des signes de tête, sourire et accepter des cadeaux, ou pour demander à Michael de concocter un sort rapide pour quelqu'un. Certains des cadeaux étaient jolis : images, colliers de coquillages ou tabliers très utiles. Elle utilisait ces derniers tous les jours et accrochait le reste dans son alcôve sous l'escalier, qui finit par devenir accueillante.

Sophie savait que cela lui manquerait, quand Hurle finirait par la jeter dehors. Elle s'en inquiétait de plus en plus. Elle savait qu'il ne l'ignorerait pas éternellement.

Elle nettoya ensuite la salle de bains. Cela lui prit plusieurs jours, parce que Hurle y passait des heures quotidiennement avant de sortir. Dès qu'il partait, laissant derrière lui la pièce pleine de vapeur et de sorts parfumés, Sophie entrait.

« Nous allons bientôt savoir, pour ce contrat », marmonnait-elle en direction de la baignoire, mais sa cible était bien sûr l'étagère chargée de paquets, pots et tubes.

Elle les sortit tous sous prétexte de nettoyer les planches, et passa le plus clair d'une journée à les examiner l'un après l'autre pour déterminer si ceux qui portaient les étiquettes PEAU, YEUX et CHEVEUX contenaient ou pas des morceaux de jeunes filles. Pour ce qu'elle pouvait en dire, il s'agissait seulement de crèmes, poudres et fonds de teint. Si cela avait été des jeunes filles, alors Hurle avait dû leur appliquer le contenu du tube POUR LA DÉCOMPOSITION avant de les laisser pourrir dans le lavabo, complètement et sans rémission. Mais elle espérait néanmoins que ce fussent seulement des cosmétiques dans des paquets.

Elle remit le tout à sa place et frotta. Ce soir-là, alors qu'elle souffrait dans le fauteuil, Calcifer se plaignit qu'elle avait épuisé l'eau de la source chaude.

« Et où est cette source ? » demanda-t-elle.

Sophie était devenue curieuse de tout.

« Sous les marais de Port-Havre, pour l'essentiel, révéla Calcifer. Mais si tu continues comme ça, il me faudra aller en tirer dans les Steppes. Quand vas-tu arrêter de faire le ménage pour m'aider à rompre mon contrat ?

— En temps et en heure, répondit Sophie. Comment puis-je en arracher les termes à Hurle, s'il n'est jamais là ? Il sort toujours autant ?

— Seulement quand il en a après une demoiselle », dit Calcifer.

Quand la salle de bains fut propre et scintillante, Sophie nettoya l'escalier et le palier du haut. Puis elle passa à la petite mansarde de Michael. Ce dernier, qui avait fini par accepter Sophie comme on subit un désastre naturel, poussa un cri de désespoir et se rua à l'étage pour secourir ses possessions les plus précieuses. Il y avait une vieille boîte, sous son petit lit vermoulu. Alors qu'il éloignait le coffret pour le protéger, Sophie aperçut un ruban bleu orné d'une rose en sucre sur ce qui semblait être des lettres.

Michael a donc une chérie ! se dit-elle en ouvrant la fenêtre en grand – elle aussi donnait sur les rues de Port-Havre – avant de suspendre sa literie à la rambarde pour l'aérer. Curieuse comme elle l'était devenue, Sophie se surprit elle-même en ne demandant pas au jeune homme qui était cette fille et comment il la protégeait de Hurle.

Elle balaya une telle quantité de poussière et de déchets dans la chambre de Michael qu'elle manqua d'étouffer Calcifer en voulant brûler le tout.

« Tu vas finir par me tuer ! Tu es aussi cruelle que Hurle ! »

Calcifer s'étranglait et l'on ne voyait plus que ses cheveux verts et un peu de son long front bleu.

Michael déposa sa précieuse boîte dans le tiroir de l'établi, qu'il ferma à clé.

« J'aimerais que Hurle nous écoute ! se plaignit-il. Pourquoi cette fille lui prend-elle tant de temps ? »

Le lendemain, Sophie voulut s'attaquer à la courette, derrière. Mais il pleuvait à Port-Havre ce jour-là : les gouttes tambourinaient sur les fenêtres et coulaient dans la cheminée, ce qui faisait siffler Calcifer de dépit. La cour faisait réellement partie de la maison en ville et Sophie découvrit un déluge en ouvrant la porte. Elle se protégea la tête de son tablier et fourragea un peu. Avant qu'elle ne fût trop trempée, elle avait trouvé un baquet de chaux et de grands pinceaux. Elle rentra le tout et se mit au travail sur les murs. Elle dénicha dans le placard un vieil escabeau et elle repeignit également le plafond entre les poutres. La pluie dura deux jours en ville, mais quand Hurle tourna la face verte vers le bas et sortit dans les collines, il y faisait beau : l'ombre des quelques nuages dansait sur les bruyères plus vite que le château n'avançait. Sophie chaula son alcôve, les escaliers, le perron et la chambre de Michael.

« Que s'est-il passé ici ? demanda Hurle en rentrant le troisième jour. Ça a l'air plus clair.

— C'est Sophie, répondit Michael d'une voix lugubre.

— J'aurais dû m'en douter, observa le mage en disparaissant dans la salle de bains.

— Il a remarqué, murmura Michael à destination de Calcifer. Elle va devoir enfin abandonner. »

Il bruinait encore à Port-Havre le lendemain. Sophie se noua un fichu sur la tête, retroussa ses manches et mit son tablier. Elle prit son balai, sa bassine et du savon, et profitant que Hurle était dehors, elle tomba comme un ange vengeur – mais âgé – sur la chambre du mage, qu'elle s'était décidée à nettoyer.

Elle l'avait gardée pour la fin, de peur de ce qu'elle y trouverait. Elle n'avait même pas osé y jeter un œil auparavant. *C'est idiot*, se disait-elle en montant l'escalier. Il était devenu clair que toute la magie la plus puissante du château était l'œuvre de Calcifer, Michael se chargeant des tâches répétitives et fastidieuses, tandis que Hurle se contentait d'aller à la chasse aux filles en exploitant les deux autres, tout comme Fanny l'avait exploitée, elle. Sophie n'avait jamais trouvé le mage particulièrement effrayant. Désormais, elle le méprisait.

Mais à peine arrivée à la porte, elle découvrit Hurle dans l'encadrement. Il s'appuyait au montant, avec nonchalance, et lui bloquait le passage.

« Non, dit-il avec gentillesse. Je la préfère sale, merci. »

Sophie en resta ébahie.

« D'où sortez-vous ? Je vous ai vu partir !

— Exactement comme je le voulais, dit-il en réponse. Vous avez bien malmené Calcifer et ce pauvre Michael. Je me doutais que vous alliez vous occuper de mon cas aujourd'hui. Et quoi qu'ait pu vous dire Calcifer, je *suis* un mage, vous savez. Ne pensiez-vous donc pas que je puisse moi-même faire de la magie ? »

Cela fracassait toutes les suppositions de Sophie. Mais elle aurait préféré mourir sur place que de l'admettre.

« Tout le monde sait que vous êtes un mage, jeune homme, dit-elle avec sévérité. Ça ne change pourtant rien au fait que votre château est l'endroit le plus crasseux où je me sois jamais rendue. »

Elle tenta de regarder derrière la manche pendante de Hurle. Le sol de la chambre était jonché de débris comme un nid d'oiseau. Elle aperçut des murs décrépis et une bibliothèque chargée de livres dont certains avaient une allure étrange. Aucun signe de cœurs mâchés, mais ils étaient probablement cachés derrière ou sous l'énorme lit à baldaquin. Ses voilures étaient grises de poussière et l'empêchaient de voir sur quoi donnait la fenêtre.

Hurle agita sa manche devant le visage de la curieuse.
« Tss… on ne furète pas.

— Je ne furète pas ! protesta-t-elle. Cette chambre…

— Si, si. Vous *furetez*, insista Hurle. Vous êtes une vieille dame terriblement indiscrète, horriblement autoritaire et épouvantablement propre. Contrôlez-vous. Vous nous persécutez tous.

— Mais c'est une porcherie ! objecta-t-elle. Je ne peux rien changer à ce que je suis !

— Si, vous le pouvez, dit le mage. Et j'aime ma chambre comme elle est. Reconnaissez-moi au moins le droit de vivre dans une porcherie si je veux. Allez, redescendez et trouvez autre chose pour vous occuper. S'il vous plaît. Je déteste me disputer avec les gens. »

Sophie ne pouvait rien faire d'autre qu'obéir en portant sur le côté sa bassine cliquetante. Elle était un peu secouée, et surprise que Hurle ne l'eût pas tout simplement jetée dehors. Mais puisqu'elle était encore tolérée dans le château, elle se demanda immédiatement ce qu'elle devait faire ensuite. Elle ouvrit la porte près de l'escalier, constata que la bruine avait presque cessé, et sortit dans la cour où elle commença à vigoureusement réorganiser les tas de détritus trempés.

Il y eut un fracas métallique et Hurle apparut de nouveau, trébuchant légèrement sur un amoncellement de ferraille rouillée que Sophie s'apprêtait à déplacer.

« Pas là non plus, dit-il. Vous êtes vraiment une terreur, hein ? Laissez cette cour. Je sais où trouver tout son contenu, et ce ne sera plus possible de concocter mes sorts de transport si vous mettez de l'ordre là-dedans. »

C'est donc probablement là que sont cachées les âmes ou la boîte de cœurs dévorés, pensa Sophie. Elle se sentit vraiment contrariée dans sa mission.

« Mais mettre de l'ordre, c'est pour *ça* que je suis là ! hurla-t-elle à Hurle.

— Alors cherchez-vous un autre but dans la vie », répondit-il.

Un instant, il sembla sur le point de perdre son calme, lui aussi. Ses yeux étranges et pâles flamboyèrent. Mais il se contrôla et dit :

« Allez, rentrez, vieille chose hyperactive. Trouvez à vous amuser autrement, avant que je ne me mette en colère. Je déteste me mettre en colère. »

Sophie croisa ses bras maigres. Elle n'aimait pas être fixée ainsi par des yeux ressemblant à des billes de verre.

Le Château de Hurle

« Bien sûr que vous détestez vous mettre en colère, rétorqua-t-elle. Vous n'aimez rien de déplaisant, n'est-ce pas ? Vous êtes un glissant ! Un fuyard ! Vous vous faufilez pour éviter tout ce que vous n'aimez pas ! »

Hurle lui adressa un sourire forcé.

« Eh bien, maintenant nous connaissons chacun les défauts de l'autre. Allez, rentrez dans la maison, à présent. Allez ! Rentrez ! »

Il avança vers Sophie, la repoussant en direction de la porte. À force de moulinets de bras, sa manche s'accrocha à une pointe de métal. Elle se déchira.

« Damnation ! gronda le mage en essayant de rattraper les lambeaux bleu et argent. Regardez ce que vous m'avez fait faire !

— Je peux la repriser », dit Sophie.

Hurle lui adressa un regard vitreux.

« Et c'est reparti. Comme vous devez aimer la servitude ! »

Il tint doucement sa manche déchirée entre deux doigts de sa main droite et la tira entre eux. Quand il relâcha le tissu bleu et argent, il ne restait plus une trace des dégâts.

« Et voilà ! Vous comprenez ? »

Sophie rentra à l'intérieur, acceptant enfin la réprimande. Les sorciers n'avaient décidément pas besoin de travailler d'une façon ordinaire. Hurle venait de lui montrer qu'il était une force avec laquelle il fallait compter.

« Pourquoi ne m'a-t-il pas chassée ? demanda-t-elle, moitié pour elle-même, moitié pour Michael.

— Moi aussi, ça m'étonne, dit Michael. Mais je crois qu'il suit Calcifer. La plupart des gens qui entrent ici ne le remarquent même pas, ou sont terrorisés en le voyant. »

Chapitre 6
Dans lequel Hurle exprime ses sentiments à l'aide de mucus verdâtre

Hurle ne sortit pas ce jour-là, ni les suivants. Sophie restait tranquillement assise dans le fauteuil près de l'âtre, évitant de se mettre sur son passage. Elle réfléchissait. Elle voyait bien que, même si Hurle le méritait, elle s'était déchargée sur lui de toute la colère qu'elle aurait dû diriger sur la sorcière des Steppes. Et elle s'inquiétait d'être là sous de faux prétextes. Hurle pensait peut-être que Calcifer appréciait sa présence, mais le démon avait avant tout saisi l'opportunité de passer un marché avec elle. Et Sophie en venait à croire qu'elle avait échoué à l'honorer.

Cet état d'esprit ne dura pas. Sophie découvrit une pile de vêtements de Michael qui avaient grand besoin d'être reprisés. Elle prit un dé à coudre, des ciseaux et du fil dans sa poche et se mit au travail. Le soir venu, cela l'avait mise d'assez bonne humeur pour qu'elle accompagnât Calcifer dans ses chansonnettes idiotes à propos de casseroles.

« Heureuse au travail ? demanda Hurle, sarcastique.

— Je suis désœuvrée, dit Sophie.

— Mon vieux costume a besoin d'être ravaudé, s'il vous faut vraiment de l'occupation », répondit-il.

Cela semblait signifier que le mage n'était plus fâché. Sophie en fut soulagée. Ce matin-là encore, elle s'en était inquiétée.

Il était clair que Hurle n'avait pas encore attrapé la fille qu'il convoitait. Sophie écouta Michael poser des questions pas très fines à ce sujet, et Hurle louvoyer pour ne pas y répondre.

« Il est vraiment fuyant, murmura-t-elle à une paire de chaussettes du jeune apprenti. Il n'arrive pas à assumer sa propre méchanceté. »

Elle observa Hurle chercher à s'occuper pour masquer son mécontentement. Voilà quelque chose qu'elle comprenait fort bien.

Installé à l'établi, le mage travaillait plus dur et plus vite que Michael, assemblant les sorts d'une façon experte mais expédiée. À voir la tête que faisait son assistant, la plupart de ses préparations étaient à la fois inhabituelles et difficiles. Mais Hurle pouvait en laisser une en plan et filer dans sa chambre pour s'employer à chose cachée – et probablement sinistre – à l'étage, puis redescendre aussi vite dans la cour pour y bricoler un charme gigantesque. Sophie entrouvrit la porte et fut stupéfaite de voir l'élégant magicien à genoux dans la boue, ses longues manches attachées ensemble sur sa nuque pour éviter qu'elles ne le gênassent. Il poussait avec précaution un enchevêtrement de métaux graisseux vers une sorte de cadre.

Ce sort était destiné au roi. Un autre messager parfumé et trop bien habillé était arrivé avec une lettre et un long, très long discours. Il demanda si Hurle pouvait donner un peu de son temps précieux, sans doute mieux employé à autre chose, pour appliquer son esprit puissant à un problème épineux rencontré par Sa Majesté, précisément : comment permettre à une armée de faire passer ses lourds chariots par des marais et un terrain difficile. Le mage se montra merveilleusement poli et tout aussi long dans sa réponse. Il refusa. Mais le messager reprit la parole pour une demi-heure de plus, à la fin de laquelle ils se saluèrent tous deux bien bas, et le mage accepta de produire le sort demandé.

« C'est de mauvais augure, dit-il à Michael après le départ de l'envoyé royal. Pourquoi a-t-il fallu que Soliman aille se perdre dans les Steppes ? Le roi semble penser que je peux le remplacer.

— Il n'était pas aussi inventif que vous, d'après ce qu'on raconte, répondit Michael.

— Je suis trop patient et trop poli, ajouta Hurle, sombre. J'aurais dû lui demander encore plus cher. »

Le mage était tout aussi patient avec ses clients de Port-Havre, mais comme le fit remarquer anxieusement Michael, il ne les faisait pas du tout payer assez cher. L'apprenti mit la chose sur le tapis après que Hurle eut écouté pendant une heure les raisons d'une femme de marin incapable de lui payer le moindre sou. Il lui promit un sort de vent pour presque rien. Hurle esquiva la dispute avec Michael en lui donnant une leçon sur la magie.

Sophie recousait les boutons du jeune homme en écoutant le mage détailler un sort à son élève.

« Je sais que je bâcle, disait-il, mais tu n'es pas obligé de me copier. Commence par le lire attentivement une première fois. Sa forme devrait t'en dire beaucoup, s'il est autoréalisateur, s'il se découvre de lui-même, si c'est une simple incantation ou s'il demande à la fois des actes et des paroles. Quand tu l'as déterminé, reprends du début, et essaie d'isoler les parties signifiant réellement ce qu'elles disent, et celles qui sont seulement des indices ou des pièges. Tu découvriras que chaque sort de puissance contient au moins une erreur délibérée ou un mystère pour éviter les accidents. Tu dois apprendre à les repérer. Tiens, prenons ce sort, par exemple... »

En écoutant Michael répondre d'une façon hachée aux questions de son maître, et en voyant le sorcier griffonner des notes sur le papier avec son étrange plume qu'il n'avait jamais besoin de tremper dans l'encre, Sophie comprit qu'elle aussi pouvait apprendre beaucoup. Si Martha avait pu en peu de temps trouver le sort de Mme Blondin qui lui avait permis d'échanger son apparence avec celle de Lettie, elle devrait pouvoir en faire autant. Avec un peu de chance, elle n'aurait même pas besoin de Calcifer.

Quand Michael eut oublié à quel point ce que demandait Hurle aux gens de Port-Havre était misérable, le mage l'emmena dans la cour pour qu'il l'aidât à travailler au sort du roi. Sophie bondit sur ses pieds pour aller à l'établi. Le sort semblait assez clair, mais les notes griffonnées par Hurle étaient incompréhensibles.

« Je n'ai jamais vu une telle écriture ! grommela-t-elle au crâne. Se sert-il d'une plume ou d'un tisonnier ? »

Elle examina tous les bouts de papier traînant sur la table, puis les poudres et les liquides dans les flacons tordus.

« Oui, j'avoue, dit-elle au crâne. Je fouine. Et j'en suis bien récompensée. Je peux apprendre comment guérir la peste des volailles et les quintes de toux, faire se lever le vent et retirer les poils du visage. Si Martha avait trouvé ça, elle serait toujours chez Mme Blondin. »

Quand il revint de la cour, il sembla à Sophie que Hurle examina tout ce à quoi elle avait touché. Mais ce n'était apparemment que de l'énervement. Il n'avait pas l'air de savoir quoi faire. Sophie l'entendit faire les cent pas toute la nuit. Le lendemain matin, il ne passa qu'une heure dans la salle de bains. Il paraissait ne pas pouvoir se contenir quand Michael enfila son plus beau costume de velours prune afin de se rendre au palais de Fort-Royal, et que tous deux emballèrent l'énorme sort dans du papier doré. Il devait être particulièrement léger pour sa taille ; Michael parvenait à le porter seul, sans effort, en le prenant entre ses bras. Hurle tourna le bouton, face rouge vers le bas, et envoya l'apprenti dans les rues, entre les maisons peintes.

« Ils savent que tu arrives, le prévint Hurle. Tu risques d'attendre une partie de la matinée seulement. Dis-leur que son maniement est à la portée d'un enfant. Montre-leur. Et quand tu reviendras, j'aurai un sort de puissance à te faire faire. Bon courage. »

Il ferma la porte et fit de nouveau les cent pas dans la pièce.

« J'ai besoin de me dégourdir les jambes, déclara-t-il soudain. Je vais aller marcher dans les collines. Dites à Michael que son sort est sur l'établi. Et voici de quoi vous occuper. »

Sophie trouva un costume gris et écarlate, aussi distingué que le bleu et argent, qui lui était tombé de nulle part sur les genoux. Hurle avait ramassé sa guitare dans le coin. Il tourna le bouton, face verte vers le bas, et sortit dans les bruyères au-dessus de Marché-aux-Copeaux.

« Se dégourdir les jambes ! » grogna Calcifer.

Il y avait du brouillard à Port-Havre. Calcifer s'était pelotonné entre ses bûches, se déplaçant péniblement pour éviter les gouttes tombant par le conduit de cheminée.

Le Château de Hurle

« Comment croit-il que je me sente, *moi*, coincé dans cet âtre humide ?

— Alors tu devrais me donner un indice sur la façon dont je pourrais rompre ton contrat, tenta Sophie en secouant le costume. Eh bien ! Tu es un bel habit, même si tu es un peu usagé ! Taillé pour plaire aux filles, pas vrai ?

— Mais je t'ai *donné* un indice ! fulmina Calcifer.

— Alors tu devras me le redonner, car je n'ai pas saisi, lâcha Sophie alors qu'elle étalait le vêtement et se dirigeait vers la porte.

— Si je te fournissais un indice en disant que c'en est un, ce serait une information, et je ne peux pas faire ça, expliqua Calcifer. Où vas-tu comme ça ?

— Risquer quelque chose que je n'osais pas avec eux deux dans la maison », répondit Sophie.

Elle tourna le bouton carré jusqu'à ce que le point noir fût en bas. Puis elle ouvrit la porte.

Il n'y avait rien dehors. Ce n'était ni noir, ni gris, ni blanc. Ce n'était ni épais ni transparent. Cela ne bougeait pas. Il n'y avait ni odeur ni sensation tactile. Quand Sophie pointa précautionneusement un doigt, ce n'était ni chaud ni froid. On ne ressentait rien. Cela semblait être absolument et totalement du rien.

« Qu'est-ce que c'est ? » demanda-t-elle à Calcifer.

Le démon était tout aussi intéressé que Sophie. Sa tête bleue se penchait hors de l'âtre pour voir la porte. Il en avait oublié le brouillard.

« Je l'ignore, murmura-t-il. Je ne fais que le maintenir en place. Tout ce que je sais, c'est que c'est du côté du château que l'on ne peut pas approcher. Cela me semble très, très lointain.

— Ça a l'air au-delà de la lune ! », s'étonna Sophie.

Elle referma la porte et tourna le bouton pour remettre la tache verte vers le bas. Elle hésita un instant, puis se dirigea vers l'escalier.

« Il a verrouillé la porte, lui signala Calcifer. Il m'a prévenu pour que je t'en parle, si jamais tu tentais de fureter de nouveau.

— Oh. Que cache-t-il là-haut ?

— Aucune idée, répondit Calcifer. Je ne sais rien des étages. Si tu savais à quel point c'est frustrant ! Je ne peux même pas vraiment voir à l'extérieur du château. J'en devine juste assez pour savoir dans quelle direction j'avance. »

Sophie, se sentant tout aussi frustrée, s'assit pour repriser le costume gris et écarlate. Michael revint peu de temps après.

« Le roi m'a immédiatement reçu, annonça-t-il. Il… »

Ses yeux firent le tour de la pièce. Ils s'arrêtèrent sur le coin vide où était généralement déposée la guitare.

« Oh non, dit-il. Pas sa belle amie ? Je pensais qu'elle avait fini par tomber amoureuse de lui et que tout était terminé depuis plusieurs jours ! Qu'est-ce qui la retient ? »

Calcifer pétilla méchamment.

« Tu as mal interprété les signes. Hurle le sans-cœur la trouve difficile. Il a décidé de la laisser seule quelques jours pour voir si ça aiderait, voilà tout.

— Flûte ! s'exclama le jeune garçon. Ça ne pourra que nous attirer des ennuis ! Je croyais pourtant que Hurle avait retrouvé son bon sens ! »

Sophie fit claquer le costume sur ses genoux.

« Vraiment ? s'étonna-t-elle. Comment pouvez-vous parler ainsi avec cette méchanceté profonde ? D'accord, je ne peux en vouloir à Calcifer, puisque c'est un démon maléfique. Mais toi, Michael ?

— Je ne crois pas être maléfique, protesta Calcifer.

— Mais je ne suis pas à l'aise avec ça, qu'est-ce que vous croyez ? se défendit Michael. Si vous saviez les ennuis qu'on a parce que Hurle n'arrête pas de tomber amoureux comme ça ! Nous avons eu des plaintes, des rivaux avec des épées, des mères avec des rouleaux à pâtisserie, et des pères et oncles avec des gourdins. Et des tantes, aussi.

Les tantes, c'est affreux. Elles attaquent avec des épingles à chapeau. Mais le pire, c'est quand la fille découvre où habite Hurle et débarque à la porte en pleurant. Hurle s'échappe par derrière et c'est à Calcifer et moi de nous en occuper.

— Je déteste les malheureuses, grogna le démon. Elles coulent sur moi. Je les préfère en colère.

— Bon, soyons clairs, dit Sophie en serrant ses poings noueux sur le satin rouge. Que leur fait-il, à ces pauvres filles ? J'ai entendu dire qu'il leur dévorait le cœur et qu'il emportait leur âme. »

Michael éclata d'un rire un peu forcé.

« Alors vous devez venir de Marché-aux-Copeaux. Hurle m'y a envoyé pour y salir son nom quand nous avons installé le château à proximité. J'ai… C'est moi qui suis allé colporter ces histoires. C'est ce que disent les tantes, en général. Ce n'est vrai que d'un certain point de vue.

— Hurle est assez volage, ajouta Calcifer. Ce qui lui plaît, c'est de voir la fille tomber amoureuse de lui. Ensuite, il s'en désintéresse.

— Mais il est intenable tant qu'il ne l'a pas poussée à l'aimer, dit Michael avec une pointe d'impatience. On ne peut rien tirer de sensé de lui tant qu'il n'a pas réussi.

J'ai toujours hâte de voir la fille succomber. Ensuite, ça s'arrange.

— Jusqu'à ce qu'elles le retrouvent, poursuivit Calcifer.

— On pourrait croire qu'il serait assez malin pour leur donner un faux nom, observa Sophie avec un soupçon de dédain. »

C'était surtout pour cacher le fait qu'elle se sentait stupide.

« Oh, mais il le fait à chaque fois, répondit Michael. Il adore les noms d'emprunt et aime prétendre exercer des professions diverses. Même quand il ne fait pas sa cour, d'ailleurs. N'avez-vous pas remarqué qu'il est le sorcier Jenkin à Port-Havre, le mage Pendragon à Fort-Royal autant que Hurle l'horrible en son château ? »

Sophie ne l'avait pas remarqué, ce qui la fit se sentir plus stupide encore. Et cette sensation la mettait en colère.

« Eh bien, je trouve que c'est de la méchanceté, de cavaler comme ça en rendant les jeunes filles malheureuses, dit-elle. C'est cruel et absurde.

— Il est fait comme ça », répondit Calcifer.

Michael approcha du feu un petit tabouret de bois et s'assit, tandis que Sophie cousait. Il lui raconta les conquêtes du mage, et les ennuis qui s'étaient ensuivis.

Sophie marmonnait, s'adressant au costume. Elle se sentait encore idiote.

« Ainsi, tu mangeais des cœurs, costume ? Pourquoi les tantes racontent-elles les choses de façon aussi exagérée quand elles parlent de leurs nièces ? Peut-être leur plaisais-tu à elles aussi, joli costume. Comment te sentirais-tu, poursuivi par une tante furieuse, dis-moi ? »

Tandis que Michael lui racontait l'histoire de l'une d'entre elles en particulier, Sophie en vint à penser que les rumeurs courant à Marché-aux-Copeaux avaient quelque chose de positif. Sans elles, elle imaginait très bien une fille décidée comme Lettie s'intéresser de trop près à Hurle et s'en trouver malheureuse ensuite.

Michael venait de proposer de manger et Calcifer avait commencé à gronder comme d'habitude, quand Hurle ouvrit la porte à toute volée et entra, plus mécontent que jamais.

« Voulez-vous déjeuner ? demanda Sophie.

— Non, répondit le mage. De l'eau chaude dans la salle de bains, Calcifer. »

Il resta un instant devant la porte, pensif.

« Sophie, auriez-vous rangé l'étagère des sorts, là-dedans ? »

Le Château de Hurle

Elle se sentit plus stupide que jamais. Elle se serait fait tuer sur place plutôt que d'avouer avoir fouillé tous les paquets et pots à la recherche de morceaux de jeunes filles.

« Je n'ai touché à rien, répondit-elle avec un air vertueux tout en allant chercher la grande poêle à frire.

— J'espère bien », lui glissa Michael, inquiet, alors que claquait la porte de la salle de bains.

On entendit des bruits d'écoulement et d'éclaboussures pendant que Sophie préparait le repas.

« Il consomme beaucoup d'eau chaude, dit Calcifer de dessous la poêle. Je pense qu'il se teint les cheveux. J'espère que tu n'as pas touché à ses sorts de coloration. Pour un homme si banal, aux cheveux couleur de boue, je le trouve terriblement vain quant à son apparence.

— Oh, tais-toi ! lâcha Sophie, énervée. J'ai tout remis là où je l'avais trouvé ! »

Elle était si fâchée qu'elle renversa les œufs et le bacon sur la tête du démon. Celui-ci, bien sûr, les dévora avec enthousiasme avec force crépitements. Sophie en fit frire d'autres sur les flammes crachotantes, qu'elle mangea ensuite avec Michael. Ils nettoyaient leurs assiettes et Calcifer passait sa langue bleue sur ses lèvres violettes quand la porte de la salle de bains s'ouvrit en grand. Hurle en jaillit, se lamentant de désespoir.

« Regardez ! cria-t-il. Regardez-moi ça ! Qu'est-ce que cette semeuse de chaos a *fait* à mes sorts ? »

Sophie et Michael se retournèrent pour observer Hurle. Ses cheveux étaient trempés, mais en dehors de ça, ils ne parvenaient à y voir aucune différence.

« Moi, vous voulez dire ? commença Sophie.

— Oui, vous ! Regardez ! »

Hurle s'égosillait. Il s'assit à grand bruit sur le petit tabouret et se passa les doigts dans ses cheveux humides.

« Regardez, examinez, inspectez ! Mes cheveux sont gâchés ! Je ressemble à une poêlée d'œufs au lard ! »

Michael et Sophie se penchèrent nerveusement sur la tête du mage. Elle restait de la même couleur filasse qu'à l'accoutumée, des pointes aux racines. La seule différence était peut-être une très légère trace d'orangé. Sophie la trouva agréable. Elle lui rappelait un peu la couleur dont auraient dû rester ses propres cheveux.

« Je trouve ça très joli, dit-elle.

— *Joli* ? éructa Hurle. Vraiment ? Vous l'avez fait exprès ! Vous ne pouviez trouver le repos avant d'avoir fait de ma vie un enfer, à moi aussi ! Mais regardez ça ! C'est *roux* ! Je vais devoir le *cacher*, avant que ça ne repousse ! »

Il agita les bras d'une façon grandiloquente.

« Ô rage ! Ô désespoir ! piailla-t-il. Ô angoisse ! Ô horreur ! »

La pièce s'assombrit. D'énormes ombres nébuleuses à forme humaine s'étaient extraites de chacun des coins et avancèrent vers Sophie et Michael en geignant. Ces cris avaient commencé comme des gémissements d'horreur pour devenir des brames désespérés, puis des hurlements de douleur et de terreur. Sophie se pressa les mains contre les oreilles, mais le bruit passait au travers, un peu plus fort à chaque horrible seconde qui s'écoulait. Calcifer se replia avec empressement au fond de l'âtre pour se cacher sous la bûche la plus basse. Michael attrapa Sophie par le coude et la traîna vers l'entrée. Il tourna le bouton, face bleue vers le bas, ouvrit la porte d'un coup de pied et sortit dans la rue de Port-Havre aussi vite qu'il le put.

Même dehors, les sons restaient atroces. Dans la rue, des portes s'ouvraient et les gens couraient, les mains au-dessus de la tête.

« Est-il raisonnable de le laisser seul dans cet état ? demanda Sophie en tremblant.

— Oui, dit Michael. Et d'autant plus s'il vous croit responsable. »

Ils se dépêchèrent de traverser la ville, poursuivis par des cris. Une foule les accompagnait. Malgré le brouillard qui s'était mué en crachin, tous se ruaient vers le port et le sable, où les bruits semblaient moins insupportables. La vaste étendue de la mer les absorbait un peu. Chacun se tint là, dans des vêtements trempés, regardant vers l'horizon brumeux et blanc, ou vers les cordages dégoulinants des bateaux à l'ancre, tandis que les cris devenaient un gigantesque sanglot. Sophie se rendit compte qu'elle voyait la mer pour la première fois. Elle regretta de ne pas l'apprécier plus.

Les pleurs se réduisirent à d'énormes soupirs misérables, puis au silence. Hésitants, les gens commencèrent à retourner vers la ville. Certains vinrent timidement vers Sophie.

« Le pauvre sorcier a-t-il un problème, madame Sorcière ?

— Il n'est pas de très bonne humeur aujourd'hui, expliqua Michael. Venez, je pense que nous pouvons nous risquer à rentrer, maintenant. »

Alors qu'ils avançaient sur le quai pavé, plusieurs marins les appelèrent anxieusement des navires amarrés, cherchant à savoir si ce bruit annonçait la tempête ou une malchance quelconque.

« Du tout, leur cria Sophie. C'est fini, à présent. »

Mais ce n'était pas le cas. Ils revinrent à la maison du mage, un petit bâtiment ordinaire et un peu tordu que Sophie n'aurait pas reconnu en arrivant si Michael ne l'avait pas accompagnée. Le jeune homme ouvrit avec précaution la petite porte misérable. À l'intérieur, Hurle était encore assis sur le tabouret, dans une attitude de profond désespoir. Et il était couvert des pieds à la tête d'une sorte de mucus verdâtre.

Il y avait des quantités effrayantes, colossales, monstrueuses de mucus verdâtre, il y en avait des tonnes. Hurle en était totalement recouvert. Il en avait plein la tête et les épaules, et cela dégoulinait partout, s'accumulant sur ses genoux et ses mains, s'étirant en interminables filaments collants le long de ses jambes. Cela coulait du tabouret en lianes poisseuses. Cela formait des flaques suintantes s'étalant sur presque tout le plancher. Des épanchements étaient même arrivés dans l'âtre. L'odeur était infecte.

« Sauvez-moi ! » gémissait Calcifer, dans un murmure rauque.

Il ne restait de lui que deux petites flammes papillotantes.

« Cette cochonnerie va finir par m'éteindre ! »

Sophie releva sa jupe et s'approcha autant que possible de Hurle, bien que cela fût encore à une certaine distance.

« Arrêtez ça ! dit-elle. Cessez immédiatement ! Vous vous comportez comme un *bébé* ! »

Hurle ne fit pas un geste, ni ne répondit. Son regard fixait le vide, de derrière la couche de mucus, blanc, tragique, écarquillé.

« Qu'est-ce qu'on fait ? Il est mort ? » demanda Michael, se tortillant à l'entrée.

Michael est un gentil garçon, pensa Sophie, *mais pas très efficace en temps de crise.*

« Bien sûr que non, répondit-elle. Et s'il n'y avait pas eu Calcifer, je l'aurais laissé jouer les anguilles en gelée toute la journée ! Ouvre la porte de la salle de bains ! »

Alors que Michael zigzaguait entre les flaques de mucus, Sophie jeta son tablier dans l'âtre pour empêcher la substance d'avancer trop près de Calcifer, puis elle attrapa la pelle. Elle prit des cendres et en répandit des quantités sur les plus grandes des mares. Cela siffla violemment. La pièce se remplit de vapeur et d'une puanteur épouvantable. Sophie retroussa ses manches, se pencha pour prendre son élan et poussa le mage par les genoux, avec le tabouret, en direction de la salle de bains. Ses pieds glissaient et dérapaient parfois sur le sol gluant, mais le tabouret aussi et il avançait d'autant. Michael vint tirer Hurle par ses manches trempées. Ensemble, ils parvinrent à le traîner à la toilette. Une fois arrivé, le mage refusa de bouger, et ils durent l'installer de force dans la douche.

« De l'eau chaude, Calcifer, ordonna Sophie, pantelante. Très chaude ! »

Il fallut une bonne heure pour débarbouiller Hurle. Et une heure de plus à Michael pour le persuader de sortir de la douche et d'enfiler des vêtements secs. Par chance, le costume gris et écarlate que Sophie avait reprisé était resté sur le dossier du fauteuil, hors de portée du mucus. Le costume bleu et argent était dans un triste état. Sophie dit à Michael de le mettre à tremper dans la baignoire. Dans l'intervalle, marmonnant et grognant, elle alla chercher encore plus d'eau chaude. Elle tourna le bouton de la porte, la tache verte en bas, et balaya tout le mucus pour le rejeter dans les collines. Le château laissa une traînée dans les bruyères derrière lui, comme un escargot, mais c'était le meilleur moyen de se débarrasser de cette substance collante. *Il y a des avantages à vivre dans un château ambulant*, songea Sophie en lavant le sol. Elle se demanda si les cris de Hurle s'étaient également entendus autour du bâtiment mouvant, auquel cas elle plaignait les habitants de Marché-aux-Copeaux.

Arrivée à ce point, Sophie était fatiguée et abattue. Elle savait que ce mucus vert était la vengeance que Hurle lui faisait subir ; elle n'était pas prête à faire preuve de sympathie quand Michael sortit le mage de la salle de bains, vêtu de gris et d'écarlate, et l'assit doucement dans le fauteuil près de la cheminée.

« C'était complètement stupide, crachota Calcifer. Essayais-tu de te défaire de la meilleure part de ta magie ? »

Hurle ne releva pas. Il restait assis, frissonnant, l'air tragique.

« Je n'arrive pas à le faire parler ! murmura misérablement Michael.

— Il nous fait sa petite crise, voilà tout », dit Sophie.

Martha et Lettie étaient douées dans ce domaine. Elle savait comment s'en occuper. Par ailleurs, il était peut-être risqué de donner la fessée à un mage parce qu'il piquait une colère à cause de ses cheveux. Mais d'expérience, elle savait que ces caprices n'avaient généralement que peu à voir, dans le fond, avec leur prétexte. Elle demanda à Calcifer de s'écarter pour qu'elle pût mettre à chauffer une casserole de lait. Quand ce fut chaud, elle en servit une tasse à Hurle.

« Buvez, ordonna-t-elle. Alors, de quoi s'agit-il au juste ? De cette jeune femme que vous voyez en ce moment ? »

Hurle sirota mollement son lait.

« Oui, répondit-il. Je l'ai laissée tranquille pour voir si elle se souviendrait de moi avec affection, mais ça n'a pas été le cas. Elle n'était déjà pas bien sûre, la dernière fois, et elle me dit maintenant qu'il y a un autre garçon. »

Il paraissait tellement malheureux que Sophie l'aurait presque plaint. Et à présent que ses cheveux avaient séché, elle remarqua avec une légère culpabilité qu'ils étaient presque roses.

« C'est la plus jolie fille qui ait jamais habité la région, dit-il d'un ton morose. Je l'aime tant… Mais elle n'a que mépris pour ma dévotion, et soupire après un autre. Comment peut-elle s'intéresser à quelqu'un après toute l'attention que je lui ai prodiguée ? Elles se débarrassent des autres dès que je me montre, en général. »

La pointe de sympathie qu'avait éprouvée Sophie se racornit rapidement. Il lui semblait que, si Hurle était capable de se couvrir de mucus vert, il devait tout aussi facilement pouvoir changer la couleur de ses cheveux.

« Alors pourquoi ne pas lui administrer un philtre d'amour et en finir ? demanda-t-elle.

— Ah non ! s'insurgea Hurle. Ce ne serait pas du jeu ! Ça gâcherait tout le plaisir. »

La sympathie de Sophie se réduisit encore plus. Ah, c'était un jeu ?

« Et avez-vous pensé à ce que ressent cette pauvre fille ? » lui lança-t-elle.

Hurle finit son lait et contempla le fond de sa tasse avec un sourire sentimental.

« Je pense à elle tout le temps, avoua-t-il. L'adorable, adorable Lettie Chapelier. »

La sympathie de Sophie disparut pour de bon, avec une vive détonation. Et une bonne dose d'anxiété prit sa place. *Oh, Martha*, pensa-t-elle. *Tu as été très occupée ! Tu n'as mentionné personne lorsque nous étions chez Cesari !*

Chapitre 7
Dans lequel un épouvantail empêche Sophie de quitter le château

Seule une attaque particulièrement sévère de douleurs et de rhumatismes empêcha Sophie de repartir le soir même pour Marché-aux-Copeaux. Mais la bruine à Port-Havre l'avait glacée jusqu'aux os. Elle se terra dans son alcôve, souffrant et s'inquiétant pour Martha. *Ce n'est peut-être pas si grave*, pensait-elle. Elle n'avait qu'à dévoiler à sa sœur l'identité de son amoureux transi, le mage Hurle. Ça suffirait à l'effrayer. Et elle pourrait lui révéler ensuite que le meilleur moyen de le repousser serait de se prétendre amoureuse de lui. Le menacer éventuellement de lui envoyer ses tantes était un plus.

Sophie craquait toujours de partout en se relevant le lendemain.

« *Maudite* soit cette sorcière des Steppes ! » marmonna-t-elle à sa canne en se préparant à sortir. Elle pouvait entendre Hurle chanter dans la salle de bains comme s'il n'avait jamais piqué sa crise. Elle se rendit à l'entrée sur la pointe des pieds, aussi vite qu'elle le put.

Bien entendu, le mage sortit avant qu'elle ne parvînt à atteindre la porte. Sophie lui jeta un regard amer. Il était fringant, doucement parfumé à la fleur de pommier. Les rayons de soleil tombant de la fenêtre faisaient briller son costume gris et écarlate et nimbaient ses cheveux d'un halo rose.

« Je trouve que mes cheveux ont plutôt de l'allure, de cette couleur, dit-il.

— Vraiment ? grogna Sophie.

— Ça va bien avec ce costume, ajouta Hurle. Vous êtes douée avec votre aiguille. Vous avez réussi à donner plus de style à ces vieilles nippes.

— Hum », répondit Sophie.

Hurle arrêta sa main qui se dirigeait vers le bouton, au-dessus de l'entrée.

« Vos douleurs vous travaillent ? demanda-t-il. Ou bien êtes-vous fâchée de quelque chose ?

— Fâchée ? ironisa Sophie. Pourquoi serais-je fâchée ? Quelqu'un a rempli le château d'une cochonnerie, assourdi tout le monde à Port-Havre et effrayé Calcifer au point qu'il a failli finir en cendres. Sans parler de quelques centaines de cœurs brisés. De quoi pourrais-je être fâchée, je vous le demande ? »

Hurle éclata de rire.

« Mes excuses, dit-il en tournant le bouton, face rouge vers le bas. Le roi veut me voir aujourd'hui. Je vais probablement claquer des talons au palais jusqu'à ce soir, mais je verrai à mon retour ce que je peux faire pour vos rhumatismes. N'oubliez pas de dire à Michael que je lui ai laissé un sort sur l'établi. »

Il lui adressa un sourire solaire, puis s'en fut entre les tours et les clochers de Fort-Royal.

« Si vous pensez que ça arrangera tout... » grogna Sophie quand la porte fut refermée.

Le Château de Hurle

Mais le sourire l'avait adoucie.

« Si ce sourire marche avec moi, pas étonnant que la pauvre Martha ne sache plus où elle en est ! marmonna-t-elle encore.

— Il me faut une autre bûche avant que tu partes », lui rappela Calcifer.

Sophie alla réalimenter la cheminée en bois. Quand elle repartit vers l'entrée, Michael déboula des escaliers, prit le reste d'une miche sur l'établi et courut à la porte.

« Ça ne vous dérange pas ? demanda-t-il, très agité. Je rapporterai du pain en rentrant. J'ai des choses urgentes à régler, mais je reviens d'ici ce soir. Si le capitaine vient demander son sort des vents, il est sur la table, clairement étiqueté. »

Il tourna le bouton face verte vers le bas et sauta sur le flanc venteux d'une colline, serrant son quignon sur l'estomac.

« À plus tard ! hurla-t-il alors que le château s'éloignait et que la porte claquait.

— Malédiction ! s'exclama Sophie. Calcifer, comment fait-on pour entrer quand il n'y a personne à l'intérieur ?

— J'ouvrirai pour toi ou Michael. Hurle sait s'en charger seul », répondit Calcifer.

Ainsi, nul ne serait enfermé dehors au départ de Sophie. Elle n'était pas vraiment sûre de revenir, mais n'avait pas l'intention de le dire au démon. Elle laissa à Michael du temps pour s'éloigner, où qu'il allât, et se dirigea de nouveau vers la porte. Cette fois, ce fut Calcifer qui l'arrêta.

« Si jamais tu pars longtemps, mieux vaut que tu laisses quelques bûches là où je pourrai les atteindre.

— Tu peux ramasser le bois ? » demanda Sophie, intriguée malgré son impatience.

En réponse, Calcifer étendit une flamme bleue, en forme de bras, dont l'extrémité se divisait en doigts verts. Il n'était pas très long, et n'avait pas l'air bien fort.

« Tu vois, je peux presque atteindre le foyer », dit-il fièrement.

Sophie empila quelques bûches devant l'âtre, afin que le démon pût au moins attraper celle du dessus.

« Pas question de les brûler avant qu'elles ne soient dans la cheminée », le prévint-elle avant de repartir vers la porte.

Cette fois, quelqu'un frappa avant qu'elle n'y parvînt.

C'est un de ces jours, donc… songea Sophie. Ce doit être le capitaine. Elle tendit la main pour tourner le bouton, face bleue vers le bas.

« Non, c'est la porte du château, précisa Calcifer. Mais je ne sais pas si… »

Le Château de Hurle

Alors, Michael est déjà de retour pour une raison quelconque, pensa Sophie en ouvrant.

Une tête en navet la dévisageait. Elle sentait le moisi. Se découpant sur le ciel bleu, un bras en haillon se finissant par un moignon de branche fit un moulinet et tenta de l'attraper. C'était un épouvantail. Il n'était fait que de bâtons et de vieilles nippes, mais il était vivant et il essayait d'entrer.

« Calcifer ! hurla Sophie. Accélère le château ! »

Les blocs de pierre autour de l'entrée grincèrent et craquèrent. Les hautes terres vert brun défilèrent de plus en plus vite. Le bras de bois de l'épouvantail cogna à la porte, puis fut emporté. Il s'efforça de s'accrocher à la muraille du château avant d'être laissé derrière. Il fit un moulinet de son autre bras et essaya d'agripper la maçonnerie. Il voulait entrer à la moindre occasion.

Sophie claqua la porte. *Voilà*, songea-t-elle, *la preuve qu'il est absurde pour l'aîné de s'en aller chercher fortune !* C'était l'épouvantail qu'elle avait planté dans la haie alors qu'elle montait la route des collines. Elle lui avait adressé des plaisanteries. Et à présent, comme si ses blagues lui avaient conféré une vie malveillante, le bonhomme l'avait suivie et avait tenté de lui griffer le visage. Elle courut à la fenêtre pour regarder si la chose cherchait encore à se glisser à l'intérieur.

Bien sûr, tout ce qu'elle put voir, ce fut une journée ensoleillée à Port-Havre, avec une douzaine de voiles sur une douzaine de mâts au-dessus des toits, et un nuage de goélands volant en cercle dans le ciel bleu.

« C'est compliqué d'être à plusieurs endroits en même temps », dit Sophie au crâne humain sur l'établi.

Puis, d'un coup, elle découvrit le vrai inconvénient d'être une vieille femme. Son cœur sembla sauter un battement, puis bégayer, puis tenter de sortir de sa poitrine. Ça faisait mal. Elle en trembla de tous ses membres et crut que ses genoux allaient l'abandonner. Elle pensa qu'elle allait peut-être mourir, mais parvint à se traîner jusqu'au fauteuil près du feu. Elle s'y assit, pantelante, la main agrippée à sa poitrine.

« Un problème ? demanda Calcifer.

— Oui. Mon cœur. Il y avait un épouvantail à la porte !

— Quel rapport entre un épouvantail et ton cœur ? la questionna l'être de flammes.

— Il essayait d'entrer ! Qu'est-ce qu'il m'a fait peur… Et mon cœur… Mais tu ne peux pas comprendre, jeune démon idiot ! »

Sophie haletait.

Le Château de Hurle

« Tu n'as pas de cœur, toi.

— Mais si, j'en ai un ! dit Calcifer avec fierté, comme il avait révélé son bras. En bas, dans la partie qui brille sous les bûches. Et ne me traite pas de jeune ! J'ai un bon million d'années de plus que toi ! Puis-je réduire la vitesse du château, à présent ?

— Seulement si l'épouvantail est parti, répondit Sophie. C'est bon ?

— Je ne saurais dire, admit Calcifer. Il n'est pas de chair et de sang. Et je te l'ai dit, je ne vois pas vraiment l'extérieur. »

Sophie se releva et se traîna de nouveau vers la porte ; elle se sentait mal. Elle ouvrit lentement et précautionneusement. Elle vit défiler les pentes vertes, pierreuses et couvertes de bruyères violettes, et la tête lui tourna, mais elle s'accrocha à l'encadrement et se pencha pour voir les hauteurs qu'ils laissaient derrière eux. L'épouvantail les suivait à une centaine de pas. Il sautillait avec une sorte de vaillance assez sinistre, tendant ses bras de branches pour trouver son équilibre sur le versant. Alors que Sophie l'observait, le château le distançait. Mais quoique lent, l'épouvantail les suivait quand même. Elle referma la porte.

« Il est toujours là, dit-elle. Il sautille pour nous rattraper. Va plus vite.

— Mais ça va compliquer tous mes calculs, expliqua Calcifer. Je comptais faire le tour des collines et revenir au point où Michael nous avait quittés, au bon moment pour le récupérer ce soir.

— Alors va deux fois plus vite et tu feras deux fois le tour ! Tant que nous semons cette horrible chose…

— Quelle agitation », grommela le démon.

Le château accéléra encore. Sophie pouvait désormais, pour la première fois, le sentir trembler alors qu'elle se pelotonnait dans le fauteuil, se demandant si elle était en train de mourir. Mais elle ne voulait pas encore quitter ce monde, pas avant d'avoir parlé à Martha.

Alors que la journée avançait, tout le contenu du château commençait à vibrer du fait de sa vitesse. Les bouteilles s'entrechoquaient, le crâne claquait des dents sur son établi. Sophie pouvait entendre des objets tomber de l'étagère de la salle de bains, et faire des bruits d'éclaboussures en arrivant dans la baignoire où trempait toujours le costume bleu et argent de Hurle. Elle se sentait un peu mieux. Elle retourna péniblement à la porte et regarda dehors, le vent faisant voler ses cheveux. Le sol défilait à toute vitesse en dessous et les collines semblaient tourner

Le Château de Hurle

lentement alors que le château les traversait à grande vitesse. Le fracas et les grondements étaient assourdissants, et la fumée jaillissait en bouffées explosives. Mais l'épouvantail n'était qu'un petit point dans le lointain. La fois suivante où elle passa la tête, il était hors de vue.

« Bien. Alors je vais pouvoir arrêter pour la nuit, dit Calcifer. C'était épuisant. »

Le grondement mourut. Les objets cessèrent de s'entrechoquer. Le démon s'endormait à la manière des feux, s'effondrant peu à peu entre les bûches jusqu'à ce qu'elles devinssent des cylindres rosâtres poudrés de cendre blanche où ne subsistait qu'une étincelle bleu-vert dans les profondeurs.

Sophie se sentait à nouveau alerte. Elle entra dans la salle de bains et repêcha six paquets et une bouteille dans l'eau trouble et gluante de la baignoire. Les paquets étaient trempés. Elle n'osa pas les laisser comme ça après la crise de la veille, alors elle les disposa sur le sol et, avec d'infinies précautions, répandit sur eux le contenu du sachet étiqueté POUDR À SÉCHER. Ils furent presque instantanément secs. C'était encourageant. Sophie vida la baignoire et essaya la poudre sur le costume de Hurle. Il sécha également. Il restait taché de vert et avait un peu rétréci, mais de voir qu'elle parvenait à faire correctement quelque chose lui rendit le sourire.

Elle se sentait d'assez bonne humeur pour s'occuper de préparer à souper. Elle mit en tas tout ce qui traînait sur l'établi, près du crâne au bout, puis commença à couper des oignons.

« Au moins, mon ami, ça ne te fait pas pleurer, dit-elle au crâne. Essaie de voir le bon côté des choses. »

La porte s'ouvrit à la volée.

Sophie sursauta de terreur et manqua de se couper ; elle avait cru au retour de l'épouvantail. Mais c'était Michael. Il jaillit à l'intérieur en jubilant. Il déposa une miche de pain, une tourte et une boîte à rayures roses et blanches sur les oignons. Puis il attrapa Sophie par la taille et dansa avec elle à travers la pièce.

« Tout va bien ! Tout va bien ! » cria-t-il gaiement.

Sophie sautillait et trébuchait en tentant d'échapper aux grosses bottes du jeune homme.

« Doucement, doucement ! » s'étranglait-elle.

Elle essayait de tenir le couteau d'une manière qui ne risquait pas de les blesser l'un et l'autre.

« Que se passe-t-il ?
— Lettie m'aime ! » hurla Michael.

Il continua de danser, l'entraînant vers la salle de bains puis manquant de la faire tomber dans la cheminée.

« Elle n'avait même jamais vu Hurle ! C'était une erreur ! »

Il les fit tournoyer jusqu'au milieu de la pièce.

« Veux-tu me lâcher avant que nous nous fassions du mal avec ce couteau ? couina Sophie. Et explique-moi tout ça, veux-tu ?

— Woooou ! » lâcha Michael.

Il fit virevolter Sophie jusqu'au fauteuil, où il la laissa choir. Elle y resta à tenter de reprendre son souffle.

« La nuit dernière, j'aurais voulu que vous teigniez ses cheveux en *bleu* ! avoua-t-il. Mais maintenant, ça n'a plus d'importance. Quand Hurle a dit "Lettie Chapelier", j'ai même hésité à le teindre moi-même. Vous voyez bien comme il en parle. Je savais qu'il laisserait tomber cette fille, comme toutes les autres, dès qu'il s'en serait fait aimer. Et quand j'ai cru que c'était ma Lettie, je… Vous l'avez entendu dire qu'il y avait un autre garçon. Et j'ai cru que c'était *moi* ! Je suis retourné aujourd'hui à Marché-aux-Copeaux. Et en fait, tout allait bien ! Hurle doit en avoir après une autre fille du même nom. Lettie ne l'avait même jamais vu.

— Attends que je comprenne, dit Sophie, prise de vertiges. Nous parlons bien de la Lettie Chapelier qui travaille à la pâtisserie Cesari, c'est ça ?

— Bien sûr ! répondit Michael avec jubilation. Je l'ai aimée dès qu'elle a commencé à y travailler, et j'ai failli ne pas la croire quand elle a dit *m'aimer* en retour. Elle a des centaines d'admirateurs. Je n'aurais pas été surpris que Hurle soit l'un d'entre eux. Je suis tellement soulagé ! Je vous ai rapporté un gâteau de chez Cesari pour fêter ça. Où l'ai-je mis, tiens ? Ah, le voilà ! »

Il lança la boîte blanche et rose à Sophie. Des tranches d'oignon lui tombèrent sur les genoux.

« Quel âge as-tu, mon enfant ? demanda Sophie.

— J'ai eu 15 ans au 1er Mai, dit Michael. Calcifer a tiré des feux d'artifice au-dessus du château. Pas vrai, Calcifer ? Oh, il s'est endormi. Vous devez penser que je suis trop jeune pour me fiancer – j'ai encore trois ans d'apprentissage à faire, et Lettie en a encore plus –, mais nous nous sommes promis l'un à l'autre et l'attente ne nous dérange pas. »

Alors, Michael a le bon âge pour Martha, pensa Sophie. Elle savait qu'il était un bon garçon, efficace, avec devant lui une carrière de sorcier. Béni soit le cœur de Martha ! Quand elle repensa à ce 1er Mai si particulier, elle réalisa

Le Château de Hurle

que Michael avait fait partie du groupe hurlant faisant la queue au comptoir. Hurle, lui, était dehors, sur la place du Marché.

« Es-tu bien sûr qu'elle te dise la vérité à propos de Hurle ? l'interrogea-t-elle avec anxiété.

— Certain, affirma Michael. Je sais quand elle ment. Elle arrête de se tourner les pouces.

— C'est vrai, admit Sophie en gloussant.

— Comment le savez-vous ? demanda Michael, surpris.

— C'est ma s... la petite-fille de ma sœur, hasarda Sophie. Petite, elle ne disait pas toujours la vérité. Mais elle est encore jeune, et... j'imagine qu'elle change en grandissant. Elle pourrait même changer d'allure d'ici un an ou deux.

— Comme moi, dit Michael. Les gens de mon âge changent beaucoup. Ça ne nous inquiète pas. Elle sera toujours Lettie. »

D'un certain point de vue, pensa Sophie.

« Imaginons pourtant qu'elle dise la vérité, poursuivit-elle avec anxiété, et connaisse Hurle sous un faux nom ?

— Ne vous en faites pas, j'y avais pensé ! répondit-il. Je lui ai décrit Hurle – et admettez qu'il est assez reconnaissable – et elle ne les avait jamais vus, ni lui ni sa pauvre guitare. Je n'ai même pas eu besoin de lui dire qu'il était incapable d'en jouer correctement. Elle n'a jamais posé les yeux sur lui, et s'est tourné les pouces tout le temps qu'on en a parlé.

— Quel soulagement ! » s'exclama Sophie, toute raide dans son fauteuil.

Elle se sentait plus légère en ce qui concernait Martha, mais s'inquiétait encore. Elle savait qu'il y avait une autre Lettie Chapelier dans la région : la vraie. Et que s'il y en avait eu une troisième, quelqu'un en aurait immanquablement parlé à la boutique. C'était bien de la part de Lettie l'entêtée de ne pas céder à Hurle. Ce qui chiffonnait Sophie, néanmoins, c'était que sa sœur eût donné son vrai nom au mage. Elle n'était peut-être pas sûre de ses intentions, mais l'appréciait assez pour lui confier un secret aussi important.

« N'ayez pas l'air si anxieuse ! dit Michael en riant, adossé au fauteuil. Regardez ce gâteau que je vous ai rapporté. »

Alors que Sophie ouvrit la boîte, elle comprit que Michael ne la voyait plus comme une catastrophe naturelle, mais commençait à bien l'aimer. Elle en était si heureuse et reconnaissante qu'elle décida de dire toute la vérité à Michael à propos de Lettie, de Martha et de son propre cas. Autant qu'il sût dans quelle famille il comptait se marier. La boîte s'ouvrit. C'était un des produits les plus succulents de *Chez Cesari*, un gâteau couvert de crème, de cerises confites, avec des petits tortillons de chocolat dessus.

« Oh », dit Sophie.

Le bouton carré au-dessus de la porte tourna tout seul, et s'arrêta point rouge vers le bas. Hurle entra.

« Quel merveilleux gâteau ! Mon préféré ! s'exclama-t-il. Où l'as-tu trouvé ?

— Je… euh… Je suis passé chez Cesari », répondit Michael, à demi penaud.

Sophie regarda Hurle. Quelque chose devait toujours venir l'interrompre quand elle se décidait à expliquer sa situation et le sort jeté sur elle. Même un sorcier, semblait-il.

« Il a l'air de valoir le déplacement, déclara le mage en examinant la pâtisserie. On m'a dit que Cesari est meilleur pâtissier que tous ceux de Fort-Royal. Je me sens stupide de n'y être jamais allé. Et est-ce une tourte que je vois sur l'établi ? »

Il alla regarder.

« Tourte sur lit d'oignons crus avec garniture de crâne humain. »

Il ramassa la tête et ôta une rondelle d'oignon de son orbite.

« Je vois que Sophie a encore trouvé à s'occuper. N'aurais-tu pas pu la retenir, mon ami ? »

Le crâne claqua des dents dans sa direction. Hurle parut surpris, et le reposa à la hâte.

« Un problème ? » demanda Michael.

Il semblait connaître les signes.

« Et comment ! répondit Hurle. Je dois trouver quelqu'un pour salir mon nom auprès du roi.

— Le sort de transport n'a pas bien fonctionné ? s'inquiéta Michael.

— Si, au contraire, il a marché à la perfection. C'est bien le problème, dit Hurle en faisant nerveusement tourner l'anneau d'oignon autour de son doigt. Le roi voudrait me confier quelque chose d'autre. Calcifer, si nous n'y prenons pas garde, il finira par me nommer "magicien du roi". »

Le démon ne répondit pas. Hurle s'approcha de la cheminée, et s'aperçut qu'il dormait.

« Réveille-le, Michael, ordonna-t-il. J'ai besoin de le consulter. »

L'apprenti jeta deux bûches à Calcifer et l'appela. Rien ne se produisit, hormis une petite bouffée de fumée.

« Calcifer ! » cria Hurle.

Mais cela n'y changea rien. Hurle lança à Michael un regard ébahi et empoigna le tisonnier, ce que Sophie ne l'avait jamais vu faire.

« Navré, Calcifer, dit-il en fourrageant sous les bûches intactes. Réveille-toi ! »

Une colonne de fumée noire se tortilla un instant, puis se dissipa.

« Allez-vous-en ! grogna Calcifer. Je suis fatigué. »

Cela sembla profondément inquiéter le mage.

« Que lui arrive-t-il ? Je ne l'ai jamais vu comme ça !

— Je pense que c'est l'épouvantail », répondit Sophie.

Hurle se retourna lentement, à genoux, et leva vers elle ses yeux ressemblant à des billes de verre.

« Qu'avez-vous *encore* fait ? »

Il continua à la fixer tout au long de ses explications.

« Un épouvantail ? dit-il. Et Calcifer a accepté d'accélérer le château à cause d'un *épouvantail* ? Chère Sophie, veuillez m'expliquer comment l'on force un démon du feu à être aussi obligeant. Vraiment, j'aimerais le savoir !

— Je ne l'ai pas forcé, répondit Sophie. Ça m'a donné des palpitations, et il se sentait désolé pour moi.

— Ça lui a donné des palpitations, et Calcifer se sentait désolé pour elle, répéta Hurle. Ma pauvre Sophie, Calcifer n'est jamais désolé pour personne. Par ailleurs, j'espère que vous appréciez les oignons crus et la tourte froide pour le dîner, parce que vous avez failli éteindre sa flamme.

— Il reste le gâteau », intervint Michael, tentant de préserver la paix.

Le repas sembla arranger un peu l'humeur du mage, même s'il le passa à jeter des regards inquiets aux bûches, dans l'âtre, qui ne brûlaient pas. La tourte restait bonne, même froide, et Sophie avait fait mariner ses oignons dans du vinaigre. Le gâteau était somptueux. Alors qu'ils le mangeaient, Michael se risqua à demander ce que le roi voulait à Hurle.

« Rien de définitif pour l'instant, répondit le mage, morose. Mais il m'assommait d'histoires sur son frère, et c'est de mauvais augure. Apparemment, ils s'étaient bien disputés avant que le prince Justin ne parte en claquant la porte, et les gens parlent. Le roi voulait visiblement que je me porte volontaire pour chercher son frère. Et comme un idiot, je suis allé dire que je ne pensais pas que le sorcier Soliman était mort. Ça n'a rien arrangé.

— Pourquoi voulez-vous éviter de partir à la recherche du prince ? demanda Sophie. Vous ne pensez pas être capable de le retrouver ?

— Ça ne vous suffit pas de houspiller les gens, il faut encore que vous soyez malpolie ? » lâcha Hurle.

Il ne lui avait toujours pas pardonné pour Calcifer.

« Je veux me défiler parce que je *sais* pouvoir le retrouver, si vous voulez tout savoir. Justin s'entendait très bien avec Soliman, et s'ils se sont disputés, c'est qu'il avait annoncé au roi vouloir partir à sa recherche. Il pensait que Sa Majesté n'aurait jamais dû envoyer son sorcier dans les Steppes. Vous devez savoir, quand même, qu'il y a là-bas une certaine dame qui n'apporte que des ennuis. Elle a promis de me faire frire tout vif et m'a envoyé une malédiction. Si je suis parvenu à l'éviter, c'est uniquement parce que j'ai eu la bonne idée de lui donner un faux nom. »

Sophie en était ébahie.

« Vous voulez dire que vous avez aussi séduit et laissé tomber la sorcière des Steppes ? »

Hurle se servit une nouvelle part de gâteau, l'air triste et honorable.

« Je ne le formulerais pas comme ça. J'admets m'être un peu entiché d'elle à un moment donné. Par certains côtés, c'est une dame très maussade, qui a du mal à se faire aimer. Elle fait peur à tous les hommes d'Ingarie. *Vous* devriez savoir mieux que personne ce que l'on ressent dans ces cas-là, ma chère. »

La bouche de Sophie s'ouvrit d'indignation. Michael coupa court :

« Pensez-vous qu'il faille déplacer le château ? C'est pour ça que vous l'avez inventé, n'est-ce pas ?

— Tout dépend de Calcifer. »

Hurle regarda de nouveau par-dessus son épaule. Les bûches fumaient à peine.

« Si jamais la sorcière et le roi en avaient après moi, ça me donnerait envie d'aller poser mon château sur un joli rocher élevé à des milliers de lieues d'ici. »

Michael semblait s'en vouloir d'avoir parlé. Sophie voyait bien que, pour lui, des milliers de lieues l'éloigneraient terriblement de Martha.

« Mais qu'arriverait-il à votre Lettie Chapelier, demanda-t-elle à Hurle, si vous partiez au loin ?

— Je pense que tout sera fini d'ici là, dit-il d'un air absent. Si seulement je pouvais trouver un moyen de ne plus avoir le roi sur le dos... Je sais ! »

Il leva sa fourchette, sur laquelle était encore plantée une bouchée de gâteau dégoulinante de crème, et la pointa vers Sophie.

« *Vous* ! Vous allez noircir mon nom auprès du roi. Vous prétendrez être ma vieille mère, venue plaider la cause de son petit garçon aux yeux bleus. »

Il adressa à Sophie ce sourire qui avait sans aucun doute charmé la sorcière des Steppes – et probablement Lettie aussi –, au-dessus de la fourchette pleine de crème, droit dans les yeux. C'était à lui faire tourner la tête.

« Si vous parvenez à vous faire obéir de Calcifer, le roi ne devrait pas vous résister. »

Sophie lui rendit son regard, sans rien dire. *Ça*, pensa-t-elle, *c'est clairement l'occasion de me défiler*. Elle allait partir. Dommage pour le contrat avec Calcifer, mais elle en avait assez de Hurle. D'abord le mucus vert, puis ces reproches pour quelque chose que Calcifer avait fait de son plein gré, et maintenant ceci ! Demain, elle se glisserait jusqu'aux Hauts-Méandres pour tout raconter à Lettie.

Chapitre 8
Dans lequel Sophie quitte le château dans plusieurs directions à la fois

Au grand soulagement de Sophie, Calcifer flambait vaillamment et joyeusement le lendemain matin. Si elle n'avait pas été en colère envers Hurle, elle aurait été touchée par son expression de bonheur lorsqu'il vit le démon.

« Je pensais qu'elle avait eu ta peau, vieille boule de gaz, dit-il à genoux devant l'âtre, ses manches traînant dans la cendre.

— J'étais fatigué, voilà tout, répondit Calcifer. On a pas mal poussé le château. Il n'est jamais allé aussi vite, avant.

— Eh bien, ne te laisse pas faire si elle te demande de recommencer », le prévint Hurle.

Il se leva, époussetant avec grâce la poussière de son costume gris et écarlate.

« Mets-toi dès aujourd'hui au travail sur ce sort, Michael. Et si jamais quelqu'un vient de la part du roi, je suis sorti pour une affaire urgente et je ne reviens que demain. Je vais voir Lettie, mais ce n'est pas la peine de le lui préciser. »

Il ramassa sa guitare et activa le dispositif de la porte, la face verte du bouton braquée vers le bas. Elle donnait sur les collines immenses et couvertes de brume.

L'épouvantail était revenu. Quand Hurle ouvrit la porte, l'assemblage de branches jaillit par le côté, enfonçant son visage en navet dans la poitrine du mage. La guitare lâcha un affreux « twoiiiing ». Sophie poussa un petit couinement de terreur et grimpa sur le fauteuil. L'un des bras de bois tournoyait avec raideur, griffant l'air pour s'accrocher à la porte. La façon dont Hurle se tenait montrait qu'il bandait toutes ses forces pour résister. Il était clair que cette chose voulait à tout prix rentrer dans le château.

Le visage bleu de Calcifer se pencha hors de l'âtre. Michael restait planté là, incrédule.

« Il y a donc *vraiment* un épouvantail ! dirent en chœur le mage et son apprenti.

— Ah tiens ? Sans blague ? »

Hurle haletait. Il avait appuyé son pied sur l'encadrement de la porte et il poussait. L'épouvantail vola en arrière et retomba en vrombissant sur la bruyère, à quelques pas. Il se releva instantanément et recommença à sautiller vers le château. Hurle laissa sa guitare sur le perron et sauta à terre pour aller à la rencontre de l'importun.

« Pas question, mon ami, dit-il en levant la main. Retourne d'où tu viens. »

Il marchait lentement vers l'avant, la main bien en vue. L'épouvantail battit lentement en retraite. Quand Hurle s'arrêta, le bonhomme de branches s'arrêta également, sa seule jambe plantée dans la bruyère et ses bras en haillons s'agitant dans tous les sens. Ses guenilles flottant au vent semblaient être un piètre reflet des manches du mage.

« Tu ne veux donc pas t'en aller ? » demanda Hurle.

Et la tête en navet fit des allers-retours de droite et de gauche. Non.

« J'ai bien peur qu'il le faille pourtant, poursuivit Hurle. Tu effraies Sophie, et va savoir ce dont elle est capable quand elle est effrayée. Quand j'y pense, ça, ça me ferait peur. »

Les bras de Hurle bougèrent lourdement, comme s'ils soulevaient un poids énorme, jusqu'à être tendus au-dessus de sa tête. Il hurla un mot étrange, à moitié étouffé par un coup de tonnerre soudain. Et l'épouvantail fut balayé au loin. Il s'éleva vers l'arrière, les nippes voletant, les bras s'agitant pour protester, sans s'arrêter jusqu'à ce qu'on ne vît plus qu'un petit point dans le ciel. Puis il disparut dans les nuages et on ne le vit plus du tout.

Le mage baissa les bras et revint à la porte, s'essuyant le visage du revers de la main.

« Je retire mes dures paroles, Sophie, dit-il en haletant. Cette chose était inquiétante. Elle a dû suivre le château toute la journée d'hier. Il y avait en elle la magie la plus puissante que j'aie jamais rencontrée. Quoi que ça ait pu être... Tiens, n'étaient-ce pas les restes de la dernière personne chez qui vous avez fait le ménage ? »

Sophie se laissa aller à un ricanement affaibli. Son cœur lui jouait à nouveau des tours.

Hurle comprit qu'il y avait un problème. Il enjamba sa guitare, attrapa la vieille femme par le bras et la força à s'asseoir.

« Du calme ! »

Quelque chose passa entre le mage et Calcifer. Sophie le sentit, parce que Hurle la tenait encore, et que le démon était penché hors de l'âtre. Quel qu'eût été ce phénomène, son cœur recommença à battre normalement. Le sorcier regarda l'être habitant la cheminée, haussa les épaules et se tourna vers Michael pour lui donner des instructions. Il voulait qu'on laissât Sophie en paix tout le reste de la journée. Puis il reprit sa guitare et sortit pour de bon.

Sophie demeura sur son fauteuil, faisant semblant d'être deux fois plus malade qu'elle ne l'était vraiment. Il fallait attendre que Hurle fût hors de vue. C'était dommage qu'il allât aux Hauts-Méandres ; elle marchait tellement plus lentement que lui qu'elle arriverait là-bas au moment où il en redescendrait. L'important, c'était surtout de ne pas le croiser. Elle observa Michael à la dérobée, alors qu'il dépliait le sort et se grattait la tête en l'examinant. Elle attendit qu'il eût sorti de gros livres reliés en cuir et qu'il eût commencé à prendre frénétiquement des notes, d'une manière qui fleurait le désespoir. Quand il sembla suffisamment absorbé, Sophie murmura à plusieurs reprises :

« C'est étouffant, ici ! »

Michael ne remarqua rien.

« Terriblement étouffant », insista-t-elle en se levant et en claudiquant vers la porte.

Le Château de Hurle

Elle ouvrit et sortit. Calcifer arrêta le château avec obligeance le temps qu'elle descendît. Sophie atterrit dans les bruyères et regarda autour d'elle pour s'orienter. La route des collines menant aux Hauts-Méandres était une ligne sablonneuse passant en contrebas. Naturellement, Calcifer s'était organisé pour faciliter la vie de son maître. Sophie chemina dans cette direction. Elle se sentait un peu triste. Michael et Calcifer allaient lui manquer.

Elle était presque parvenue à la route quand elle entendit des cris en arrière. Michael lui courait après, suivi par l'énorme château frémissant, crachant anxieusement par ses tourelles des bouffées de fumée.

« Mais qu'est-ce que vous faites ? » lui demanda-t-il après l'avoir rattrapée.

À la façon dont il la regardait, Sophie comprit que le jeune homme pensait que les rencontres avec l'épouvantail lui avaient troublé l'esprit.

« Je vais très bien, lui répondit-elle sur un ton indigné. Je voulais rendre visite à la petite-fille de mon autre sœur. Elle aussi s'appelle Lettie Chapelier. Tu comprends ça ?

— Et où vit-elle ? s'enquit le jeune homme. J'ai promis à Hurle de vous laisser vous reposer. Je ne peux pas vous permettre de partir. Je lui ai dit que je vous garderais à portée de vue. »

Cela déplut à Sophie. Hurle la trouvait utile, à présent, parce qu'il voulait l'envoyer au roi. Bien sûr qu'il ne souhaitait pas la voir quitter le château.

« Hum, lâcha-t-elle.

— En plus, ajouta Michael en saisissant peu à peu la situation, Hurle se rendait probablement là-bas aussi.

— J'en suis certaine, affirma-t-elle.

— Vous vous inquiétez donc pour cette fille, si c'est votre petite-nièce, poursuivit Michael qui en venait enfin au fait. Je le comprends bien ! Mais je ne peux pas vous laisser y aller.

— J'irai quand même, s'entêta Sophie.

— Mais si Hurle vous voit, il sera furieux, s'insurgea Michael à mesure qu'il comprenait. Et comme je lui ai fait une promesse, il sera en colère après nous deux. Vous devez vous reposer. »

Puis, alors que Sophie s'apprêtait à le frapper, il s'exclama :

« Attendez ! Il y a une paire de bottes de sept lieues dans le placard à balais ! »

Il attrapa Sophie par son poignet tout fin et la tira vers le château qui les attendait en surplomb. Elle était obligée de sautiller pour ne pas se prendre les pieds dans les bruyères.

« Mais, haleta-t-elle, sept lieues ça fait vingt et un miles ! Je serai à mi-chemin de Port-Havre en deux foulées !

— Non, ça fait dix miles et demi par pas, rectifia Michael. Ce qui vous amène presque exactement aux Hauts-Méandres. Si nous prenons chacun une botte et y allons ensemble, je ne vous perdrai pas de vue et vous ne vous épuiserez pas. Nous serons rentrés avant Hurle, et il ne saura même pas que nous sommes partis. Voilà qui règle merveilleusement tous nos problèmes ! »

Michael était tellement fier de lui que Sophie n'eut pas le cœur de protester. Elle haussa les épaules.

Il vaut mieux, songea-t-elle, *qu'il découvre la vérité sur les deux Lettie avant qu'elles n'échangent à nouveau leur apparence. C'est plus honnête comme ça.* Mais quand Michael rapporta les bottes du placard, Sophie commença à avoir des doutes. Jusqu'alors, elle les avait prises pour deux seaux en cuir dont les anses auraient été perdues et qui auraient été écrabouillés.

« Vous êtes censée glisser le pied dedans, avec votre chaussure et tout, indiqua Michael en déposant les deux choses informes sur le parquet. Ce sont les prototypes des bottes créées par Hurle pour l'armée royale. Nous avons réussi à alléger un peu les suivantes, et à leur donner une forme plus appropriée. »

Lui et Sophie s'assirent sur le perron et en enfilèrent chacun une.

« Orientez-vous vers les Hauts-Méandres avant de poser pied à terre », la prévint-il.

Ils se mirent debout, du pied chaussé de façon ordinaire, et se tournèrent vers leur destination.

« En avant ! » dit Michael.

Zip ! Le paysage les dépassa si vite qu'il se trouvait réduit à une tache floue, gris-vert pour la terre et bleu-gris pour le ciel.

Ils se déplaçaient si rapidement que le vent tira les cheveux de Sophie et lui tendit toutes les rides, au point qu'elle craignit d'arriver avec la moitié du visage derrière les oreilles.

Cette ruée s'arrêta aussi vite qu'elle avait commencé. Tout était calme et ensoleillé. Ils avaient des boutons d'or jusqu'aux genoux, et se tenaient au milieu du pré communal. Une vache toute proche les fixa, surprise. Au-delà, ils apercevaient des chaumières assoupies sous les arbres. Hélas, la botte était si lourde que Sophie tituba à l'atterrissage.

« Ne posez pas ce pied ! » hurla Michael, mais trop tard.

Le paysage se remit à défiler, et un même vent puissant se fit ressentir. Quand tout s'arrêta, Sophie se trouvait au fond de la vallée aux Méandres, non loin du Marais.

« Oh mince... » dit-elle, sautillant pour se retourner et repartir dans l'autre sens.

Zip ! Flou. Et elle se retrouva dans le pré des Hauts-Méandres, titubant encore sous le poids de sa botte. Elle vit du coin de l'œil Michael plonger pour la rattraper...

Zip ! Flou.

« Flûte ! » gémit Sophie.

Elle se trouvait de nouveau dans les collines. La forme tordue et sombre du château dérivait paisiblement non loin. Calcifer s'amusait à souffler des ronds de fumée noire par une des tourelles. Sophie n'en vit pas plus avant de trébucher dans un buisson.

Zip ! Zip ! Cette fois-ci, Sophie visita la Grand-Place de Marché-aux-Copeaux et la pelouse devant un très grand manoir.

« Crotte ! » hurla-t-elle.

« Bon sang ! »

Un cri pour chaque lieu. Puis son élan l'emporta une nouvelle fois, et un autre « Zip ! » la propulsa au fond de cette vallée, dans un champ. Un gros taureau roux leva la tête de son herbe et, l'air pensif, baissa les cornes.

« Je ne reste pas, gentille bête ! » lui cria Sophie, sautillant frénétiquement en rond.

Zip ! Le manoir. Zip ! La place du Marché. Zip ! Et de nouveau le château ! Elle commençait à maîtriser la chose. Zip ! Les Hauts-Méandres, enfin ! Mais comment s'arrêter ? Zip !

« Mais bon sang ! » hurla Sophie, presque au Marais.

Cette fois-ci, elle se retourna avec précaution et posa le pied lentement. Zip ! Et par chance, la botte atterrit dans une bouse de vache, et Sophie tomba sur les fesses. Michael se rua à sa rencontre avant qu'elle ne pût bouger et lui ôta la botte.

« Merci, cria-t-elle, hors d'haleine. Je ne voyais plus comment m'arrêter ! »

Le cœur de Sophie battait à tout rompre alors qu'ils traversaient le pré en direction de chez Mme Blondin, mais il tambourinait d'une façon normale, comme lorsqu'on a couru trop vite. Elle se sentit reconnaissante pour ce que lui avaient fait Hurle et Calcifer.

« Chouette endroit », remarqua Michael en cachant les bottes dans une haie.

Sophie était d'accord. La maison était la plus grande du village. Elle avait un toit de chaume, des murs blancs entre les poutres noires, et on arrivait au porche en traversant

Le Château de Hurle

un jardin plein de fleurs et d'insectes bourdonnants. Sophie s'en souvenait bien, elle était déjà venue en visite, enfant. Au-dessus de l'entrée, un chèvrefeuille et un rosier grimpant se disputaient à qui donnerait le plus de travail aux abeilles. C'était une matinée d'été parfaite et chaude aux Hauts-Méandres.

Mme Blondin répondit elle-même à la porte. C'était une de ces dames plantureuses, aux grandes mèches couleur de beurre enroulées autour de la tête, qui vous redonnent confiance en la vie rien qu'à les regarder. Sophie se sentit un peu jalouse de Lettie. Mme Blondin regarda les deux arrivants. Elle avait vu Sophie pour la dernière fois l'année précédente, quand elle était encore une jeune fille de 17 ans, et n'avait aucune raison de la reconnaître sous les traits d'une vieille femme de 90 ans.

« Bonjour à vous », dit-elle poliment.

Sophie soupira. Michael répondit :

« J'ai amené la grand-tante de Lettie Chapelier, qui voulait la voir.

— Oh, je me disais bien que ce visage avait quelque chose de familier ! s'exclama Mme Blondin. Il y a comme un air, en effet. Entrez ! Lettie est un peu occupée, mais j'ai des scones et du miel pour vous faire patienter. »

Elle ouvrit en grand sa porte d'entrée. Un énorme border collie se faufila entre le montant et les jupes de Mme Blondin, se rua entre Sophie et Michael et traversa le parterre de fleurs le plus proche, faisant voler des pétales de droite et de gauche.

« Oh, attrapez-le ! s'étrangla Mme Blondin, se lançant à sa poursuite. Je ne veux pas qu'il sorte pour l'instant ! »

Il s'ensuivit une minute de chasse échevelée au cours de laquelle le chien courait partout en gémissant d'une façon étrange. Mme Blondin et Sophie le poursuivaient, sautant au-dessus des parterres et se gênant l'une l'autre.

Michael tentait d'arrêter Sophie en hurlant :

« Arrêtez ! Vous allez affoler votre cœur ! »

Puis le chien tourna au coin de la maison. Michael comprit que le meilleur moyen d'empêcher Sophie de continuer était de stopper l'animal. Il prit un raccourci par les massifs, fit le tour de la maison et attrapa la bête en empoignant fermement sa fourrure alors qu'elle arrivait au verger, derrière.

Sophie les rejoignit à petites foulées et découvrit le jeune homme tirant le chien à reculons, qui grimaçait tellement qu'elle pensa qu'il était soudainement malade. Mais il secouait tant la tête en direction du verger qu'elle comprit enfin : il tentait de lui dire quelque chose.

Elle passa la tête au coin, s'attendant à voir un essaim d'abeilles.

Hurle était là, avec Lettie. Ils se tenaient dans un bosquet de pommiers moussus en pleine floraison, à quelque distance des ruches. La jeune fille était assise sur une chaise de jardin. Le mage avait mis un genou à terre devant elle et lui tenait la main, l'air noble et ardent. Lettie lui souriait amoureusement. Le pire, aux yeux de Sophie, c'était que Lettie ne ressemblait absolument pas à Martha. Elle avait son apparence habituelle et était resplendissante. Elle portait une robe rose et blanc, assortie aux fleurs des pommiers qui l'entouraient. Ses cheveux sombres retombaient en boucles brillantes sur une épaule, et on lisait dans ses yeux toute sa dévotion envers Hurle.

Sophie recula et jeta un regard atterré à Michael qui tenait encore le chien gémissant.

« Il devait avoir un sort de vitesse avec lui », chuchota le jeune homme, tout aussi consterné.

Mme Blondin les rattrapa, hors d'haleine. Elle tenta de remettre en place une mèche de ses cheveux couleur de beurre.

« Vilain chien ! murmura-t-elle férocement au border collie. Je te jetterai un sort si tu refais ça ! »

L'animal cligna des yeux et se coucha. Elle pointa vers lui un doigt sévère.

« Allez, dans la maison ! Reste dans la maison ! »

Le chien se dégagea des mains de Michael et se glissa vers l'entrée.

« Merci à vous, dit Mme Blondin au jeune homme alors qu'ils suivaient la bête. Il irait mordre le visiteur de Lettie. Allons, rentre ! » cria-t-elle alors que le chien semblait vouloir contourner la maison pour aller au verger.

Il jeta à sa maîtresse, par-dessus son épaule, un regard contrit, puis rampa à l'intérieur en passant par le porche.

« Ce chien n'a peut-être pas tort, tenta Sophie. Savez-vous au moins qui est cet homme ? »

La dame gloussa.

« Le mage Pendragon, ou Hurle, ou quel que soit le nom qu'il se donne, répondit-elle. Mais Lettie et moi ne lui avons pas montré que nous étions au courant. Cela m'a amusée quand il est venu, la première fois, se faisant appeler Sylvestre Duchêne. Je voyais bien qu'il ne se souvenait pas de moi, même si de mon côté je n'avais rien oublié, quoique ses cheveux aient été noirs, du temps de ses études. »

Mme Blondin avait croisé les bras et se tenait devant eux, prête à parler toute la journée, comme Sophie l'avait déjà vue faire auparavant.

Le Château de Hurle

« Il a été le dernier élève de ma tutrice, voyez-vous, avant qu'elle ne prenne sa retraite. Quand M. Blondin était encore de ce monde, il aimait que je nous transporte tous deux à Fort-Royal, de temps en temps, pour aller au spectacle. Je peux emmener deux personnes sans encombre si je prends mon temps. Lorsque j'y étais, je passais toujours chez la vieille Mme Scrofulaire. Elle aime que ses anciens élèves gardent le contact. Et une fois, elle nous a présenté le jeune Hurle. Oh, elle était fière de lui. Elle avait enseigné à Soliman le sorcier, vous savez, et elle disait que Hurle était deux fois meilleur.

— Mais… vous ne connaissez pas la réputation de Hurle ? » l'interrompit Michael.

S'insérer dans le monologue de Mme Blondin était un exercice de haute voltige. Il fallait choisir le moment exact. Mais une fois que vous aviez réussi, vous participiez pour de bon. Elle se tourna légèrement pour faire face au jeune homme.

« Ce sont surtout des ragots, je pense », répondit-elle.

Michael ouvrit la bouche pour la contredire, mais il rata le coche.

« Et j'ai dit à Lettie : "C'est une chance à saisir, ma chérie." Je sais que Hurle pourrait lui en apprendre 20 fois plus que moi car, et je n'ai pas honte de le dire, elle en a 20 fois plus dans la cervelle que moi. Elle pourrait finir au niveau de la sorcière des Steppes, mais en étant du *bon* côté. Lettie est une fille gentille et je l'apprécie énormément. Si Mme Scrofulaire enseignait toujours, je lui enverrais Lettie dès demain. Mais ce n'est pas le cas. Alors, j'ai ajouté : "Lettie, si le mage Hurle te courtise, le mieux qui puisse t'arriver serait de tomber amoureuse de lui et de le laisser devenir ton professeur. Vous pourriez aller très loin, tous les deux." Je ne pense pas que l'idée lui ait tellement plu au départ, mais elle s'est adoucie, et aujourd'hui cela semble très bien se passer. »

Mme Blondin fit enfin une pause pour céder gentiment la parole à Michael, mais ce fut Sophie qui profita de l'occasion :

« Mais on m'a fait savoir que Lettie en aimait un autre.

— Et je suis navrée pour lui », déclara Mme Blondin. Elle baissa la voix.

« C'est un handicap terrible, murmura-t-elle sur un ton lourd de sous-entendus. C'est beaucoup demander pour une jeune fille. Non, je suis vraiment navrée. »

Sophie parvint à lâcher un « Oh ? » perplexe.

« C'est un sort vraiment puissant. C'est très triste, poursuivit Mme Blondin. J'ai dû dire à ce jeune homme que je n'étais pas de taille à rompre un charme lancé

Le Château de Hurle

par la sorcière des Steppes. Hurle le pourrait, bien sûr, mais… comment le solliciter, n'est-ce pas ? »

Michael n'arrêtait pas de regarder au coin de la maison, craignant que Hurle ne revînt et les découvrît. Il interrompit leur hôtesse en disant :

« Je crois qu'il va falloir y aller.

— Vous ne voulez vraiment pas entrer pour goûter mon miel ? insista Mme Blondin. J'en utilise dans presque tous mes sorts, vous savez. »

Et c'était reparti : elle expliqua en détail les propriétés magiques du miel. Tout en parlant, elle suivait Michael et Sophie qui s'étaient délibérément engagés sur l'allée menant à la grille. Sans cesser son bavardage, elle redressait au passage, avec tristesse, les plantes couchées par son chien. Pendant ce temps, Sophie se creusait la cervelle pour deviner comment Mme Blondin avait su que Lettie était Lettie, sans pour autant alerter Michael. La maîtresse des lieux s'arrêta un instant de parler pour reprendre son souffle, tout en tentant de remettre en place un grand lupin.

Sophie sauta sur l'occasion :

« Dites-moi, madame Blondin, n'était-ce pas ma petite-nièce Martha qui était censée venir étudier chez vous ?

— Ces coquines », répondit la sorcière en souriant et en secouant la tête.

Elle émergeait de derrière le lupin.

« Comme si je n'allais pas reconnaître un de mes propres sorts au miel ! Mais comme je le lui ai dit à l'époque : "Je ne suis pas du genre à retenir quelqu'un contre sa volonté, et je préfère enseigner mon art à ceux qui veulent vraiment l'apprendre. En revanche, ai-je ajouté, je ne veux pas de faux-semblants ici. Tu seras toi-même ou tu repartiras." Et comme vous pouvez le voir, ça se passe très bien depuis. Vous êtes sûre de ne pas vouloir rester pour le lui demander en personne ?

— Nous devons vraiment y aller, objecta Sophie.

— Il nous faut rentrer », ajouta Michael en jetant des regards nerveux en direction du verger.

Il récupéra les bottes de sept lieues dans la haie et en posa une pour Sophie devant le portail.

« Je vais vous tenir, cette fois-ci », dit-il.

Mme Blondin s'approcha alors que Sophie se chaussait.

« Des sept lieues ? remarqua-t-elle. Incroyable, je n'en ai pas vu depuis des années. Très utiles à quelqu'un de votre âge, madame… euh… Enfin, je ne dédaignerais pas d'en avoir une paire, à présent. C'est donc de vous que Lettie a hérité son talent pour la magie, n'est-ce pas ?

Le Château de Hurle

Non que ce soit forcément une affaire de famille, mais c'est néanmoins souvent... »

Michael attrapa Sophie par le bras et la tira. Les deux bottes touchèrent le sol, et le reste du discours de Mme Blondin se perdit dans le Zip ! et le courant d'air. L'instant d'après, Michael dut freiner des deux pieds pour éviter une collision avec le château. La porte était ouverte.

À l'intérieur, Calcifer hurlait :

« Port-Havre ! Quelqu'un tambourine à la porte là-bas depuis votre départ ! »

Chapitre 9
Dans lequel Michael rencontre quelques soucis avec un sort

C'était le capitaine qui frappait. Il était enfin venu chercher son sort de vent et n'était pas content de devoir attendre.

« Si je manque la marée, mon garçon, dit-il à Michael, j'en toucherai deux mots à ton mage. Je n'aime pas les garçons fainéants. »

Michael se montra beaucoup trop poli avec lui, de l'avis de Sophie, mais elle se sentait trop épuisée pour s'en mêler. Une fois le capitaine parti, Michael se réinstalla à l'établi et se remit à froncer les sourcils sur son nouveau sort, tandis que Sophie reprisait ses propres bas en silence. Elle n'en avait qu'une paire, et ses pieds noueux les avaient usés au point qu'ils étaient désormais troués. Sa robe grise était froissée et sale. Elle se demanda si elle oserait couper les morceaux les moins tachés du vieux costume bleu et argent de Hurle pour se tailler dedans une nouvelle jupe. Mais elle n'en eut pas le courage.

« Sophie, l'interpella Michael en levant le nez de sa onzième page de notes, combien de petites-nièces avez-vous ? »

Sophie craignait depuis le départ que Michael se mît à lui poser des questions.

« Quand tu auras mon âge, mon garçon, tu en perdras le compte, avança-t-elle. Elles se ressemblent toutes. Dans ma tête, les deux Lettie pourraient être jumelles.

— Oh, pas vraiment, répondit Michael à sa grande surprise. Votre petite-nièce des Hauts-Méandres n'est pas aussi belle que *ma* Lettie. »

Il déchira la onzième page et en commença une douzième.

« Je suis ravi que Hurle n'ait pas rencontré celle de Marché-aux-Copeaux », poursuivit-il.

Il entama une treizième page, mais finit par la déchirer aussi.

« J'ai failli éclater de rire quand cette Mme Blondin a annoncé savoir qui était Hurle. Pas vous ?

— Non », dit Sophie.

Ça ne changeait rien aux sentiments de sa sœur. Elle repensait au visage rayonnant de Lettie, en adoration sous le pommier.

« Aucune chance, demanda-t-elle sans grand espoir, que Hurle soit vraiment amoureux cette fois-ci ? »

Calcifer toussa des étincelles vertes dans le conduit de cheminée.

« J'avais peur que vous ne commenciez à penser ça, répondit Michael. Vous vous bercerez d'illusions, comme Mme Blondin.

— Comment le sais-tu ? » l'interrogea Sophie.

Calcifer et le jeune homme échangèrent un regard lourd de sens.

« A-t-il oublié de passer une heure dans la salle de bains, ce matin ? s'enquit Michael.

— Il y en a passé deux, poursuivit Calcifer, à se tartiner le visage de sorts. Qu'il est vain, cet idiot !

— Voilà, dit Michael. Le jour où il oubliera de faire ça, je pense qu'il sera vraiment amoureux. Pas avant. »

Le Château de Hurle

Sophie repensa à Hurle, un genou à terre dans le verger, prenant la pose pour être à son avantage, et elle sut qu'ils avaient raison. Elle pensa aller dans la salle de bains pour jeter dans les toilettes tous les sorts de beauté, mais n'osa pas. À la place, elle alla y chercher le costume bleu et argent, qu'elle passa le reste de la journée à découper en petits triangles pour se faire une jupe en patchwork.

Michael lui tapota gentiment sur l'épaule en passant jeter à Calcifer ses 17 pages de notes.

« On finit toujours par surmonter les choses au bout du compte, vous savez ? » déclara-t-il.

Il devenait clair que Michael n'arrivait pas à mettre au point son sort. Il abandonna ses notes et gratta un peu de suie dans la cheminée. Calcifer, surpris, se tordit pour le regarder. Le jeune homme prit une racine desséchée dans un sac suspendu à la poutre et la déposa dans la cendre. Puis, après de longues réflexions, il tourna le bouton, face bleue vers le bas, et disparut une vingtaine de minutes dans Port-Havre. Il revint avec un grand coquillage en spirale et le déposa à côté de la racine. Après cela, il déchira des feuilles de papier et les ajouta à son mélange. Il posa le tout près du crâne humain, et commença à souffler dessus, jusqu'à ce que de la suie et des débris de papier tournoyassent au-dessus de l'établi.

« Que fait-il, à ton avis ? » demanda Calcifer à Sophie.

Michael arrêta de souffler et se mit à tout écraser, le papier et le reste, au pilon dans un mortier. Il jetait de temps à autre au crâne des regards pleins d'expectative. Mais rien ne se passa : alors il essaya divers ingrédients prélevés dans des sachets et des pots.

« Ça m'embête d'espionner Hurle, annonça-t-il en écrasant avec force un troisième mélange d'ingrédients. Il est peut-être odieux avec les filles, mais il a été bon avec moi. Il m'a accepté ici, quand je n'étais qu'un orphelin dont personne ne voulait à Port-Havre.

— Comment est-ce arrivé ? s'enquit Sophie en détachant un triangle bleu.

— Ma mère est morte, et mon père s'est noyé lors d'une tempête, répondit le jeune homme. Et quand ça arrive, plus personne ne veut rien avoir à faire avec vous. J'ai dû quitter mon logis parce que je ne pouvais plus payer le loyer, et j'ai tenté de vivre dans la rue. Mais les gens me chassaient de leur perron et des bateaux, jusqu'à ce que le seul endroit qu'il me reste soit celui dont tout le monde avait trop peur pour s'approcher. Hurle venait de débuter, à l'époque, sous le nom du sorcier Jenkin. Mais tout le monde disait que sa maison était occupée par des diables, alors j'ai dormi quelques nuits devant sa porte, jusqu'à ce qu'il l'ouvre un jour pour aller acheter du pain. Je suis tombé à l'intérieur. Il m'a dit de rester, le temps qu'il aille chercher à manger. Je suis entré, Calcifer était là et j'ai commencé à parler avec lui, parce que je n'avais encore jamais rencontré de démon.

— Et de quoi avez-vous discuté ? l'interrogea Sophie, se demandant si Calcifer avait sollicité Michael pour rompre son contrat.

— Il m'a parlé de ses ennuis en me dégoulinant dessus, dit une voix dans la cheminée. Il ne lui est pas venu à l'idée que je puisse avoir de gros soucis, moi aussi.

— Je ne pensais pas, non. Tu ne fais que grommeler tout le temps, constata Michael. Mais tu as été plutôt gentil ce matin-là, et Hurle en a été impressionné. Mais tu sais comment il est : il ne m'a pas dit que je pouvais rester, il s'est contenté de ne pas me chasser. Alors j'ai tenté de me rendre utile chaque fois que je le pouvais, notamment en m'occupant de l'argent pour ne pas qu'il dépense tout d'un coup, et ainsi de suite. »

Le sort émit une sorte de « whouf » puis explosa légèrement. Michael essuya la suie retombée sur le crâne, soupira et essaya de nouveaux ingrédients. Sophie commença à déposer côte à côte ses triangles de tissu sur le sol.

« J'ai fait plein d'erreurs stupides quand j'ai débuté, ajouta Michael. Hurle était très compréhensif à ce propos. On pourrait croire que j'ai passé ce stade, mais… Enfin, je pense que j'aide bien, pour l'argent. Il s'achète des vêtements si coûteux… Il dit toujours que nul n'engagera un sorcier donnant l'impression de ne pas gagner beaucoup avec son art.

— C'est surtout qu'il aime les beaux habits », rectifia Calcifer.

Ses yeux orange observaient Sophie au travail, avec une lueur assez méchante.

« Ce costume était gâché, rappela-t-elle.

— Et pas que les costumes, continua Michael. Tu te souviens, l'hiver dernier, quand nous en étions réduits à notre dernière bûche et que Hurle était sorti pour acheter ce crâne et son idiote de guitare ? Ça m'avait vraiment agacé. Il a prétendu que leur *allure* lui plaisait.

— Et pour le bois, qu'as-tu fait ? demanda Sophie.

— Hurle en a réclamé à quelqu'un qui lui devait de l'argent, répondit Michael. En tout cas, c'est ce qu'il m'a raconté, et j'espère que c'était vrai. Et nous avons mangé des algues. Hurle dit que c'est bon pour la santé.

— J'aime bien, murmura Calcifer. Quand c'est sec, ça crépite.

— Je déteste », s'insurgea Michael.

Ses yeux étaient rivés à son mortier plein de substances pulvérisées.

« Je ne sais pas… Il devrait y avoir sept ingrédients, ou bien sept opérations, mais essayons quand même dans un pentacle. »

Il déposa le bol sur le sol et dessina à la craie, tout autour, une sorte d'étoile à cinq branches.

La poudre explosa avec une puissance qui projeta les triangles de Sophie dans l'âtre. Michael poussa un juron et effaça fébrilement son tracé.

« Sophie, dit-il, je suis coincé, avec ce sort. Pensez-vous pouvoir m'aider ? »

Comme un gamin qui apporte ses devoirs à sa mémé, songea Sophie, en ramassant ses triangles et en les déposant de nouveau avec précaution.

« Regardons ça, proposa-t-elle prudemment. Je ne connais rien à la magie, tu sais ? »

Michael lui tendit avec ardeur un petit papier. Il avait l'air étrange, même pour un sort. Il était imprimé en grosses lettres, mais elles étaient légèrement floues et grisées, tout comme le bord, qui donnait une impression de nuages après la tempête.

« Dites-moi ce que vous comprenez », lui dit Michael.

Sophie lut :

« Va prendre l'étoile tombée
Et fais enfanter la mandragore, cette racine pure.
Dis-moi où sont donc les années écoulées
Ou qui du diable le sabot fend.
Apprends-moi à entendre des sirènes le chant
Ou à retenir de l'envie les morsures
Et trouve céans
Quel bon vent
Permet à l'esprit honnête d'aller de l'avant.

Décide de ce qu'il en est
Et le second couplet toi-même écriras. »

Sophie en resta perplexe. Cela ne ressemblait à aucun des sorts qu'elle avait regardés auparavant. Elle revint dessus deux fois, pas particulièrement aidée par les explications que lui infligeait Michael alors qu'elle lisait.

« Vous vous souvenez quand Hurle disait que chaque sort avancé contenait un piège ou une énigme ? J'ai fait comme si chacun de ces vers en était une. J'ai utilisé de la suie avec des étincelles pour l'étoile tombée et un coquillage pour le chant des sirènes. Considérant que *je* pouvais encore compter comme un enfant, j'ai pris la racine de mandragore et j'ai fait des listes des années précédentes à partir d'almanachs, même si ça je n'en étais pas trop sûr – c'est peut-être là que j'ai fait erreur –, mais ce qui cesse de mordre, cela pourrait-il être des feuilles de patience ? Tiens, je n'y avais pas pensé… En tout cas, rien ne marche !

— Je n'en suis pas surprise, observa Sophie. Ça ressemble surtout à une liste de choses impossibles à faire. »

Mais Michael refusait de l'entendre.

« Si ces choses étaient vraiment impossibles, nota-t-il avec raison, nul ne pourrait jamais accomplir ce sort. Et, ajouta-t-il, j'ai si honte d'avoir espionné Hurle que je veux me racheter en réussissant ceci.

— Très bien, dit Sophie. Commençons par : "Décide de ce qu'il en est." Cela devrait nous mettre en train, si cette décision relève du sort lui-même. »

Mais il n'en était pas question non plus pour le jeune homme :

« Non. C'est le genre de sort qui se révèle à mesure que l'on avance dedans. Voilà ce que veut dire ce vers. Quand on écrit la deuxième partie en expliquant ce que signifie le sort, c'est ça qui le fait fonctionner. C'est comme ça que marchent les plus avancés. Il faut d'abord décrypter le début. »

Sophie refit une pile de ses triangles bleus.

« Demandons à Calcifer, suggéra-t-elle. Calcifer, qui… »

Mais Michael ne la laissa pas faire non plus.

« Non. Silence. Je crois que Calcifer fait partie intégrante du sort. Regardez la manière dont ça dit "dis-moi" et "apprends-moi". J'ai pensé au départ qu'il fallait que j'enseigne au crâne, mais ça n'a pas marché. Ça doit donc être Calcifer.

— Débrouille-toi, si tu balayes toutes mes idées ! s'exclama Sophie. Et de toute façon, Calcifer doit savoir qui lui a fendu le sabot ! »

L'intéressé flamboya brièvement.

« Je n'ai pas de pieds ! Je suis un démon, pas un diable ! »

Après quoi, il battit en retraite sous ses bûches, d'où on l'entendait encore râler et marmonner « quelles âneries ! » tandis que Sophie et Michael continuaient à discuter du sort. Sophie avait fini par se prendre au jeu. Elle rangea ses triangles de tissu et alla chercher du papier et des crayons pour prendre autant de notes que son camarade. Ils passèrent le reste de la journée à regarder dans le vague, griffonnant et se lançant des suggestions.

Le Château de Hurle

Une page quelconque des notes de Sophie ressemblait à ceci :

L'ail retient-il l'envie ? Je pourrais découper une étoile de papier et la lâcher. Pourrions-nous le dire à Hurle ? Hurle est plus du genre à apprécier les sirènes que ne le serait Calcifer. Je ne pense pas que Hurle soit très honnête. Calcifer l'est-il ? Où sont les années passées, au fait ? Cela signifie-t-il qu'une racine desséchée doive porter un fruit ? Faut-il la replanter ? Près de feuilles de patience ? Dans un coquillage ? Sabot fendu, c'est le cas de presque toutes les bêtes sauf les chevaux. Ferrer un cheval avec des gousses d'ail ? Le vent ? L'odeur ? Le vent des bottes de sept lieues ? Hurle est-il un diable ? Des sabots fendus dans des bottes de sept lieues ? Des sirènes avec des bottes ?

Et pendant que Sophie écrivait ceci, Michael lui demanda, lui aussi au désespoir :

« Et si le vent était ici un genre de poulie ? De corde ? Un homme honnête pendu ? Ça, c'est de la magie *noire*, ceci dit.

— Nous devrions souper », proposa Sophie.

Ils mangèrent du pain et du fromage, les yeux toujours perdus dans le vague. Sophie dit enfin :

« Michael, pour l'amour du ciel, arrêtons d'essayer de deviner et contentons-nous de suivre ce qui est écrit. Quel est le meilleur endroit pour attraper une étoile filante ? Les collines ?

— Les marais de Port-Havre sont plus plats, répondit le jeune homme. Mais le peut-on vraiment ? C'est que c'est drôlement rapide, les étoiles filantes.

— Nous aussi, avec les bottes de sept lieues », lui fit-elle remarquer.

Michael bondit, soulagé et heureux.

« Je pense que vous avez trouvé ! dit-il en allant chercher les bottes. Allons essayer. »

Cette fois-ci, Sophie eut la prudence de prendre sa canne et son châle, car il commençait à faire plutôt sombre. Michael était en train de tourner le bouton, face bleue vers le bas, quand il se passa deux choses étranges. Sur l'établi, les dents du crâne se mirent à claquer. Et Calcifer flamboya dans sa cheminée.

« Je ne veux pas que vous partiez, implora-t-il.

— Nous revenons très vite », répondit Michael sur un ton apaisant.

Ils sortirent dans Port-Havre. La nuit était claire et douce. Dès qu'ils eurent atteint le bout de la rue, Michael se souvint que Sophie avait été malade le matin même et s'inquiéta des effets de l'air froid sur sa santé. Elle lui demanda d'arrêter de faire l'idiot. Elle joua avec sa canne jusqu'à ce qu'ils laissassent derrière eux les fenêtres éclairées ; la nuit devint dense, humide, fraîche. Les marais sentaient le sel et la terre. La mer scintillait et bruissait doucement au loin. Sophie pouvait sentir plutôt que voir l'étendue plate et immense s'étirant devant eux. Elle apercevait uniquement des lés de brume bleutée collant au sol – et les reflets pâles de flaques boueuses, encore et toujours –, jusqu'à ce qu'elles se fondissent en une ligne blafarde à la lisière du ciel. La Voie lactée ressemblait à une bande de vapeur exhalée par les marais, et quelques étoiles brillaient à travers.

Michael et Sophie se tenaient debout, une botte posée au sol devant chacun d'eux, attendant qu'une des étoiles daignât bouger.

Au bout d'une heure, Sophie dut se contrôler pour ne pas frissonner, de peur d'affoler Michael.

Une demi-heure plus tard, ce dernier affirma :

« Mai n'est pas le bon moment dans l'année. Août et novembre sont plus propices. »

Une autre demi-heure passa, et il demanda, avec une pointe d'inquiétude :

« Qu'est-ce qu'on fait, pour la racine de mandragore ?

— Finissons déjà ce que nous sommes en train de faire avant de nous préoccuper de ça », répondit Sophie en serrant les dents, pour ne pas en claquer.

Peu après, Michael lui dit :

« Rentrez à la maison, Sophie, c'est mon sort, après tout. »

Elle allait ouvrir la bouche pour dire que c'était une excellente idée, quand l'une des étoiles se détacha du firmament, laissant derrière elle une traînée blanche dans le ciel.

« En voici une ! » hurla-t-elle à la place.

Michael plongea le pied dans sa botte et disparut. Sophie s'appuya sur sa canne et le suivit l'instant d'après. Zip ! Splach ! Ils se retrouvèrent au fond des marais, de la brume et des flaques luisant doucement dans toutes les directions. Sophie planta son bâton dans le sol et réussit à se tenir immobile.

La botte de Michael était une tache noire dressée à côté d'elle. Michael lui-même n'était plus qu'un son d'éclaboussures et de course folle quelque part devant.

Et il y avait l'étoile filante. Sophie pouvait la voir, une petite flamme blanche descendant quelques pas devant les mouvements noirs qui étaient Michael. Cette forme brillante tombait lentement, à présent, et il semblait bien que le jeune homme pourrait parvenir à l'attraper.

Sophie sortit sa chaussure de la botte.

« Viens, canne, croassa-t-elle. Emmène-moi là-bas ! »

Elle claudiqua de l'avant, enjambant les touffes et titubant dans les mares, sans jamais perdre des yeux la petite lueur. Le temps qu'elle le rattrapât, Michael s'approchait à pas furtifs de l'étoile, les deux bras tendus pour s'en saisir. Sophie voyait sa silhouette se découper dans la clarté. La blancheur dérivait désormais à hauteur des mains du jeune homme, presque à sa portée. Elle se tournait vers lui, le regardant nerveusement. *Comme c'est curieux !* pensa Sophie. C'était fait de lumière, éclairant un cercle d'herbes et de mares sombres tout autour, et cela avait de grands yeux anxieux rivés sur Michael et un petit visage pointu.

L'arrivée de Sophie l'effraya. L'étoile zigzagua de façon erratique en lâchant d'une voix criarde et crépitante :

« Qu'est-ce que c'est ? Que voulez-vous ? »

Sophie tenta de dire à Michael que la chose était terrifiée, qu'il devait arrêter. Mais elle avait le souffle coupé.

« Je veux juste t'attraper, expliqua le jeune homme. Je ne te ferai pas de mal.

— Non, non ! crépita désespérément l'étoile. Il ne faut pas ! Je suis censée mourir !

— Mais je pourrais te sauver si tu me laissais te prendre, répondit-il avec douceur.

— Non, pleura l'étoile. Je préfère mourir ! »

Elle s'écarta des doigts de Michael. Il plongea pour la suivre, mais elle se montra trop rapide pour lui. Elle fondit sur la mare la plus proche, et l'eau noire jaillit dans un éclair de blancheur. Ça ne dura qu'un instant, puis il n'en resta qu'un petit grésillement qui finit par mourir. Quand Sophie le rejoignit, Michael se tenait là, regardant les dernières lueurs disparaître dans la boue.

« C'était triste », déplora-t-elle.

Michael soupira.

« Oui. Mon cœur est parti avec, je crois. Rentrons. Je n'en peux plus de ce sort. »

Il leur fallut 20 minutes pour retrouver les bottes. Sophie pensa que les récupérer tenait du miracle.

« Vous savez, dit le jeune homme alors qu'ils remontaient, découragés, les rues obscures de Port-Havre, je peux vous le dire, je n'arriverai jamais à faire ce sort. Il est trop avancé pour moi. Je vais devoir demander à Hurle. J'ai horreur de baisser les bras, mais au moins Hurle sera dans de meilleures dispositions, maintenant que Lettie Chapelier lui a cédé. »

Cela ne consola pas du tout Sophie.

Chapitre 10
Dans lequel Calcifer promet un indice à Sophie

Hurle devait être rentré alors que Sophie et Michael étaient dans les marais. Il sortit de la salle de bains alors qu'elle faisait frire le petit-déjeuner sur Calcifer et s'assit avec grâce dans le fauteuil, apprêté, pomponné et sentant le chèvrefeuille.

« Chère Sophie, dit-il, toujours affairée. Vous avez travaillé dur hier, en dépit de mes avis, je me trompe ?

Pourquoi avez-vous transformé mon meilleur costume en puzzle ? Question tout à fait amicale, je précise.

— Vous l'avez tout englué l'autre jour, répondit Sophie. J'essaie de lui donner une nouvelle vie.

— Je peux y arriver moi-même, renchérit Hurle. Je pensais vous l'avoir montré. Je peux aussi vous fabriquer une paire de bottes de sept lieues à votre taille, si vous me la donnez. Quelque chose de pratique, en veau brun, peut-être. C'est incroyable de pouvoir faire des pas de trois lieues et demie et d'atterrir quand même dans une bouse de vache.

— C'était peut-être une bouse de taureau, observa Sophie. Je pense que vous trouverez également dessus de la boue des marais. Une personne de mon âge a besoin de beaucoup d'exercice.

— Vous avez plus trouvé à vous occuper que je ne l'aurais cru, alors, nota le mage. Parce que voyez-vous, j'ai réussi à arracher un instant mes yeux à la contemplation du doux visage de Lettie, hier. Et j'aurais juré avoir aperçu votre long nez pointant au coin de la maison.

— Mme Blondin est une amie de la famille, se défendit Sophie. Comment aurais-je pu savoir que vous seriez là ?

— Vous avez de l'instinct, Sophie, voilà comment, poursuivit le mage. Rien n'est à l'abri, avec vous. S'il me prenait l'envie de courtiser une jeune fille vivant au sommet d'un iceberg au milieu de l'océan, j'imagine que tôt ou tard – plutôt tôt que tard, d'ailleurs –, je lèverais la tête pour vous voir nous survoler sur un balai. En fait, maintenant que j'y pense, je serais déçu de ne *pas* vous voir.

— Vous partez pour l'iceberg dès aujourd'hui ? rétorqua Sophie. Pour ce que j'ai vu du visage de Lettie hier, il n'y a plus rien qui vous retienne là-bas.

— Vous êtes injuste, Sophie », protesta-t-il.

Il paraissait profondément blessé. Sophie détourna le regard, soupçonneuse. Derrière le joyau rouge se balançant à l'oreille du mage, son profil semblait triste et noble.

« Il se passera de longues années avant que je ne laisse Lettie, reprit-il. Et par ailleurs, si je sors, c'est pour retourner voir le roi. Satisfaite, madame Mêle-Tout ? »

Sophie n'était pas certaine d'en croire un mot, quoique la destination fût certainement Fort-Royal : quand Hurle sortit après le petit-déjeuner, le bouton était tourné face rouge vers le bas. Il écarta Michael lorsque ce dernier tenta de lui poser des questions à propos de ce sort abscons.

Le Château de Hurle

Après son départ, le jeune homme se trouva désœuvré et décida de sortir à son tour, avançant qu'il serait tout aussi bien chez Cesari.

Sophie resta seule. Elle ne croyait pas vraiment à ce que Hurle avait dit à propos de Lettie, mais elle s'était déjà trompée à son sujet. Après tout, elle n'avait que la parole de Michael et celle de Calcifer concernant le comportement du mage. Elle récupéra tous ses triangles de tissu bleu et, se sentant coupable, entreprit de les recoudre dans le filet argenté qu'était devenu le costume. Quand quelqu'un frappa à la porte, elle sursauta violemment, craignant que ce fût de nouveau l'épouvantail.

« Port-Havre », annonça Calcifer en lui adressant un sourire violet et papillotant.

Ça devrait aller, alors. Sophie alla ouvrir, face bleue vers le bas. Il y avait une carriole, dehors. Le jeune homme de 50 ans qui la conduisait se demandait si Mme Sorcière avait quelque chose pour éviter à ses chevaux de perdre leurs fers à tout bout de champ.

« Je vois », dit Sophie.

Elle s'approcha de l'âtre.

« Qu'est-ce que je fais ? murmura-t-elle.

— Poudre jaune. Quatrième pot sur la deuxième étagère, lui chuchota Calcifer en réponse. Ces sorts sont essentiellement basés sur la croyance. Ayez l'air sûre de vous en le lui donnant. »

Sophie versa donc de la poudre jaune dans un carré de papier, comme elle l'avait vu faire par Michael. Elle le replia proprement, puis retourna à la porte avec.

« Voilà, mon garçon. Ça devrait leur coller les fers aux sabots plus fort que cent clous. Tu m'entends, cheval ? Tu n'auras pas besoin de maréchal-ferrant pendant l'année à venir. Ça fera un sou, merci. »

Ce fut une journée plutôt chargée. Sophie dut reposer son ouvrage pour vendre, avec l'aide de Calcifer, un sort pour déboucher les gouttières, un autre pour ramener les chèvres et un produit pour faire de la bonne bière. Le seul client qui lui causa du souci fut celui qui martela la porte à Fort-Royal. Sophie ouvrit, face rouge en bas, pour trouver un garçon richement habillé, à peine plus vieux que Michael, le visage blême mais en sueur, se tordant les mains sur le perron.

« Madame la magicienne, pour l'amour du ciel ! implora-t-il. Je dois disputer un duel demain dès l'aube. Donnez-moi quelque chose pour être sûr de gagner ! Votre prix sera le mien ! »

Sophie jeta un regard vers Calcifer, par-dessus son épaule. Le démon lui répondit en faisant des grimaces, ce qui signifiait que rien de tel n'était disponible sur les étagères.

« Ce ne serait pas bien du tout, rétorqua-t-elle sévèrement au jeune homme. Et les duels, c'est mal.

— Alors, donnez-moi quelque chose qui me permette d'avoir une chance ! » quémanda le garçon.

Sophie l'examina. Il était de très petite taille, et clairement terrorisé. Il avait l'œil désespéré de ceux qui perdent à tous coups.

« Je vais voir ce que je peux faire », lui dit-elle.

Elle boitilla jusqu'aux étagères et regarda les pots. Le rouge portant l'étiquette CAYENNE lui sembla le plus approprié. Elle en versa une dose généreuse sur un carré de papier. Debout devant le crâne, elle lui adressa un grommellement :

« Tu dois en savoir plus que moi à ce sujet, toi. »

Le jeune homme se penchait anxieusement par la porte pour l'observer. Sophie prit un couteau et fit une passe avec, au-dessus de son poivre, passe qu'elle espérait avoir l'air mystique.

« Tu dois mener un combat loyal, marmonna-t-elle. Loyal, c'est compris ? »

Elle tordit le papier pour le refermer et retourna à la porte.

« Jette ceci en l'air au début du duel, indiqua-t-elle au petit jeune homme. Cela te donnera les mêmes chances qu'à ton adversaire. Après cela, la victoire ou la défaite dépendront de toi. »

Le client était tellement reconnaissant qu'il tenta de lui glisser une pièce d'argent. Sophie la refusa, alors il lui donna deux sous et repartit en sifflotant gaiement.

« J'ai l'impression d'être un escroc, observa-t-elle en cachant l'argent sous la pierre du foyer. Mais j'aimerais bien assister à ce combat.

— Moi aussi ! crépita Calcifer. Quand me libéreras-tu, que je puisse sortir et assister à ce genre de choses ?

— Quand j'aurai au moins un indice à propos de ce contrat, répondit Sophie.

— Tu en auras peut-être un plus tard dans la journée », la prévint le démon.

Michael revint vers la fin de l'après-midi. Il jeta un regard circonspect et anxieux dans la pièce, vérifiant que Hurle ne fût pas rentré avant lui, puis s'installa à l'établi. Il y organisa les choses de manière à donner l'impression qu'il avait travaillé. Il chantonnait joyeusement.

« Je t'envie de pouvoir marcher aussi aisément sur de telles distances, dit Sophie en recousant un triangle bleu sur le tissu d'argent. Comment allait Ma… ma petite-nièce ? »

Michael quitta de bon cœur sa table de travail et vint s'asseoir sur le tabouret, près du feu, pour lui raconter sa journée. Puis il demanda à Sophie de lui raconter la sienne. Le résultat, c'était qu'il n'avait même pas l'air occupé quand Hurle ouvrit la porte à la volée, les bras pleins de paquets : le jeune homme se roulait par terre de rire devant son tabouret à l'évocation du sort de duel.

Hurle s'adossa à la porte pour la refermer, et resta là dans une attitude tragique.

« Regardez-vous, tous ! se lamenta-t-il. La ruine me guette. Je trime tout le jour comme un esclave pour vous autres, et aucun d'entre vous, pas même Calcifer, ne prend le temps de me saluer ! »

Michael se releva d'un bond, l'air coupable, et Calcifer précisa :

« Je ne salue jamais personne.

— Y a-t-il un souci ? l'interrogea Sophie.

— C'est mieux, constata Hurle. Certains d'entre vous font semblant d'enfin me remarquer. C'est gentil à vous de poser la question, Sophie. Et oui, il y a un gros souci. Le roi m'a très officiellement demandé de retrouver son frère – tout en suggérant que détruire la sorcière des Steppes au passage serait apprécié –, et vous restez assis là, à rire ? »

Il devenait clair que Hurle était d'humeur à produire d'un instant à l'autre des torrents de mucus vert. Sophie écarta fébrilement ses affaires de couture.

« Je vais vous préparer des toasts beurrés, dit-elle.

— Est-ce tout ce que vous pouvez proposer face à cette tragédie ? demanda le mage. Des toasts ? Non, ne vous levez pas. Je suis revenu chargé de choses pour vous. Le moins que vous puissiez faire, c'est de montrer un intérêt poli. Tenez. »

Il déversa une pluie de paquets sur les genoux de Sophie, et tendit le reste à Michael.

Déconcertée, Sophie commença à les déballer. À l'intérieur se trouvaient plusieurs paires de bas de soie, deux paquets de jupons en dentelle, avec des volants et des rubans de satin, une paire de bottes souples en daim gris tourterelle, un châle en dentelle et une robe en soie grise à bordure assortie au châle. Sophie y jeta un regard professionnel et manqua de s'étouffer. Le tissu à lui seul valait une fortune. Elle caressa la soie de la robe, ébahie.

Michael déballa un costume de velours, neuf et très élégant.

« Vous avez dû dépenser tout ce qu'il y avait dans la bourse de soie ! lui balança-t-il avec ingratitude. Je n'ai pas besoin de ça. Vous, en revanche, il vous faut un nouveau costume. »

Du bout de sa botte, Hurle accrocha les restes de la tenue bleu et argent, et la souleva. Sophie y avait travaillé dur, mais elle restait constituée de plus de trous que de tissu.

« Quel modèle d'altruisme je fais ! ironisa-t-il. Non, je ne peux pas vous envoyer noircir mon nom devant le roi en haillons. Il pourrait croire que je ne m'occupe pas bien de ma vieille mère. Alors, Sophie ? Ces bottes sont-elles à votre taille ? »

Sophie leva les yeux de la soie qu'elle continuait à caresser.

« Êtes-vous trop bon, rétorqua-t-elle, ou lâche ? Merci, mais je n'irai pas.

— Quel manque de reconnaissance ! s'exclama le mage en écartant les bras. Que coule à nouveau le mucus vert ! Après quoi, je serai forcé de déplacer le château à des milliers de lieues, et je ne verrai plus jamais mon adorable Lettie ! »

Michael jeta à Sophie un regard implorant. Elle haussa les épaules. Elle voyait bien que le bonheur de ses deux sœurs dépendait de sa bonne volonté à aller voir le souverain. Avec la menace du mucus.

« Vous n'avez encore rien demandé, observa-t-elle. Vous avez juste dit que j'allais y aller. »

Hurle sourit.

« Et vous irez, n'est-ce pas ?

— Très bien. Quand voulez-vous que je parte ?

— Demain après-midi, répondit le mage. Michael vous accompagnera comme valet de pied. Sa Majesté vous attend. »

Il s'assit sur le tabouret et commença à expliquer sobrement et clairement ce qu'il voulait d'elle et ce qu'elle devait dire. *Les choses vont dans son sens… Il ne donne plus aucun signe d'effusions vertes*, remarqua Sophie. Elle aurait voulu le gifler.

« Ce que je vous demande est très délicat, admit-il. Il faut que le roi continue à me commander des travaux comme les sorts de transport, mais qu'il ne me fasse pas confiance pour des tâches dangereuses, comme retrouver son frère, par exemple. Dites-lui que j'ai mis en colère la sorcière des Steppes, et démontrez-lui à quel point je suis un bon fils. Mais il faut qu'il en retire cette idée : je ne suis pas bon à grand-chose, en fait. »

Hurle s'expliqua dans les moindres détails. Sophie s'agrippait à ses paquets, essayant de tout retenir, mais elle ne pouvait s'empêcher de laisser son esprit vagabonder.

Si j'étais le roi, se disait-elle, *je ne comprendrais pas un mot de ce que veut cette vieille folle !*

Michael, de son côté, tournait autour de Hurle, tentant de lui demander des éclaircissements à propos du sort déconcertant. Hurle, réfléchissant à de nouveaux et délicats détails à révéler au roi, le repoussa d'un geste de la main.

« Pas maintenant, Michael. Et il m'est venu à l'idée, Sophie, que vous pourriez avoir besoin de vous familiariser avec les dimensions du palais, pour qu'il ne vous semble pas trop écrasant. Je ne voudrais pas que vous tourniez de l'œil en pleine audience. Non, Michael, plus tard. À cet effet, j'ai organisé une rencontre entre vous et mon ancienne tutrice, Mme Scrofulaire. C'est une vieille chose grandiose. Plus grandiose que le roi par certains côtés, d'ailleurs. Cela vous permettra de vous habituer à ces sensations le temps d'arriver au palais. »

Sophie commençait à regretter d'avoir accepté cette mission. Elle se sentit soulagée quand le mage se tourna enfin vers Michael.

« Très bien, mon garçon. À ton tour. Qu'y a-t-il ? »

Le jeune homme brandit le papier gris et raconta les difficultés qu'il avait rencontrées. Le sort lui semblait impossible.

Hurle prit un air sidéré, mais s'empara de la feuille en disant :

« Quel est le souci, au juste ? »

Il la déplia et la fixa, et un de ses sourcils monta brusquement.

« J'ai essayé de le considérer comme une série d'énigmes, puis de le prendre au pied de la lettre, expliqua Michael. Mais Sophie et moi ne sommes pas parvenus à attraper l'étoile tombée...

— Grands dieux du ciel ! » s'exclama Hurle.

Il éclata de rire, puis se mordit la lèvre pour s'obliger à reprendre contenance.

« Mon pauvre Michael. Ce n'est pas le sort que je t'ai laissé. Où as-tu trouvé ça ?

— Sur l'établi, dans le tas d'objets que Sophie avait empilés à côté du crâne, répondit Michael. C'était le seul nouveau sort, et j'ai donc pensé... »

Hurle bondit et fouilla le désordre sur le plan de travail.

« Sophie a encore frappé », dit-il.

Les objets volaient tout autour alors qu'il cherchait.

« J'aurais dû m'en douter ! Non, le bon sort n'est pas là. »

Il tapota le crâne, pensif, sur son dôme bruni et brillant.

« Est-ce de ton fait, mon ami ? J'ai dans l'idée que tu viens de là-bas. Je sais que c'est le cas de la guitare. Hum… Sophie, ma chère ?

— Quoi ? demanda-t-elle.

— Sophie l'affairée, la vieille folle, la têtue… soupira Hurle. Ai-je tort de penser que vous avez tourné mon bouton face noire vers le bas et fourré votre nez dans ce qu'il y avait de l'autre côté ?

— Mon doigt seulement, répondit Sophie avec dignité.

— Mais vous avez ouvert la porte, poursuivit Hurle. La chose que Michael prenait pour un sort a dû entrer par là. Ne vous est-il pas venu à l'idée, à l'un et à l'autre, que ça ne ressemblait pas vraiment à nos sorts habituels ?

— Les sorts ont souvent quelque chose d'étrange, se défendit Michael. Qu'est-ce, alors ? »

Hurle lâcha un ricanement.

« "Décide de ce qu'il en est, et le second couplet toi-même écriras." Seigneur… leur lança-t-il en se ruant dans l'escalier. Je vais vous montrer », cria le mage.

D'en bas, ils entendaient ses pas au-dessus de leurs têtes.

« Je pense que nous avons perdu notre temps à crapahuter dans les marais la nuit dernière », déclara Sophie.

Michael acquiesça, morose. Sophie voyait bien qu'il se sentait idiot.

« C'est ma faute, lui concéda-t-elle. J'ai ouvert la porte.

— Qu'y avait-il dehors ? » demanda le jeune homme avec beaucoup d'intérêt.

Mais Hurle redescendit en courant.

« Je n'ai pas ce livre, finalement. »

Il avait l'air fâché.

« Ai-je bien entendu que tu as essayé d'attraper une étoile filante ?

— Oui, mais elle a eu peur et est tombée dans une mare. Elle s'est noyée, répondit Michael.

— Dieu merci ! soupira le mage.

— Ce fut très triste, ajouta Sophie.

— Triste ? »

Hurle semblait plus en colère que jamais.

« C'était *votre* idée, je parie ! Je vous imagine bien l'encourager en claudiquant dans les marais ! Je peux vous le dire, c'est la chose la plus stupide qu'il ait faite de toute sa vie. Il aurait été bien plus triste s'il était parvenu à la prendre ! Et vous... »

Calcifer scintilla dans la cheminée.

« Pourquoi toutes ces disputes ? demanda-t-il. Tu en as bien attrapé une, toi.

— Oui, et je... »

Hurle tourna son regard de verre en direction du démon. Mais il se reprit et interpella de nouveau son apprenti :

« Promets-moi de ne plus jamais recommencer.

— C'est promis, répondit ce dernier. Mais qu'était ce texte, puisque ce n'était pas un sort ? »

Hurle contempla une nouvelle fois le papier gris dans sa main.

« Cela s'appelle *Chanson* et c'est ce dont il s'agit, je suppose. Mais tout n'y est pas, et je n'arrive pas à me rappeler la suite. »

Il resta debout, pensif, comme si une autre idée l'avait frappé, quelque chose qui visiblement l'inquiétait.

« Je pense que le couplet suivant est important. Mieux vaut que je reprenne ça pour voir… »

Il s'approcha de la porte et tourna le dispositif, face noire en bas. Puis il s'arrêta. Il jeta un coup d'œil à Michael et Sophie, qui fixaient naturellement le bouton.

« Très bien, dit-il. Je sais que Sophie essaiera de se glisser si je la laisse derrière, et ce serait injuste envers Michael. Venez, tous les deux. Autant que je vous surveille. »

Il ouvrit la porte donnant sur le grand rien et marcha vers le néant. Michael manqua de tomber de son tabouret en bondissant à sa suite. Sophie déposa les paquets au bord de l'âtre et alla les rejoindre.

« Ne laisse aucune étincelle tomber dessus ! ordonna-t-il à Calcifer avec empressement.

— Si tu promets de me dire ce qu'il y a là, dehors, répondit le démon. Tu as eu ton indice, au fait.

— Ah bon ? » s'étonna-t-elle.

Mais elle était trop pressée pour en discuter.

Chapitre 11
Dans lequel Hurle s'en va en un étrange pays à la recherche d'un sort

Ce néant n'était guère épais, au bout du compte. Au-delà, dans un crépuscule grisâtre, s'étirait un chemin cimenté menant à la grille d'un jardin. Hurle et Michael attendaient devant. De l'autre côté s'étendait une route plate, à la chaussée paraissant noire et dure, bordée de part et d'autre par des maisons. Sophie regarda derrière elle, dans la direction d'où elle était venue, frissonnant sous la bruine. Elle découvrit que le château était devenu un logis de briques jaunes aux larges fenêtres. Comme tous les autres édifices, il était carré et neuf, avec une porte en verre dépoli. Nul ne se promenait dehors. Peut-être était-ce dû à la pluie, mais Sophie avait l'impression qu'en dépit du grand nombre de maisons, on ne se trouvait encore qu'au bord de la ville.

« Quand vous aurez fini de fureter… » l'appela Hurle.

Son costume gris et écarlate dégoulinait de crachin. Il manipulait un jeu de clés, dont certaines étaient plates et jaunes et semblaient correspondre aux maisons. Quand Sophie s'approcha, il dit :

« Nous devons nous vêtir à la mode de la région. »

Son habit devint flou, comme si les gouttelettes s'étaient soudain transformées en brouillard. Quand il fut à nouveau pleinement visible, il avait conservé ses couleurs mais avait changé de forme. Les manches pendantes avaient disparu, et l'ensemble était plus ample. Il avait l'air usé et malpropre.

La jaquette de Michael s'était raccourcie jusqu'à la taille, et avait évolué en une chose rembourrée. Il leva son pied qui portait une chaussure de toile, et contempla la longue culotte bleue qui lui enserrait les jambes.

« J'arrive à peine à plier le genou, se plaignit-il.

— Tu t'habitueras, répondit Hurle. Venez, Sophie. »

À la grande surprise de Sophie, Hurle les ramena en arrière, dans le jardin, devant la maison jaune. Le dos de sa veste ample, vit-elle, portait des mots mystérieux : « RUGBY – PAYS DE GALLES ». Michael suivait son maître à petits pas, gêné par ses culottes étroites.

Sophie baissa les yeux et vit que sa jupe était bien plus courte, montrant deux fois plus de ses jambes noueuses au-dessus de ses chaussures. Sinon, pas grand-chose n'avait changé.

Hurle déverrouilla la porte de verre dépoli à l'aide d'une de ses clés. Un porte-clés de bois pendait à la chaîne. Elle y lut « Fondcombe », alors que le mage les faisait entrer dans un couloir propre et brillant. Il semblait y avoir des gens dans la maison. Des voix fortes venaient de la porte la plus proche. Quand Hurle ouvrit, Sophie s'aperçut que les voix émanaient d'images magiques, mouvantes et en couleurs, à l'avant d'une grande boîte rectangulaire.

« Earl ! » s'exclama une femme qui tricotait, assise là.

Elle posa son ouvrage, semblant un peu gênée, mais n'eut pas le temps de se lever. Une petite fille, qui regardait les images avec un sérieux absolu, s'appuyant le menton sur les mains, bondit et se jeta au cou de Hurle.

« Tonton Earl ! hurla-t-elle en s'accrochant à lui avec les jambes et les bras.

— Ma chère Mari, lui répondit le mage. Comment vas-tu, ma puce ? Tu es sage, j'espère ? »

Ils se mirent soudainement à converser dans une langue étrangère, fort et très vite. Sophie voyait bien qu'un lien très spécial les unissait l'un à l'autre. Elle se demanda quel était ce langage. Il s'apparentait assez à la chanson de Calcifer, celle où il était question de casserole, mais il était difficile d'en être certaine. Entre deux rafales de paroles incompréhensibles, Hurle parvint à dire, comme s'il était ventriloque :

« Voici ma nièce, Mari, et ma sœur, Megan Parry. Megan, voici Michael Matelot et Sophie... Euh...

— Chapelier », précisa Sophie.

Megan leur serra la main à tous deux d'une façon réservée, montrant sa désapprobation. Elle était plus âgée que Hurle, mais lui ressemblait assez, avec son long visage anguleux. Ses yeux, en revanche, étaient bleus et anxieux, et ses cheveux très sombres.

« Tais-toi, Mari, dit-elle d'une voix qui interrompit le babillage. Earl, vas-tu rester longtemps ?

— Je ne fais que passer, précisa Hurle en reposant Mari au sol.

— Gareth n'est pas encore rentré », signala Megan.

Elle l'avait dit comme si la chose avait de l'importance.

« Quel dommage ! Nous ne pourrons l'attendre », répondit Hurle.

Il arborait un sourire chaleureux mais faux.

« Je voulais te présenter mes amis. Et te demander quelque chose qui pourrait te sembler un peu bête. Neil n'aurait-il pas perdu une page de ses devoirs d'anglais, dernièrement ?

— C'est *curieux* que tu en parles ! s'exclama sa sœur. Il la cherchait partout, jeudi dernier ! Il a cette nouvelle professeure, vois-tu, qui est très sévère, et pas seulement sur l'orthographe. Elle les terrorise et ne tolère pas le retard dans les devoirs à la maison ! Ça ne fait pas de mal à ce petit diable de Neil ! Et donc, jeudi, il a tout retourné et n'a trouvé qu'un étrange petit papier avec des inscriptions…

— Ah, dit Hurle. Et qu'en a-t-il fait ?

— Je lui ai suggéré de le donner à Mlle Angorian. Histoire de lui montrer qu'il avait essayé.

— Et l'a-t-il fait ? demanda Hurle.

— Je n'en sais rien. Tu devrais lui poser la question. Il est dans la chambre, devant, avec sa machine, répondit Megan. Mais tu n'en tireras rien de sensé.

— Venez », dit le mage à ses compagnons, fascinés par le contenu de la pièce orange et marron.

Il prit la main de Mari et les conduisit dans l'escalier. Même là, il y avait un tapis, qui était rose et vert : et ainsi la petite procession ne fit pas un bruit en montant, ni en entrant dans une petite chambre au sol bleu et jaune. Sophie n'était de toute façon pas sûre que ses deux occupants auraient levé les yeux pour une armée précédée d'une fanfare, tant ils étaient captivés par les boîtes magiques sur la table, devant la fenêtre. La principale avait une paroi de verre comme celle d'en bas, mais elle montrait des écritures et des diagrammes plus que des images. Elles étaient toutes attachées à des tiges souples, semblant enracinées dans l'un des murs.

« Neil ! appela Hurle.

— Faut pas l'interrompre, conseilla l'un des garçons. Il perdrait sa vie. »

Voyant qu'il s'agissait d'une question de vie ou de mort, Sophie et Michael reculèrent vers la porte. Mais Hurle n'avait pas l'air perturbé par la perspective de tuer son neveu. Il se dirigea vers le mur et déracina l'une des boîtes. L'image sur la vitre disparut. Les garçons proférèrent des mots que Sophie n'aurait même pas imaginés dans la bouche de Martha. Le deuxième se retourna en hurlant :

« Mari ! Je t'aurai pour ça !

— C'était pas moi, cette fois-ci ! Ha ! » répondit la petite fille.

Neil fixa Hurle d'un air accusateur.

« Comment vas-tu, Neil ? s'enquit gentiment le mage.

— Qui c'est ? demanda l'autre garçon.

— Mon bon à rien d'oncle », dit Neil.

Il fusillait Hurle du regard. Il était sombre, avec des sourcils épais, et ses yeux avaient de quoi impressionner.

« Qu'est-ce que tu veux ? Rebranche ça !

— Ils savent souhaiter la bienvenue, dans les vallées ! observa Hurle. Je le remettrai après t'avoir posé une question, et obtenu une réponse. »

Neil soupira.

« Tonton Earl, j'étais en plein jeu sur l'ordinateur !

— Un nouveau ? » demanda Hurle.

Les deux garçons eurent l'air mécontent.

« Non, je l'avais eu pour Noël, celui-ci, dit Neil. Tu devrais savoir qu'ils râlent tout le temps sur le gaspillage de temps et d'argent, ici. Ils m'en offriront pas d'autre avant mon anniversaire.

— Alors, tout va bien, reprit Hurle. Ça ne te dérange pas de t'arrêter si tu l'as déjà fini avant. Et je pourrais t'en offrir un, moi...

— C'est vrai ? » réagirent en chœur les deux garçons. Neil ajouta :

« Tu peux encore en faire un que personne d'autre n'a ?

— Oui, mais il faut que tu regardes d'abord ceci et que tu me dises d'où ça sort », dit Hurle en tendant à Neil le papier gris.

Les deux garçons l'examinèrent. Neil lâcha « C'est un poème », sur le ton dont on dirait plutôt « C'est un rat mort. »

« C'est celui que Mlle Angorian nous a donné la semaine passée, renchérit l'autre. Je me souviens de "vent" et de "nageoire". Ça parle de sous-marins, je crois. »

Alors que Sophie et Michael tentaient d'assimiler cette nouvelle théorie, se demandant comment ils avaient pu la rater, Neil s'exclama :

« Hé ! C'est mon devoir à la maison que j'avais perdu ! Où l'as-tu eu ? Et cette écriture bizarre, c'était à *toi* ? Mlle Angorian a trouvé ça intéressant – une chance pour moi – et l'a emporté chez elle.

— Merci, dit Hurle. Où vit-elle ?

— L'appartement au-dessus du salon de thé de Mme Phillips. Cardiff Road, répondit Neil. Quand est-ce que tu me donneras la nouvelle bande ?

— Quand tu te souviendras de la suite du poème.

— C'est pas juste ! se plaignit Neil. J'arrive déjà pas à me souvenir de ce qu'il y a sur le papier ! Tu joues avec mes sentiments ! »

Il s'arrêta en voyant Hurle éclater de rire, fouiller ses poches et lui tendre un paquet plat.

« Merci ! » hurla le garçon avec reconnaissance, et sans plus de chichis, il retourna à ses boîtes magiques.

Hurle replanta les racines dans les trous du mur en souriant, et fit signe à Sophie et Michael de sortir. Les garçons reprirent leurs mystérieuses activités, sous le regard de Mari, qui était parvenue à rester sans être remarquée et suçait son pouce.

Hurle dévala les escaliers rose et vert, mais Michael et Sophie restèrent un instant à la porte de la chambre, tentant de comprendre les choses énigmatiques qui s'y déroulaient.

À l'intérieur, Neil lisait à haute voix :

« Vous vous trouvez dans un château enchanté avec quatre portes. Chacune donne accès à une dimension différente. Dans la dimension un, le château se déplace constamment et peut arriver à tout moment dans un endroit dangereux… »

Sophie s'émerveillait du caractère familier de la chose alors qu'elle descendait l'escalier. Elle trouva Michael à mi-hauteur, l'air embarrassé. Hurle était dans le couloir et se disputait avec sa sœur.

« Comment ça, tu as vendu tous mes livres ? entendit-elle Hurle crier. J'avais besoin de l'un d'entre eux ! Tu n'avais pas le droit de faire ça !

— Arrête de m'interrompre, répondit Megan d'une voix basse mais féroce. Écoute ! Je t'ai déjà dit plusieurs fois que je n'étais pas ton garde-meuble. Tu nous fais honte, à Gareth et à moi, à porter ces nippes au lieu de t'acheter un beau costume pour avoir l'air respectable. Et non seulement tu traînes avec des paumés, mais en plus tu les ramènes chez moi ? Tu cherches vraiment à m'abaisser à ton niveau ? Tu as eu une bonne éducation et tu n'arrives pas à te trouver un emploi correct ! Tu ne fais rien, tu as perdu ton temps à l'université, tu as gâché les sacrifices des autres et ton argent… »

Megan aurait donné du fil à retordre à Mme Blondin. Elle n'en finissait pas de parler. Sophie commençait à comprendre où Hurle avait pris l'habitude de se faufiler pour sortir. Megan était le genre de personne à vous donner envie de vous éclipser par la porte la plus proche. Hélas, Hurle était coincé, dos aux escaliers, et ses deux compagnons ne pouvaient pas avancer non plus.

« Pas un seul jour de travail honnête ! Tu n'as jamais trouvé un emploi dont je puisse être fière ! Quelle humiliation pour Gareth et moi ! Tu viens ici gâter Mari et la pourrir... »

Megan continuait sans trêve ni répit.

Sophie écarta Michael et descendit, essayant d'avoir l'air assuré.

« Venez, Hurle, dit-elle sur un ton hautain. Nous devons vraiment y aller. Alors que nous restons ici, vos serviteurs doivent être en train de vendre l'argenterie. Enchantée, vraiment... lança-t-elle à Megan en arrivant au bas des marches, mais nous devons filer. Hurle est tellement occupé. »

Megan en resta bouche bée. Sophie lui adressa un signe de la tête et poussa Hurle vers la porte en verre dépoli. Le visage de Michael était écarlate. Sophie le vit parce que Hurle se retourna vers sa sœur et lui demanda :

« Et ma voiture ? Elle est toujours au garage, ou tu l'as vendue aussi ?

— Tu es le seul à avoir les clés », répondit-elle comme à regret.

Cela sembla être leur seul au revoir. La porte vitrée claqua, et Hurle les emmena jusqu'à un grand bâtiment blanc et carré au bord de la route noire et lisse. Il ne dit rien à propos de Megan. En ouvrant la large porte, il leur déclara :

« J'ai dans l'idée que la féroce professeure d'anglais détient un exemplaire de ce livre. »

Sophie aurait aimé pouvoir oublier la suite. Ils voyagèrent à une vitesse terrifiante dans une charrette sans chevaux. Cela empestait et secouait en filant sur les rues les plus raides qu'elle eût jamais vues. Elle en venait à se demander comment les maisons qui les bordaient faisaient pour ne pas glisser le long de la pente pour s'entasser en bas. Elle ferma les yeux et s'accrocha à son siège en espérant que ce fût vite terminé.

Par chance, ce fut le cas. Ils parvinrent à une route plus plate, bordée de maisons de part et d'autre, et se rangèrent devant une large fenêtre obstruée par un rideau blanc. Un panonceau indiquait « SALON DE THÉ FERMÉ ». En dépit de cet avertissement, quelqu'un vint quand Hurle appuya sur un petit bouton. Mlle Angorian ouvrit la porte.

Ils la fixèrent tous. Pour une enseignante décrite comme féroce, elle était incroyablement jeune, mince et jolie. Des mèches de cheveux noirs et bleutés pendaient des deux côtés de son visage olivâtre en forme de cœur. Elle avait d'immenses yeux sombres. La seule chose pouvant suggérer une férocité quelconque était son regard, direct et plein d'intelligence, qui sembla les évaluer.

« J'imagine que vous devez être Earl Jenkins », dit-elle à Hurle.

Elle avait une voix basse et mélodieuse dans laquelle on devinait de l'amusement, mais aussi une grande confiance en elle.

Hurle en resta un instant ébahi. Puis son sourire lui revint. *Et là*, pensa Sophie, *c'en est fini des beaux rêves de Mme Blondin et de Lettie.* Car Mlle Angorian était exactement le genre de femme dont un homme comme Hurle pouvait tomber amoureux sur-le-champ. Et pas seulement Hurle, d'ailleurs : Michael en béait d'admiration. Et si les maisons alentour étaient apparemment désertes, Sophie ne doutait pas qu'elles fussent pleines de gens connaissant aussi bien Hurle que Mlle Angorian et désireux d'observer avec intérêt ce qui pourrait se passer. Elle sentait leurs yeux invisibles. C'était pareil à Marché-aux-Copeaux.

« Et vous devez être mademoiselle Angorian, dit Hurle. Navré de venir vous déranger, mais j'ai commis une erreur stupide, la semaine passée. J'ai emporté les devoirs de mon neveu au lieu d'un papier important que j'avais avec moi. J'ai cru comprendre que Neil vous l'avait donné, comme preuve qu'il n'essayait pas de tirer au flanc.

Le Château de Hurle

— En effet, répondit l'enseignante. Entrez, je vais vous le rendre. »

Sophie était certaine que les yeux invisibles n'en perdaient pas une miette et que des cous se tendaient en observant l'entrée du petit groupe dans la maison. Ils montèrent une volée de marches et arrivèrent dans le salon, petit et sévère.

Prévenante, Mlle Angorian proposa à Sophie :

« Ne voulez-vous pas vous asseoir ? »

Cette dernière était encore secouée du voyage en carriole sans chevaux. Elle accepta avec reconnaissance l'un des deux sièges qu'on lui offrait. Il n'était pas très confortable. L'endroit avait été conçu pour l'étude, pas pour le loisir, comprit-elle en voyant les livres au mur, les piles de papiers sur la table et les dossiers empilés sur le sol. Une fois assise, elle observa Michael faisant les yeux doux, et Hurle déployant tout son charme.

« Mais comment savez-vous qui je suis ? demanda-t-il innocemment.

— Vous êtes l'objet de bien des ragots en ville, répondit Mlle Angorian en fouillant les papiers sur la table.

— Et que disent tous ces gens ? » poursuivit le mage.

Il s'appuyait à l'autre bout de la table et tentait de capter le regard de son hôtesse.

« Que vous disparaissez et réapparaissez de façon plutôt imprévisible, pour commencer.

— Et quoi d'autre ? »

Hurle suivait les mouvements de Mlle Angorian du regard, d'une façon donnant à penser à Sophie que la seule chance de Lettie serait de voir l'enseignante tomber instantanément amoureuse du mage.

Mais elle n'était pas ce genre de femme.

« Beaucoup d'autres choses, et peu d'entre elles à votre avantage », précisa-t-elle.

Elle regarda vers Michael, ce qui le fit rougir, puis vers Sophie d'une manière suggérant que ces histoires n'étaient pas pour toutes les oreilles, et certainement pas les leurs.

Elle tenait un papier jaunâtre aux bords abîmés et le tendit à Hurle.

« Voilà, dit-elle d'un ton sévère. Savez-vous ce que c'est ?

— Bien sûr, répondit Hurle.

— Dites-le-moi, s'il vous plaît », demanda Mlle Angorian.

Hurle prit le papier, mais sa restitution se changea presque en lutte lorsqu'il tenta de prendre sa main avec. Mlle Angorian gagna, et la mit derrière elle. Hurle lui adressa un sourire mielleux et passa la feuille à Michael.

Le Château de Hurle

« Explique-lui, toi », ordonna-t-il.

Le visage congestionné du jeune homme s'illumina alors qu'il lisait.

« C'est le sort ! Oh, je peux le faire, celui-ci. C'est un agrandissement, non ?

— C'est bien ce que je pensais, dit leur hôtesse sur un ton accusateur. J'aimerais savoir ce que vous faisiez avec une chose pareille.

— Mademoiselle Angorian, répondit Hurle, si vous avez entendu tous ces ragots à mon sujet, vous devez donc savoir que j'écris une thèse sur les charmes et les sorts. Vous me regardez comme si vous me soupçonniez de pratiquer la magie noire ! Je vous assure que je n'ai jamais lancé un sort quelconque de toute ma vie. »

Sophie ne put s'empêcher de pouffer en entendant ce mensonge éhonté.

« La main sur le cœur, ajouta le mage, ce qui fit froncer les sourcils à Sophie, je n'ai ceci que pour l'étudier. Ce sort est très ancien et très rare, c'est pourquoi je tenais à le récupérer.

— Eh bien, vous l'avez, rétorqua-t-elle vivement. Avant de partir, voulez-vous bien me rendre ma feuille de devoirs en échange ? Ces photocopies coûtent de l'argent. »

Hurle sortit le papier gris, et le tint juste hors de portée.

« À propos de ce poème, justement… Il y a quelque chose qui me chiffonne. C'est bête… je ne parviens pas à me souvenir de la suite. C'est de Walter Raleigh, n'est-ce pas ? »

Mlle Angorian lui adressa un regard glacial.

« Absolument pas. C'est de John Donne, et c'est très connu. J'ai le livre quelque part par là, si vous tenez à vous rafraîchir la mémoire.

— S'il vous plaît », dit Hurle.

À la façon dont ses yeux suivaient Mlle Angorian alors qu'elle s'approchait de sa bibliothèque, Sophie comprit que là était la vraie raison de son voyage vers le pays étrange de sa famille.

Mais Hurle était du genre à faire d'une pierre deux coups.

« Mademoiselle Angorian, quémanda-t-il alors qu'il la regardait tendre la main pour prendre le livre, accepteriez-vous de dîner avec moi ce soir ? »

Elle se retourna, un gros ouvrage à la main, l'air plus sévère que jamais.

« Certainement pas. J'ignore ce que vous connaissez de moi, monsieur Jenkins, mais sachez que je me considère encore fiancée à Ben Sullivan…

— Jamais entendu parler de lui, déclara Hurle.

— Il a disparu il y a quelques années, ajouta l'enseignante. Voulez-vous que je lise ce poème, ou pas ?

— Faites, répondit-il sans montrer le moindre repentir. Vous avez une si jolie voix.

— Je commencerai par la deuxième strophe, dit-elle, puisque vous avez la première à la main. »

Elle lisait fort bien, non seulement d'une façon mélodieuse, mais d'une manière qui permettait à cette partie de coller au rythme de la précédente, ce qu'elle ne faisait pas naturellement, de l'avis de Sophie :

« Si tu es né pour d'étranges visions
Des choses impossibles à contempler
Chevauche 10 000 jours et autant de nuitées
Jusqu'à ce que l'âge te blanchisse la toison
Et à ton retour, raconte-moi
Les plus étranges merveilles qui soient
Et promets
Que jamais
Une femme belle et honnête n'a existé.

Si tu… »

Hurle avait terriblement blêmi. Sophie voyait de la sueur perler sur son visage.

« Merci. Je ne vous embêterai pas avec la suite. Même la femme bonne s'avère pleine de fausseté à la fin, n'est-ce pas ? Je m'en souviens maintenant. Quel idiot je fais. John Donne, bien sûr… »

Mlle Angorian reposa le livre et fixa le mage. Il se força à sourire.

« Nous devons y aller. Vous êtes sûre de ne pas avoir changé d'avis pour ce dîner ?

— Certaine, répondit-elle. Est-ce que ça va, monsieur Jenkins ?

— Tout baigne », dit-il en entraînant Michael et Sophie à sa suite dans l'escalier, jusqu'à son horrible voiture sans chevaux.

Les observateurs invisibles dans les maisons voisines auraient pu croire que Mlle Angorian les pourchassait avec un sabre, à en juger par la vitesse avec laquelle Hurle les poussa à l'intérieur et démarra en trombe.

« Quel est le problème ? » demanda Michael alors que l'engin vrombissait sur la côte, et que Sophie s'accrochait à son siège, terrorisée.

Le mage fit semblant de ne pas entendre. Le jeune homme attendit qu'ils se fussent garés pour reposer la question.

« Oh, rien, lâcha Hurle avec désinvolture alors qu'il retournait vers la maison jaune appelée Fondcombe. La malédiction lancée par la sorcière des Steppes m'a rattrapé, voilà tout. Ça devait arriver, tôt ou tard. »

Il semblait faire des calculs dans sa tête en ouvrant la grille du jardin. Sophie l'entendit murmurer :

« 10 000, ça nous amène à la mi-été.

— Que doit-il se passer ce jour-là ? l'interrogea-t-elle.

— Je serai alors âgé de 10 000 jours, lui répondit-il en traversant la pelouse, entre les buissons. Et donc, madame Mêle-Tout, il me faudra alors retourner devant la sorcière. »

Sophie et Michael restaient prudemment sur l'allée, fixant le dos du mage et la mystérieuse formule RUGBY – PAYS DE GALLES.

« Si j'évite les sirènes, l'entendaient-ils marmonner, et que je ne touche pas aux racines de mandragore… »

Michael l'interpella :

« Faut-il vraiment rentrer dans cette maison ? »

Sophie ajouta :

« Que va faire la sorcière ?

— Je frissonne d'y penser, avoua Hurle. Tu n'es pas obligé, Michael. »

Il ouvrit la porte de verre dépoli. À l'intérieur, ils trouvèrent la pièce familière du château. Les flammes somnolentes de Calcifer coloraient les murs d'un bleu-vert crépusculaire. Hurle retrouva ses longues manches pendantes et jeta une bûche au démon.

« Elle m'a rattrapé, vieille face bleue, dit-il.

— Je sais, répondit Calcifer. J'ai senti que ça prenait. »

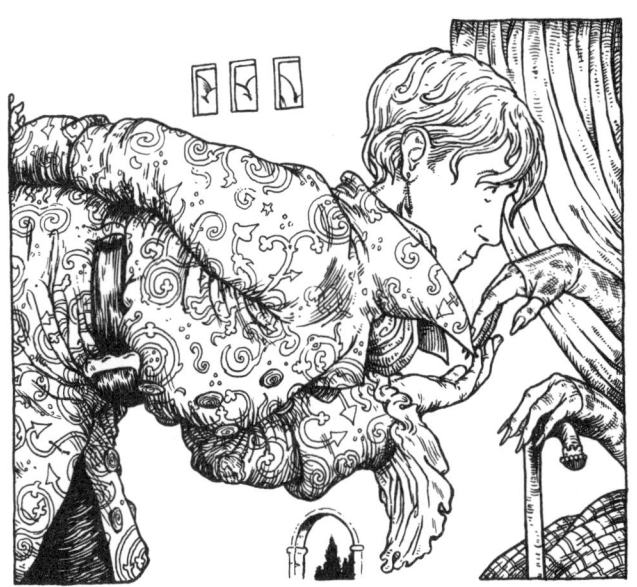

Chapitre 12
Dans lequel Sophie devient la vieille mère de Hurle

Sophie ne voyait guère l'intérêt de noircir le nom de Hurle devant le roi, maintenant que la sorcière le rattrapait. Mais le mage lui affirma que c'était désormais plus important encore.

« J'ai besoin de tout tenter pour échapper à mon ennemie, avança-t-il. Je ne peux pas avoir en plus Sa Majesté contre moi. »

Le Château de Hurle

L'après-midi suivante, Sophie enfila ses nouveaux habits et s'assit, un peu raide, en attendant que Michael se préparât et que Hurle eût fini dans la salle de bains. Dans l'intervalle, elle raconta à Calcifer ce qu'elle avait vu la veille, dans cet étrange pays où vivait la famille du mage. Cela lui changeait les idées, lui évitant de penser au roi.

Calcifer se montra très intéressé.

« Je savais qu'il venait de loin. Mais ce que tu décris ressemble à un autre monde ! C'est malin de la part de la sorcière d'avoir envoyé l'imprécation de là-bas. Très malin, vraiment. C'est une magie que j'admire, celle qui se sert de ce qui existe déjà pour le retourner et en faire une malédiction. Je me posais la question l'autre jour en vous écoutant lire, toi et Michael. Cet idiot de Hurle lui en a trop révélé sur lui-même. »

Sophie considéra le visage fin et bleu de Calcifer. Cela ne la surprit pas d'entendre le démon admirer la malédiction, pas plus que de l'entendre traiter Hurle d'idiot. Il insultait souvent son maître. Mais elle n'avait pas réussi à déterminer s'il le haïssait vraiment. Calcifer avait un air tellement maléfique que c'était difficile à dire.

Il regarda Sophie droit dans les yeux, y plongeant son regard orange.

« Moi aussi, j'ai peur, confia-t-il. Je souffrirai avec Hurle si jamais la sorcière le rattrape. Si tu ne brises pas le contrat avant, je ne pourrai d'ailleurs pas t'aider. »

Avant que Sophie ne pût poser d'autres questions, Hurle jaillit de la salle de bains. Il s'était fait beau, embaumait la pièce d'un parfum de roses et appelait Michael à grands cris. Ce dernier descendit, vêtu de son nouveau costume de velours bleu. Sophie se releva et ramassa sa fidèle canne. Il était temps d'y aller.

« Vous avez l'air merveilleusement riche et majestueuse ! la complimenta Michael.

— Elle me fait honneur, ajouta Hurle. À part pour cette affreuse vieille canne.

— Certaines personnes, se défendit Sophie, ne voient pas plus loin que le bout de leur nez. Je prends ce bâton avec moi. J'en ai besoin pour me soutenir moralement. »

Hurle leva les yeux au plafond, mais n'argumenta pas.

Ils sortirent dignement dans les rues de Fort-Royal. Sophie se retourna, bien sûr, pour voir à quoi ressemblait le château, vu d'ici. Elle découvrit un grand portique voûté autour d'une petite porte noire. Le reste semblait n'être constitué que de murs aveugles, enduits au plâtre, entre deux grandes maisons de pierre taillée.

« Avant que vous ne demandiez, précisa Hurle, ce n'est en fait qu'une ancienne écurie désaffectée. Par ici. »

Ils poursuivirent leur route, semblant aussi dignes que n'importe lequel des passants, assez peu nombreux ceci dit. Fort-Royal était située très au sud, et il y faisait affreusement chaud à cette heure. Les pavés miroitaient. Sophie prit conscience d'un autre désagrément du grand âge : le soleil vous donnait le tournis. Les bâtiments surchargés vacillaient devant ses yeux. Cela l'agaça, car elle voulait découvrir la ville, mais elle n'en retira qu'une impression vague de grandes maisons et de dômes dorés.

« Au fait, l'informa Hurle, Mme Scrofulaire vous appellera Mme Pendragon. C'est sous ce nom que je suis connu ici.

— Pourquoi, d'ailleurs ? demanda Sophie.

— C'est un déguisement, répondit Hurle. Pendragon est un joli nom, bien plus beau que Jenkins.

— Je porte bien un nom banal, moi, lui rétorqua-t-elle alors qu'ils tournaient dans une ruelle étroite, agréablement fraîche.

— Nous ne pouvons pas tous être des chapeliers fous », ironisa-t-il.

La maison de Mme Scrofulaire était gracieuse et élevée, presque au bout de la venelle. Il y avait des orangers en pot de chaque côté de sa jolie porte d'entrée. Un serviteur âgé, drapé de velours noir, vint leur ouvrir et leur fit traverser l'entrée. Le sol en était dallé de marbre noir et blanc, en échiquier, et il y faisait merveilleusement frais. Michael essaya de s'essuyer discrètement la sueur du visage. Hurle, qui semblait ne jamais avoir chaud, traitait le valet comme un vieil ami et plaisantait avec lui.

Le vieil homme les confia ensuite à un jeune page habillé de rouge. Sophie comprit, alors que le garçon les conduisait cérémonieusement par des escaliers grandioses, en quoi cela constituait une bonne préparation à sa rencontre royale. Elle se sentait déjà dans un palais. Il les fit entrer dans une antichambre, et elle fut alors convaincue que même la demeure du souverain ne saurait être aussi élégante. Tout y était bleu, or et blanc, petit et délicat. Mme Scrofulaire était encore plus belle que ce qui l'entourait : grande et élancée, noblement assise dans un fauteuil brodé aux couleurs de la pièce. Elle se tenait raide, une main portant une mitaine en maille dorée posée sur un pommeau de canne du même métal. Elle était vêtue de soie, dans un style ancien et un peu austère. Elle portait un diadème bruni, assez semblable à une couronne, et un sautoir assorti sous son visage sec et aquilin. C'était la dame la plus chic et la plus effrayante que Sophie eût jamais vue.

« Ah, mon cher Earl », dit-elle en tendant sa main gantée.

Hurle se pencha pour un baisemain, qui semblait de rigueur. L'effet était gracieux, mais gâché par son autre main, dans le dos, qui s'agitait furieusement en direction de Michael. Le jeune homme mit du temps à comprendre qu'il était censé rester à la porte aux côtés du page. Il recula vivement, ravi de s'éloigner de la maîtresse des lieux.

« Madame Scrofulaire, permettez-moi de vous présenter ma vieille mère », dit-il en appelant Sophie d'un geste.

Elle était dans le même état d'esprit que Michael, et il dut insister là aussi.

« Charmée. Enchantée », déclara Mme Scrofulaire, en tendant sa mitaine.

Sophie ignorait si elle devait également lui faire un baisemain, mais elle n'osa pas essayer. Elle se contenta de tendre la main à son tour. Celle de la vieille sorcière était froide, donnant l'impression d'être une griffe. En la sentant, Sophie fut surprise qu'elle fût encore en vie.

« Veuillez m'excuser de ne pas me lever, madame Pendragon. Ma santé n'est plus ce qu'elle était, c'est pourquoi j'ai dû arrêter l'enseignement il y a trois ans. Mais asseyez-vous, tous les deux. »

Tentant de ne pas trembler de nervosité, Sophie s'assit majestueusement sur un siège brodé face à Mme Scrofulaire, s'appuyant sur sa canne d'une façon qu'elle espérait élégante.

Hurle s'installa à côté, avec grâce. Il paraissait être chez lui, et Sophie l'envia.

« J'ai 86 ans, annonça leur hôtesse. Et vous, ma chère madame Pendragon ?

— 90, répondit Sophie avec le premier nombre élevé qui lui était venu à l'esprit.

— Autant ? réagit Mme Scrofulaire, avec ce qui aurait pu être une pointe d'envie hautaine. Comme vous avez de la chance de vous déplacer avec autant d'aisance.

— Oh, oui, elle est merveilleusement agile, acquiesça Hurle. Il est difficile de l'arrêter, parfois. »

La sorcière lui adressa un regard tel, que Sophie supposa qu'elle devait être une professeure au moins aussi terrible que Mlle Angorian.

« Je parle à ta mère, reprit-elle avec hauteur. J'imagine qu'elle est aussi fière de toi que je le suis. Nous sommes deux vieilles dames qui avons participé à te former. Tu es, en un sens, notre création commune.

— Et je n'ai rien fait moi-même, alors ? demanda Hurle. Il n'y a pas au moins quelques touches bien à moi ?

— Quelques-unes, et aucune qui me plaise, répondit Mme Scrofulaire. Mais ne reste pas assis là à écouter ce qu'on dit de toi. Sors donc sur la terrasse, et emmène ton page avec toi. Bossu vous y apportera des boissons fraîches. Allez, filez. »

Si Sophie n'avait pas été aussi nerveuse, elle aurait éclaté de rire devant la tête que fit Hurle. Il ne s'y attendait visiblement pas. Mais il se leva, haussant légèrement les épaules, envoya un regard d'avertissement à Sophie, et se rendit avec Michael dans la pièce voisine. Mme Scrofulaire tourna son corps rigide pour les regarder sortir. Puis elle adressa un signe de tête à son page, qui partit à son tour. Après quoi, elle se retourna vers son invitée, plus nerveuse que jamais.

« Je le préférais avec les cheveux noirs, mentionna-t-elle. Ce garçon va mal tourner.

— Qui, Michael ? l'interrogea Sophie, ébahie.

— Non, pas le serviteur, dit Mme Scrofulaire. Je ne pense pas qu'il soit assez malin pour me donner du souci. Non, je parle de Earl, madame Pendragon.

— Oh », lâcha Sophie, surprise que son hôtesse utilisât le futur.

Hurle avait mal tourné longtemps auparavant.

« Prenez son apparence, fit remarquer Mme Scrofulaire. Regardez ses vêtements.

— Il en est toujours soucieux, oui », acquiesça Sophie.

Elle se demandait pourquoi elle formulait aussi délicatement la chose.

« Et ça a toujours été le cas. Moi aussi, je prends soin de mon apparence, et je n'y vois pas grand mal, poursuivit la sorcière. Mais pourquoi diable se promener avec un costume enchanté ? C'est un sort d'attraction, destiné à attirer les dames – c'est très bien fait, je l'admets, et à peine détectable par mes yeux entraînés, puisqu'il a été intégré aux coutures. Cela le rend presque irrésistible. Mais c'est une pente glissante vers les arts noirs, et cela devrait inquiéter toute mère digne de ce nom, madame Pendragon. »

Sophie repensa avec gêne à l'habit gris et écarlate. Elle l'avait recousu sans rien y remarquer de particulier. Mais Mme Scrofulaire était experte en magie, et Sophie ne s'y connaissait qu'en vêtements.

La sorcière posa ses deux mains gantées sur le pommeau de sa canne et pencha en avant son corps raide. Ses yeux perçants fixèrent Sophie. Elle éprouva encore plus de nervosité et d'embarras.

« Ma vie touche à son terme, annonça Mme Scrofulaire. J'ai senti la mort approcher sur la pointe des pieds depuis quelque temps.

— Oh, je suis sûre qu'il n'en est rien », dit Sophie, tentant d'avoir l'air consolant.

Ce n'était pas facile, sous le regard acéré de son hôtesse.

« Je peux vous assurer que si, répondit Mme Scrofulaire. C'est pourquoi je tenais à vous voir, madame Pendragon. Earl a été mon dernier élève, voyez-vous, et nettement le meilleur. Je songeais déjà à prendre ma retraite quand il est venu à moi de très loin. Je pensais en avoir fini après avoir entraîné Benjamin Sullivan – que vous connaissez probablement sous le nom de sorcier Soliman, paix à son âme – et lui avoir obtenu le poste de magicien du roi. Curieusement, il était arrivé du même pays que Earl. Quand ce dernier se présenta à moi, j'ai immédiatement constaté qu'il avait deux fois plus d'imagination et de capacités, et quoiqu'il ait alors déjà quelques défauts de caractère, je savais qu'il serait une force pour le bien. Le *bien*, madame Pendragon. Mais qu'en est-il aujourd'hui ?

— Qu'en est-il en effet ? minauda Sophie.

— Il lui est arrivé quelque chose, dit Mme Scrofulaire en continuant à fixer intensément Sophie. Et je compte bien arranger ça avant de mourir.

— Et de quoi croyez-vous qu'il s'agisse ? demanda Sophie, au supplice.

— Je comptais sur vous pour me le dire, répondit-elle. Je crains qu'il n'ait suivi les traces de la sorcière des Steppes. On m'a raconté qu'elle n'était pas méchante, au départ – ce ne sont que des rumeurs, bien sûr, vu qu'elle est plus âgée que nous et ne conserve sa jeunesse que par le truchement de ses arts. Hurle est doué, et sans doute aussi fort qu'elle. Il semblerait que les plus talentueux soient plus susceptibles de ne pas résister à leur propre intelligence. Il en résulte un défaut fatal qui les entraîne lentement vers le mal. Avez-vous idée de ce que cela pourrait être ? »

La voix de Calcifer retentit dans la mémoire de Sophie : « Ce contrat ne nous vaudra rien de bon à la longue. »

Elle frissonna, malgré la chaleur du jour soufflant en brise par les fenêtres de la pièce élégante et plongée dans la pénombre.

« Oui, admit-elle. Il a passé une sorte de contrat avec son démon du feu. »

Le Château de Hurle

Les mains de Mme Scrofulaire serrèrent un peu plus sa canne.

« Ce doit être ça. Vous devez rompre ce contrat, madame Pendragon.

— Je le ferais, si je savais comment, dit Sophie.

— Votre instinct maternel et vos dons magiques considérables devraient vous y aider, répondit Mme Scrofulaire. Je vous ai observée, madame Pendragon, quoique vous ne l'ayez peut-être pas remarqué…

— Oh, si, j'ai bien vu, madame Scrofulaire, avoua Sophie.

— Et j'apprécie votre don, poursuivit son interlocutrice. Il donne de la vie aux objets, comme à ce bâton que vous avez à la main, auquel vous avez bien évidemment parlé au point d'en faire ce que l'homme du commun appellerait une baguette magique. Je pense que vous n'aurez pas grand mal à rompre ce pacte.

— Oui, mais j'ai besoin d'en connaître les termes, expliqua Sophie. Hurle vous a-t-il raconté que j'étais une sorcière ? Parce que dans ce cas…

— Non. Mais inutile d'être timide. Fiez-vous à mon expérience pour savoir ces choses », la rassura Mme Scrofulaire.

Et, au grand soulagement de Sophie, elle ferma les yeux. C'était comme si on venait d'éteindre une lumière violente.

« Je ne sais rien de tels contrats, et je ne tiens pas à en savoir plus à ce sujet », continua-t-elle.

La canne vibra de nouveau, comme si elle frissonnait. Sa bouche se serra en une ligne fine, elle donnait l'impression d'avoir mordu dans un grain de poivre.

« Mais je vois désormais ce qui est arrivé à la sorcière. Elle a conclu un pacte avec un démon du feu et, au fil des ans, celui-ci a pris le contrôle. Ces créatures ne comprennent pas le bien ni le mal, mais il est possible de les acheter par un pacte, pour peu que l'humain offre une chose de valeur, un élément que nous sommes seuls à posséder. Cela prolonge leur vie à tous deux, et le magicien ajoute cette puissance à la sienne. »

Mme Scrofulaire rouvrit les yeux.

« Voilà tout ce que je peux en dire, mais j'y ajouterai ceci : trouvez ce qu'a obtenu le démon. À présent, je vous dis adieu. J'ai grand besoin de repos. »

Et comme par magie, ce qui était probablement le cas, la porte s'ouvrit et le page vint chercher Sophie. Elle était ravie de partir, elle se trouvait fort embarrassée. Elle jeta un dernier regard à la silhouette rigide et droite de Mme Scrofulaire alors que se refermaient les battants. Elle se demanda si elle se serait sentie aussi gênée face à son hôtesse si elle avait vraiment été la mère de Hurle. Sans doute.

« Je lui tire mon chapeau d'avoir supporté un tel professeur pendant plus d'une journée, murmura-t-elle.

— Madame ? l'interpella le page, croyant que Sophie s'adressait à lui.

— Je disais d'y aller doucement dans les escaliers ou je n'arriverai pas à suivre », lui répondit-elle.

Ses genoux flageolaient.

« Vous êtes tout le temps à courir, les garçons. »

Il ralentit donc poliment sur les marches brillantes. Arrivée à mi-hauteur, Sophie s'était suffisamment remise de la personnalité de Mme Scrofulaire pour repenser à ce qu'elle lui avait dit. Elle considérait Sophie comme ayant un don magique. Et curieusement, Sophie l'avait accepté. Cela expliquait la popularité de certains de ses chapeaux. Cela expliquait l'histoire entre Jeanne Farrier et le comte de Je-ne-sais-plus-quoi, mais peut-être aussi la jalousie de la sorcière des Steppes. Toutefois, elle avait pensé qu'il n'était pas correct pour elle de disposer de tels pouvoirs, étant la sœur aînée. Lettie avait toujours été plus sensible à ces choses.

Elle songea également au costume gris et écarlate, et faillit tomber de consternation. C'était elle qui lui avait insufflé un charme. Elle se souvenait de lui avoir murmuré : « Taillé pour plaire aux filles ». Et bien sûr, ça avait marché. Il avait charmé Lettie dans le verger. Et la veille, même déguisé, il avait dû faire son petit effet à Mlle Angorian.

Seigneur ! songea Sophie. *J'ai doublé le nombre de cœurs brisés ! Il faut que je lui enlève ce costume !*

Mais c'était toujours ainsi vêtu que Hurle l'attendait avec Michael dans le hall frais, pavé de noir et de blanc. L'apprenti fit un clin d'œil à son maître en voyant Sophie descendre lentement les marches derrière le petit page.

Hurle en sembla attristé.

« Vous avez l'air épuisée, constata-t-il. Je pense qu'il vaut mieux oublier l'entrevue avec le roi. J'irai moi-même noircir mon nom en allant vous excuser auprès de lui. Je lui expliquerai que mes frasques vous ont rendue malade. Et à vous regarder, ça pourrait même être vrai. »

Sophie n'avait aucune envie de se rendre auprès du souverain, mais elle se souvenait de ce qu'avait dit Calcifer. Si le monarque ordonnait à son mage d'aller dans les Steppes et que la sorcière l'y attrapait, c'en était fini de tout espoir. Elle ne retrouverait jamais sa jeunesse.

Elle secoua la tête.

« Après Mme Scrofulaire, lança-t-elle, le roi d'Ingarie me semblera tout à fait ordinaire. »

Chapitre 13
Dans lequel Sophie noircit le nom de Hurle

Sophie se sentit encore vaciller en atteignant le palais. Ses nombreux dômes dorés l'éblouissaient. On accédait à l'entrée par un escalier monumental, avec un garde en habit écarlate toutes les six marches. *Ces pauvres garçons doivent être à deux doigts de s'évanouir par cette chaleur*, pensa-t-elle en leur passant devant. Elle-même se trouvait au bord de l'étourdissement.

Arrivée en haut, elle traversa des arches, des vestibules, des couloirs, des galeries, l'une après l'autre. Elle en perdit le compte. Chaque grande porte était ouverte par un huissier splendidement vêtu, portant des gants blancs – et qui le restaient malgré la chaleur – pour la conduire à un autre personnage habillé de la même façon, au passage suivant.

« Mme Pendragon pour le roi ! » annonçait chacun d'entre eux, d'une voix qui se réverbérait le long des murs.

À peu près à mi-chemin, on demanda poliment à Hurle d'attendre là. Michael et Sophie poursuivirent leur chemin, passant d'un serviteur à l'autre. On les conduisit à l'étage, où le personnel était vêtu de bleu au lieu de rouge, et le manège continua jusqu'à ce qu'ils parvinssent à une antichambre aux panneaux de bois de centaines d'essences et de couleurs différentes. Là, ce fut à Michael qu'on demanda de s'arrêter. À ce stade, Sophie avait l'impression de vivre une sorte de rêve étrange alors qu'on l'entraînait d'une immense double porte à l'autre. Puis elle entendit une voix réverbérée dire :

« Votre Majesté, Mme Pendragon est ici et souhaite vous voir. »

Et elle se trouva devant le roi, assis non pas sur un trône, mais sur une chaise droite, décorée ici et là à la feuille d'or, vers le milieu d'une grande pièce, et habillé plus modestement que les personnes attendant après lui. Il avait l'air assez seul, comme une personne ordinaire. Il se tenait certes avec une jambe tendue devant lui d'une façon assez royale, et était plutôt beau, mais Sophie le trouva trop jeune et peut-être un peu trop fier pour être roi. Elle estimait qu'avec un tel visage, il aurait dû se montrer un peu moins sûr de lui.

« Eh bien, lui dit-il, que me veut donc la mère du mage Hurle ? »

Et Sophie se sentit soudain dépassée par le fait qu'elle se tenait devant le roi pour lui parler. *Tout se passe comme si*, pensa-t-elle dans un vertige, *l'homme assis devant moi et son statut de roi étaient deux choses différentes, mais qui occupaient la même place.* Elle découvrit alors qu'elle avait oublié les arguments délicats détaillés par Hurle. Il fallait pourtant qu'elle parlât.

« Il m'a envoyée vous dire qu'il ne partira pas à la recherche de votre frère, déclara-t-elle, Votre Majesté. »

Elle fixa le roi, qui lui rendit son regard. C'était un désastre.

« En êtes-vous sûre ? insista-t-il. Le mage semblait déterminé à obéir, quand je le lui ai demandé. »

La seule chose dont elle parvenait encore à se souvenir, c'était qu'elle devait noircir le nom de Hurle, alors elle ajouta :

« Il a menti à ce propos. Il ne voulait pas vous indisposer. Il est assez glissant, si vous voyez ce que je veux dire, Votre Majesté.

— Et il tente de se glisser entre les mailles pour éviter de retrouver mon frère Justin, murmura le roi. Je vois. Mais asseyez-vous, je constate que vous n'êtes plus toute jeune, et expliquez-moi ses raisons. »

Il y avait une autre chaise, non loin. Sophie s'assit en craquant de tous ses os, et posa ses mains sur sa canne comme Mme Scrofulaire, espérant retrouver une contenance. Mais son esprit n'était plus qu'un tourbillon blanc de trac pur. Tout ce qu'elle parvint à dire fut :

« Seul un lâche enverrait sa vieille mère plaider sa cause. Cela devrait suffire à vous montrer quel genre de personne il est, Votre Majesté.

— C'est inhabituel, répondit gravement le roi. Je lui ai pourtant dit que je le récompenserais largement de ses efforts s'il acceptait.

— L'argent ne l'intéresse guère, poursuivit-elle, et il craint fort la sorcière des Steppes, sachez-le. Elle lui a lancé une malédiction, qui est en train de le rattraper.

— Alors, il a toutes les raisons d'avoir peur, admit le roi avec un léger frisson. Mais dites-m'en plus, je vous prie, à propos du mage. »

Plus encore ? pensa Sophie, au désespoir. *Je dois noircir son nom !* Elle était si désemparée que pour la deuxième fois, elle ne parvenait plus à voir de défauts à Hurle. *Quelle stupidité !*

« Eh bien, il est volage, imprudent, égoïste et hystérique, dit-elle. La moitié du temps, j'ai l'impression qu'il se fiche bien des conséquences tant que *lui* s'en tire, puis je découvre à quel point il a été bon envers quelqu'un. Je crois parfois qu'il n'est bon que quand ça l'arrange, puis j'apprends qu'il fait payer aux pauvres un prix dérisoire. Je ne sais pas, Votre Majesté. Il est… tellement compliqué.

— Pour moi, rétorqua le roi, Hurle est un voyou sans principes, fuyant, aux paroles de miel et à l'esprit brillant. Êtes-vous d'accord ?

— Comme c'est bien formulé ! s'exclama Sophie. Mais vous avez oublié sa vanité et… »

Elle jeta un regard soupçonneux au souverain, par-dessus les quelques pas de tapis qui les séparaient. Il semblait curieusement prompt à l'aider dans son entreprise de médisance.

Le roi souriait, d'un sourire incertain et fort peu royal qui lui allait assez bien.

« Merci, madame Pendragon, dit-il enfin. Votre franc-parler me soulage d'un grand poids. Le mage a accepté si rapidement de partir à la recherche de mon frère que je doutais d'avoir choisi l'homme de la situation. Je craignais qu'il soit incapable de résister à une bravade, ou prêt à tout pour de l'argent. Vous venez de me démontrer qu'il était parfait pour cette mission.

— Oh non ! se lamenta Sophie. Il m'avait envoyée vous dire le contraire !

— Et vous l'avez fait. »

Le roi approcha sa chaise d'un pouce en direction de Sophie.

« Permettez-moi de parler franchement à mon tour. Madame Pendragon, j'ai besoin de mon frère. Non seulement je l'aime beaucoup et je regrette notre querelle, non seulement les gens murmurent que je me suis débarrassé de lui... Ce que toute personne nous connaissant trouverait parfaitement absurde... Mais mon frère Justin est un brillant général. Maintenant que la Haute-Norlandie et l'Estrangie nous ont déclaré la guerre, je ne peux me passer de lui. La sorcière m'a menacé, moi aussi, sachez-le. Et tous les rapports indiquent que Justin s'est rendu dans les Steppes, et je suis certain que la sorcière y est pour quelque chose, afin de me priver de lui au moment où j'en ai le plus besoin. Elle a probablement enlevé le sorcier Soliman pour servir d'appât et attirer mon frère. C'est pourquoi il me faut un mage aussi malin que peu scrupuleux pour me le ramener.

— Hurle s'enfuira plutôt, l'avertit Sophie.

— Non, dit le roi. Je ne pense pas. Le fait qu'il vous ait envoyée en atteste. Il a voulu me montrer qu'il était trop lâche pour se soucier de mon opinion à son égard, n'est-ce pas, madame Pendragon ? »

Sophie acquiesça. Elle aurait aimé se souvenir des remarques délicates de Hurle. Le roi les aurait mieux comprises qu'elle.

« Ce n'est pas l'acte d'un vaniteux, poursuivit-il. Mais nul ne ferait ça, hormis en dernière instance. Ça me prouve que le mage Hurle obéira, si je lui montre clairement l'échec de cet ultime recours.

— Je pense que vous vous... euh... fondez sur des indices... fugaces ne signifiant rien, Votre Majesté, tenta d'argumenter Sophie.

— Je ne crois pas, non. »

Le roi sourit. Ses traits vagues s'étaient raffermis. Il était certain d'avoir raison.

Le Château de Hurle

« Madame Pendragon, allez dire au mage Hurle qu'il est désormais sorcier royal avec ordre exprès de retrouver le prince Justin mort ou vif d'ici la fin de l'année. Vous pouvez disposer. »

Il tendit la main à Sophie, comme l'avait fait Mme Scrofulaire, mais moins majestueusement. Sophie se redressa, se demandant si elle était censée la baiser ou pas. Mais comme elle avait plutôt envie de lever sa canne et de s'en servir pour taper le souverain sur la tête, elle se contenta de la lui serrer légèrement en craquant des articulations. Cela lui semblait approprié. Le roi lui adressa un sourire amical alors qu'elle claudiquait vers la double porte.

« Malédiction », marmonna-t-elle.

C'était précisément ce que Hurle ne voulait pas. Le mage emporterait son château à 1 000 lieues de là. Lettie, Martha et Michael seraient tous trois malheureux, et on pouvait également s'attendre à des torrents de mucus vert.

« Voilà ce que c'est que d'être l'aînée, grommela-t-elle alors qu'on lui ouvrait le passage suivant. On ne peut pas gagner ! »

Et une autre chose avait mal tourné. À son grand déplaisir, elle s'était trompée de porte. Les murs de cette antichambre étaient couverts de miroirs. Elle pouvait y contempler sa silhouette petite et voûtée, dans sa belle robe grise, et bien des gens en habit bleu de cour et d'autres vêtus comme Hurle, mais ni ce dernier ni Michael. L'apprenti était bien entendu resté dans la pièce décorée de toutes les sortes de bois précieux.

« Oh, crotte ! » maugréa Sophie.

L'un des huissiers se porta à sa rencontre et s'inclina.

« Madame la magicienne, en quoi puis-je vous être utile ? »

C'était un jeune homme de très petite taille, aux yeux rougis. Sophie le fixa un instant.

« Bonté divine ! s'exclama-t-elle. Le sort a donc fonctionné ?

— En effet, répondit tristement le petit courtisan. J'ai désarmé mon adversaire alors qu'il éternuait. Mais l'important… »

Un sourire s'élargit sur son visage.

« C'est que ma chère Jeanne m'est revenue ! Que puis-je faire pour vous, alors ? Je me sens responsable de votre bonheur.

— Je me demande si ça ne devrait pas plutôt être l'inverse, dit Sophie. Ne seriez-vous pas, par hasard, le comte de Catterack ?

— À votre service », répondit-il en faisant la révérence.

Jeanne Farrier doit être plus grande que lui d'au moins une tête ! pensa Sophie. *Tout est vraiment de ma faute, donc.*

« Oui, vous pouvez m'aider. »

Et elle lui expliqua ce qu'il en était de Michael.

Le comte lui assura qu'on s'occuperait du jeune apprenti et qu'il serait conduit à l'entrée principale pour l'y retrouver. Ça ne posait aucun problème. Il confia Sophie à un huissier ganté, et s'inclina de nouveau bien bas, en souriant, pour la saluer. Et encore une fois, Sophie passa d'un serviteur à l'autre, et parvint enfin au grand escalier gardé par des soldats.

Michael n'était pas encore arrivé, Hurle non plus, mais ce n'était qu'un piètre répit. Elle aurait dû se douter que ça se passerait ainsi. Le comte de Catterack était à l'évidence une de ces personnes incapables de faire correctement quoi que ce fût. Elle-même en était une autre. Elle devait s'estimer heureuse d'avoir réussi à ressortir. Elle était désormais si fatiguée, elle avait si chaud, elle se sentait si déprimée qu'elle décida de ne pas attendre. Elle voulait s'asseoir dans le fauteuil, près de la cheminée, pour raconter à Calcifer le gâchis qu'elle venait de provoquer.

Elle claudiqua jusqu'en bas des marches. Elle boitilla dans une grande avenue. Elle bifurqua dans une autre, encerclée par une profusion de tours, de clochers et de toits dorés. Et c'était pire que ce qu'elle croyait, s'aperçut-elle : elle s'était perdue. Elle n'avait aucune idée de comment trouver l'écurie déguisée servant d'entrée au château. Elle tourna au hasard dans un nouveau boulevard, et ne le reconnut pas non plus.

Elle ne retrouvait même plus le chemin conduisant au palais. Elle tenta de demander sa route aux passants, mais la plupart d'entre eux semblaient aussi accablés de chaleur et épuisés qu'elle.

« Le sorcier Pendragon… ? disaient-ils. Qui est-ce ? »

Sophie, désespérée, poursuivit sa marche. Elle était sur le point d'abandonner et de s'asseoir sous le porche le plus proche pour la nuit, quand elle passa devant la ruelle étroite où se situait la maison de Mme Scrofulaire. *Ha !* pensa-t-elle. *Je peux aller poser la question à son valet. Lui et Hurle avaient l'air de si bien s'entendre qu'il sait forcément où habite le mage.* Elle s'engouffra dans la venelle.

La sorcière des Steppes la remontait et se dirigeait droit sur elle.

Sophie n'aurait pas su dire à quoi elle l'avait reconnue. Son visage était différent. Ses cheveux, au lieu d'être ordonnés en boucles châtaines, étaient une masse informe et rousse, lui pendant presque jusqu'à la taille, et elle était vêtue de tulle auburn et jaune pâle. Elle avait de l'allure, c'était charmant. Sophie l'identifia immédiatement et manqua de s'arrêter, mais poursuivit son chemin.

Aucune raison qu'elle se souvienne de moi, pensa-t-elle. *Je dois n'être qu'une des centaines de personnes qu'elle a enchantées.* Sophie avança d'un pas décidé, tapant de la canne sur les pavés et se rappelant, au cas où, ce qu'avait dit Mme Scrofulaire de cet objet : il était devenu puissant.

C'était une nouvelle erreur. La sorcière flottait littéralement au-dessus de la chaussée et souriait en faisant tourner son parasol. Deux pages vêtus d'orange, à l'air morose, la suivaient. Quand elle fut à la hauteur de Sophie, elle s'arrêta net. Un parfum musqué emplit ses narines de vieille femme.

« Hé, mais c'est mademoiselle Chapelier ! l'interpella la sorcière en riant. Je n'oublie jamais un visage, surtout quand c'est moi qui l'ai façonné ! Que faites-vous donc ici, si bien habillée ? Si vous pensiez appeler à l'aide cette Mme Scrofulaire, vous perdez votre temps. Cette vieille pie n'est plus de ce monde.

— Elle est morte ? » s'enquit Sophie.

Elle faillit dire bêtement : « Elle était pourtant en vie il y a une heure ! » mais se retint. Car la mort est ainsi : les gens sont *vivants* jusqu'à ce qu'elle les frappe.

« Oui, morte, répondit la sorcière. Elle a refusé de me dire où se trouvait une personne que je cherchais. Elle m'a dit : "Moi vivante, jamais !" alors je l'ai prise au mot, vous imaginez bien. »

Elle cherche Hurle ! pensa Sophie. *Qu'est-ce que je fais, maintenant ?* Si elle n'avait pas été à ce point écrasée de chaleur et épuisée, elle aurait été presque trop terrorisée pour réfléchir. Car une sorcière de taille à tuer Mme Scrofulaire n'aurait aucun mal à se débarrasser d'elle, canne ou pas canne. Et si elle suspectait que Sophie pût connaître le logis de Hurle, c'en serait fini d'elle. Peut-être était-il aussi bien qu'elle en eût oublié le chemin.

« J'ignore qui est cette personne que vous avez tuée, rétorqua-t-elle, mais ça fait de vous une odieuse meurtrière. »

Mais la sorcière paraissait avoir des soupçons :

« Il me semblait vous avoir entendu dire que vous alliez demander de l'aide à Mme Scrofulaire ?

— Non, contesta Sophie. C'est vous qui avez dit ça. Je n'ai pas besoin de savoir qui elle est pour vous reprocher votre crime !

Le Château de Hurle

— Alors, où allez-vous comme ça ? » l'interrogea la sorcière.

Sophie fut tentée de lui répondre de s'occuper de ce qui la regardait. Mais ça aurait été chercher les ennuis. La seule autre chose à laquelle elle parvint à penser fut :

« Je m'en vais voir le roi. »

La sorcière éclata d'un rire incrédule :

« Mais Sa Majesté voudra-t-elle vous voir ?

— Bien sûr, déclara Sophie, tremblant de terreur et de colère. J'ai pris rendez-vous. Je veux lui demander de meilleures conditions de travail pour les chapeliers. Car je continue, voyez-vous, malgré ce que vous m'avez fait.

— Alors vous allez dans la mauvaise direction, observa la sorcière. Le palais est derrière vous.

— Oh, vraiment ? » dit Sophie.

Elle n'avait pas besoin de feindre la surprise.

« J'ai dû tourner en rond, alors. J'ai perdu le sens de l'orientation, depuis que vous m'avez transformée. »

La sorcière rit de bon cœur, sans en croire un mot.

« Venez avec moi, proposa-t-elle. Je vous montrerai le chemin. »

Sophie ne pouvait rien faire d'autre que suivre, aux côtés de la sorcière et encadrée par les deux sinistres pages marchant derrière elles. La colère et le désespoir l'envahirent. Elle regarda la magicienne flottant gracieusement et se souvint de ce qu'en avait dit Mme Scrofulaire : ce n'était qu'une vieille femme, en réalité. *Ce n'est pas juste !* pensa Sophie, mais elle n'y pouvait rien.

« Pourquoi m'avez-vous fait *ça* ? demanda-t-elle en remontant une grande avenue au bout de laquelle se dressait une fontaine.

— Vous m'empêchiez d'obtenir une information dont j'avais besoin, lui répondit la sorcière. J'ai fini par l'avoir, bien sûr. »

Sophie en était stupéfaite. Elle hésita à dire qu'il y avait eu erreur sur la personne, mais cela n'aurait probablement rien changé. Puis la sorcière ajouta :

« Vous n'en aviez pas idée, je pense. »

Elle éclata de rire, comme si c'était la chose la plus drôle dans l'affaire.

« Avez-vous entendu parler d'un pays nommé Galles ? demanda-t-elle.

— Non, dit Sophie. Est-ce sous la mer ? »

La sorcière trouva cela plus hilarant que tout.

« Pas pour l'instant, sembla-t-elle regretter. C'est de là que vient le mage Hurle. Vous connaissez le mage Hurle, non ?

— Seulement de réputation, mentit Sophie. Il dévore des jeunes filles. Il est aussi méchant que vous. »

Mais un frisson glacé la parcourut. Cela ne semblait pas venir de la fontaine devant laquelle ils passaient à ce moment-là. Plus loin, de l'autre côté d'une place pavée de marbre rose, s'élevaient les marches du palais.

« Vous voilà arrivée, déclara la sorcière. Réussirez-vous à monter cet escalier ?

— Pas grâce à vous, lâcha Sophie. Rendez-moi ma jeunesse et je pourrai les grimper en courant, même par cette chaleur.

— Ce ne serait pas du tout aussi drôle, répondit la sorcière. Allez-y. Et si vous parvenez à persuader le roi de vous voir, rappelez-lui que son grand-père m'a exilée dans les Steppes, et que je lui en tiens rancune. »

Sophie contempla désespérément l'immense volée de marches. Au moins, il n'y avait que des gardes. Avec la chance qu'elle avait aujourd'hui, elle n'aurait pas été surprise d'en voir descendre Hurle et Michael. Et comme la sorcière allait rester pour la regarder monter, Sophie n'avait pas le choix. Elle entreprit une nouvelle fois l'ascension, passant devant les soldats en nage, jusqu'à l'entrée du palais. Et à chaque marche, elle haïssait un peu plus la sorcière. Une fois tout en haut, elle se retourna, hors d'haleine. La magicienne était toujours là, tout en bas, sa forme roussâtre flottant entre ses deux valets orange, attendant de la voir chassée du palais.

« Maudite soit-elle », grogna Sophie.

Elle claudiqua jusqu'aux gardes de la porte. Sa malchance la perdrait. Toujours aucun signe de Hurle et Michael dans les vestibules. Elle fut obligée de prétendre aux gardes :

« J'ai oublié de dire quelque chose à Sa Majesté. »

Ils se souvenaient d'elle. Ils la firent entrer, et elle fut reçue par un personnage à gants blancs. Et avant qu'elle ne fût parvenue à reprendre ses esprits, la machinerie du palais s'était remise en marche, et elle passa d'huissier en huissier comme la première fois. Jusqu'à arriver devant les mêmes doubles portes et le même serviteur en bleu qui annonça :

« Mme Pendragon pour vous voir de nouveau, Votre Majesté. »

C'est comme un mauvais rêve, songea Sophie en pénétrant dans la même salle d'audience. Elle semblait n'avoir d'autre choix que de médire de Hurle, une fois de plus. Le problème, c'était qu'après tout ce qui s'était passé, et le trac qui était de retour, elle se retrouva l'esprit plus vide que jamais.

Le roi, cette fois-ci, se tenait debout, devant un grand bureau au coin de la pièce, sur lequel il déplaçait anxieusement des drapeaux sur une carte. Il leva la tête et dit aimablement :

« On m'a averti que vous aviez oublié de me transmettre quelque chose.

— Oui. Hurle m'a répondu qu'il ira chercher le prince Justin en échange de la main de votre fille. »

Qu'est-ce qui m'est passé par la tête ? pensa-t-elle. *Il va nous faire exécuter tous les deux !*

Le roi lui jeta un regard soucieux.

« Madame Pendragon, vous devez savoir que c'est hors de question. Je vois bien que vos inquiétudes concernant votre fils vous poussent à me suggérer ceci, mais il ne pourra pas rester éternellement dans vos jupes. Et ma décision est prise. Veuillez vous asseoir, vous m'avez l'air épuisée. »

Sophie s'installa sur la chaise que lui indiquait le souverain, se demandant quand les gardes viendraient l'arrêter.

Le roi chercha vaguement autour de lui.

« Ma fille était là à l'instant. »

À la grande surprise de Sophie, il se pencha pour vérifier sous le bureau.

« Valeria ! appela-t-il. Vallie, sors de là. Par ici, ma belle. »

Il y eut un bruit de frottement. Au bout d'une seconde, la petite princesse émergea de sous le meuble, en position assise, avec une expression de contentement. Elle n'avait que quatre dents, et n'était pas encore assez âgée pour avoir de vrais cheveux : un peu de duvet clair lui poussait au-dessus des oreilles. Quand elle vit Sophie, son sourire s'élargit. Elle tendit la main dont elle suçait le pouce un instant auparavant et attrapa sa robe. Le tissu gris se tacha d'humidité alors que la petite tirait dessus pour se relever. Fixant Sophie, Valeria lui adressa une remarque amicale dans ce qui était clairement une langue étrangère à caractère privé.

« Oh, s'exclama Sophie en se sentant complètement idiote.

— Je comprends ce qu'on ressent en tant que parent, madame Pendragon », lui dit le roi.

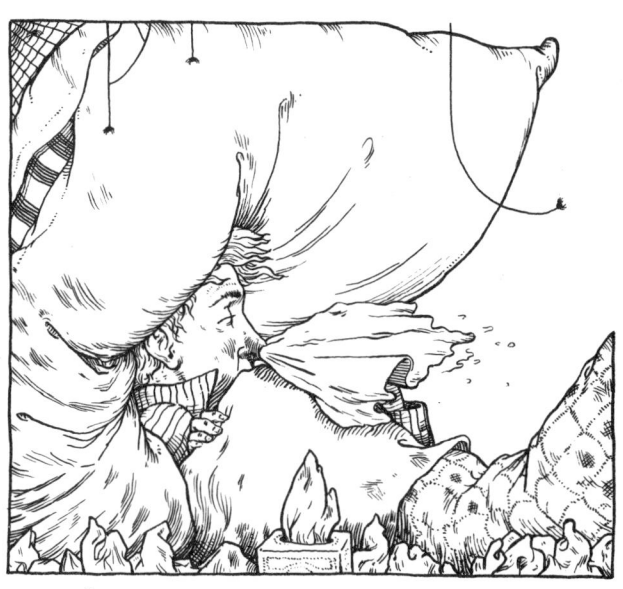

Chapitre 14
Dans lequel le sorcier royal prend froid

Sophie retourna à la porte du château, côté Fort-Royal, à bord d'un carrosse tiré par quatre chevaux et prêté par le souverain. Elle était accompagnée d'un cocher, d'un huissier et d'un valet. Un sergent et six grenadiers le suivaient pour assurer sa protection. Ce déplacement était dû à la princesse Valeria. Elle avait grimpé sur les genoux de Sophie. Alors que l'attelage bringuebalait dans la descente, la robe grise restait couverte des marques humides signifiant l'approbation princière. Sophie s'accorda un sourire. *Martha n'avait pas tort de vouloir des enfants*, pensa-t-elle, *quoique dix Valeria pourraient faire un peu beaucoup.* Alors que la petite l'avait escaladée, Sophie s'était souvenue des paroles menaçantes de la magicienne malveillante, et lui avait dit :

« Cette sorcière ne pourra pas te faire de mal. Je ne le permettrai pas. »

Le roi n'avait rien répondu. Mais il avait demandé un carrosse royal pour la vieille femme.

L'équipage s'arrêta à grand bruit devant l'écurie déguisée. Michael jaillit de la porte et se mit devant le valet qui aidait Sophie à descendre.

« Où étiez-vous passée ? demanda-t-il. J'étais tellement inquiet ! Et Hurle est furieux…

— Je n'en doute pas, déclara Sophie avec appréhension.

— Mme Scrofulaire est morte », poursuivit le jeune homme.

Hurle vint à la porte à son tour. Il avait l'air bien pâle et triste à regarder. Il tenait un rouleau portant les sceaux bleu et rouge du palais, que Sophie aperçut avec une pointe de culpabilité. Hurle donna une pièce d'or au sergent et ne prononça pas un mot avant que le claquement des sabots ne se fût évanoui dans le lointain. Puis il dit :

« Je vois, quatre chevaux et dix hommes pour se débarrasser d'une vieille dame. Qu'avez-vous *fait* au roi ? »

Sophie suivit le mage et son apprenti à l'intérieur, s'attendant à trouver la pièce couverte de mucus vert. Ce n'était pourtant pas le cas, et Calcifer flamboyait dans la cheminée en lui adressant son sourire malicieux et violet. Elle s'effondra dans le fauteuil.

« Je pense que le roi en a eu assez de me voir débarquer pour noircir votre nom. J'y suis allée deux fois, révéla-t-elle. Tout a marché de travers. Et j'ai rencontré la sorcière qui venait de tuer Mme Scrofulaire. Quelle journée ! »

Tandis qu'elle décrivait ses péripéties, Hurle s'était adossé au linteau de la cheminée, agitant le rouleau de parchemin comme s'il avait dans l'idée de le jeter à Calcifer.

« Contemplez le nouveau sorcier royal, ironisa-t-il. On a bien noirci mon nom. »

Puis il éclata de rire, à la grande surprise de Sophie et de Michael.

« Et qu'a-t-elle fait au comte de Catterack ? se moqua-t-il encore. Je n'aurais jamais dû l'envoyer au roi !

— J'ai noirci votre nom ! protesta Sophie.

— Je sais. J'ai mal calculé mon coup, répondit Hurle. Bon, comment vais-je pouvoir me rendre aux obsèques de cette pauvre Mme Scrofulaire en catimini ? Des idées, Calcifer ? »

Il était clair que la mort de sa professeure fâchait Hurle plus que tout le reste. C'était Michael qui s'inquiétait de la sorcière. Il avoua le lendemain qu'il en avait fait des cauchemars toute la nuit. Il avait rêvé qu'elle réussissait à pénétrer dans le château par toutes ses entrées à la fois.

« Où est Hurle ? » demanda-t-il, anxieux.

Le mage était sorti très tôt, laissant la salle de bains pleine de son habituelle vapeur parfumée. Il n'avait pas pris sa guitare, et le bouton était tourné face verte vers le bas. Calcifer lui-même n'en savait pas plus.

« N'ouvrez la porte à personne, ordonna-t-il. La sorcière connaît toutes les entrées, hormis celle de Port-Havre. »

Cela angoissa tellement Michael qu'il rapporta des planches de la petite cour et barricada la porte avec. Puis il se mit au travail sur son sort, celui qu'ils avaient récupéré chez Mlle Angorian.

Une demi-heure plus tard, le bouton tourna brutalement vers le noir. La porte commença à vibrer. Michael s'accrocha à Sophie.

« N'ayez pas peur, dit-il en tremblant. Je vous protégerai. »

La porte fut violemment secouée pendant quelques instants, puis tout s'arrêta. Michael venait à peine de lâcher Sophie, soulagé, qu'une violente explosion retentit. Les planches furent projetées sur le sol. Calcifer se replia tout au fond de l'âtre et le jeune apprenti plongea dans le placard à balais, laissant Sophie seule dans la pièce alors que la porte s'ouvrait à toute volée et que Hurle entrait en force.

« Vous exagérez, Sophie ! s'exclama-t-il. J'habite ici, quand même ! »

Il était trempé. Le costume gris et écarlate était noirci et bruni. Ses manches et la pointe de ses cheveux dégoulinaient.

Sophie regarda le bouton, toujours calé sur la tache noire. *Mlle Angorian*, pensa-t-elle. Et il était allé la voir dans son costume brodé de charmes.

« Où étiez-vous ? » demanda-t-elle.

Hurle éternua.

« Debout sous la pluie. Ça ne vous regarde pas, coassa-t-il. À quoi étaient censées servir ces planches ?

— C'est moi qui ai barricadé, répondit Michael en sortant du placard. La sorcière…

Le Château de Hurle

— Vous devez croire que je ne connais pas mon métier, lâcha Hurle avec irritation. J'ai placé tellement de sorts d'égarement que la plupart des gens seraient incapables de nous retrouver. Il faudra au moins trois jours à la sorcière. Calcifer, j'ai besoin de boire chaud. »

Calcifer remonta lentement entre ses bûches, mais quand Hurle approcha de la cheminée, le démon replongea.

« Ne viens pas si près comme ça ! Tu es tout mouillé ! siffla-t-il.

— Sophie », implora Hurle.

Sophie croisa les bras, impitoyable.

« Et Lettie ?

— Je suis trempé jusqu'aux os, esquiva Hurle. Il me faut une boisson chaude.

— Et moi, je veux savoir ce qu'il en est de Lettie Chapelier, insista Sophie.

— Oh, la barbe ! » s'emporta Hurle.

Il s'ébroua. De l'eau tomba sur le sol, formant un anneau mouillé autour de lui. Hurle en sortit, les cheveux et le costume complètement secs. Il alla chercher la casserole.

« Le monde est rempli de femmes au cœur dur, Michael, dit-il. Je peux en nommer trois sans avoir même besoin d'y réfléchir.

— Mlle Angorian, par exemple ? » proposa Sophie.

Hurle ne répondit pas. Il ignora souverainement Sophie tout le reste de la matinée alors qu'il parlait de déplacer le château avec Michael et Calcifer. *Il veut vraiment fuir, comme il en a menacé le roi*, pensa Sophie en recousant les triangles du costume bleu et argent. Elle savait qu'il fallait d'urgence empêcher le mage de mettre son habit gris et écarlate.

« Je ne crois pas qu'il faille bouger l'entrée de Port-Havre », disait-il.

Il avait fait apparaître de nulle part un mouchoir et se vidait le nez avec des bruits de trompette qui mettaient Calcifer très mal à l'aise.

« Mais il faut éloigner le château même de tous les endroits dont il a été proche auparavant. Et condamner l'entrée de Fort-Royal. »

Quelqu'un frappa. Sophie remarqua que Hurle avait sursauté et regardait autour de lui aussi nerveusement que Michael. Aucun d'entre eux n'alla ouvrir. *Le lâche !* pensa-t-elle avec mépris. Elle se demanda pourquoi elle s'était donné tant de mal pour lui la veille.

« Je dois être folle ! murmura-t-elle au costume bleu et argent.

— Et le passage noir ? le questionna Michael quand la personne sembla se lasser de frapper et partit.

— Ça reste », répondit Hurle en claquant des doigts pour faire apparaître un nouveau mouchoir.

Ben voyons ! ironisa intérieurement Sophie. *Il y a Mlle Angorian de l'autre côté ! Pauvre Lettie...*

Arrivé au milieu de la matinée, Hurle invoquait les mouchoirs par deux ou trois. Ils étaient faits de papier, remarqua Sophie. Il continuait d'éternuer et sa voix devenait de plus en plus rauque. Il finit par faire apparaître des mouchoirs par demi-douzaines. Les cendres de ceux qu'il avait utilisés s'empilaient autour de Calcifer.

« Pourquoi est-ce que je rentre toujours du Pays de Galles avec un rhume ? » croassa le mage en invoquant toute une boîte de mouchoirs en papier.

Sophie pouffa.

« Vous disiez ? demanda Hurle.

— Non, je pensais seulement que les gens qui passent leur temps à fuir méritent tous les rhumes qu'ils attrapent, répondit Sophie. Par exemple, les gens qui reçoivent une mission du roi, mais qui préfèrent aller faire leur cour sous la pluie. Ils ne peuvent s'en prendre qu'à eux-mêmes.

— Vous ne savez pas tout, madame la moralisatrice, dit Hurle. Voulez-vous m'écrire une liste avant que je ne ressorte ? J'ai *cherché* le prince Justin. La cour n'est pas la seule chose que je fasse de mon temps dehors.

— Quand avez-vous cherché ? s'étonna Sophie.

— Oh, comme vos oreilles se tendent et votre long nez vibre ! coassa Hurle. J'ai cherché dès qu'il a disparu, bien sûr ! J'étais curieux de savoir ce qu'il avait voulu faire. Tout le monde savait que le sorcier Soliman s'était enfoncé dans les Steppes. Je pense que quelqu'un lui avait vendu un faux sort de détection, car il est allé droit à la vallée aux méandres et en a acheté un autre à Mme Blondin. Naturellement, ça l'a rabattu par ici. Il est passé par le château et Michael lui a vendu un troisième sort de détection et un charme de déguisement… »

Michael se couvrit la bouche de la main.

« Cet homme en uniforme gris, c'était le *prince* Justin ?

— Oui, mais j'ai préféré ne pas t'en parler avant, répondit Hurle. Le roi aurait pensé que tu aurais dû lui vendre un autre faux. Ma conscience me travaille à ce sujet. Oui, ma conscience, madame Mêle-Tout. Car j'en ai une, de conscience ! »

Hurle fit apparaître une nouvelle boîte de mouchoirs et continua à fixer Sophie par-dessus, de ses yeux rougis et larmoyants. Puis il se leva.

« Je ne me sens pas bien, annonça-t-il. Je vais me mettre au lit, peut-être pour y mourir. »

Le Château de Hurle

Il tituba piteusement vers l'escalier, et lâcha d'une voix rauque :

« Enterrez-moi aux côtés de Mme Scrofulaire », dit-il avant d'aller rejoindre son lit.

Sophie se remit à la couture avec plus d'application que jamais. C'était sa chance de reprendre à Hurle son costume gris et écarlate avant qu'il n'abîmât un peu plus le cœur de Mlle Angorian – à moins bien sûr qu'il ne se fût couché tout habillé, et elle l'en croyait capable. Ainsi, le mage s'était rendu aux Hauts-Méandres à la recherche du prince Justin, et c'était ainsi qu'il avait rencontré Lettie. *Pauvre Lettie !* pensa Sophie en jouant de l'aiguille autour de son cinquante-septième triangle bleu. Il n'en restait plus qu'une quarantaine à remettre en place.

On entendait désormais la voix de Hurle geindre faiblement :

« Aidez-moi, quelqu'un ! Je meurs d'être négligé, là-haut ! »

Sophie pouffa. Michael laissa sur l'établi le sort auquel il travaillait et se rua à l'étage, avant d'en redescendre aussi vite. L'agitation régna alors. Le temps que Sophie recousît dix triangles de plus, Michael remonta avec du citron et du miel, puis avec un livre en particulier, puis avec une mixture pour la toux, puis avec une cuiller pour la prendre, puis avec des gouttes pour le nez, des pastilles pour la gorge, un gargarisme, une plume, du papier, trois livres de plus et une infusion d'écorce de saule. Les gens continuaient à tambouriner à la porte, faisant sursauter Sophie et frémir Calcifer. Puisque personne n'allait ouvrir, certains tapaient pendant 5 minutes et plus, ayant l'impression justifiée qu'on les ignorait.

Sophie commençait à s'inquiéter pour le costume bleu et argent. Il devenait de plus en plus petit. On ne peut pas coudre ensemble autant de triangles sans replier à chaque fois un petit ourlet au niveau de la jonction.

« Michael, l'interpella-t-elle quand le jeune homme redescendit en trombe – parce que Hurle voulait un sandwich au bacon pour le déjeuner –, existe-t-il un moyen d'agrandir des vêtements trop petits ?

— Oh oui, répondit-il. C'est justement à ça que servira mon nouveau sort – quand on me laissera la possibilité de travailler dessus. Il veut six tranches de bacon dans du pain. Pouvez-vous demander à Calcifer ? »

La vieille femme et le démon échangèrent des regards lourds de sous-entendus.

« Je ne crois pas qu'il soit en train de mourir, signala l'être de flammes.

Le Château de Hurle

— Je te donnerai la couenne à manger si tu penches la tête », lui dit Sophie en reposant son ouvrage. Il était plus facile d'acheter Calcifer que de le forcer par la menace.

Ils déjeunèrent eux aussi de sandwichs au bacon, mais Michael dût remonter en courant au milieu du sien. Il redescendit, annonçant que Hurle lui ordonnait de se rendre à Marché-aux-Copeaux pour y chercher les éléments indispensables au déplacement du château.

« Mais est-ce sans danger, avec la sorcière ? » s'inquiéta Sophie.

Le jeune homme lécha la graisse sur ses doigts et plongea dans le placard à balais. Il en ressortit avec autour des épaules une cape poussiéreuse en velours. Ou plutôt : un homme massif à la grande barbe rousse ressortit du placard, portant la cape.

Cette personne se lécha les doigts et dit, avec la voix de Michael :

« Hurle pense que ceci devrait suffire. C'est à la fois un déguisement et un sort de confusion. Je me demande si Lettie me reconnaîtra. »

L'homme ouvrit la porte, face verte vers le bas, et sauta dans l'herbe des collines qui se déplaçaient lentement.

La paix retomba. Calcifer brûla avec moins d'intensité. Hurle avait parfaitement compris que Sophie ne courrait pas pour venir à son aide. Tout était silencieux à l'étage. Sophie se leva et se rendit prudemment au placard. C'était sa chance d'aller voir Lettie. Elle devait être malheureuse, à présent. Sophie était certaine que Hurle n'était pas retourné la voir depuis ce jour dans le verger. Peut-être serait-elle consolée de savoir que ses sentiments étaient causés par un costume enchanté. De toute façon, elle devait bien à sa sœur de lui dire la vérité.

Les bottes de sept lieues n'étaient pas rangées dans le placard. Sophie eut d'abord du mal à y croire. Elle retourna tout. Mais il ne restait rien, hormis des balais et bassines ordinaires, ainsi qu'une autre cape de velours.

« Maudit soit-il ! » s'exclama Sophie.

Hurle s'était assuré qu'elle ne pût plus jamais le suivre nulle part.

Elle était en train de tout ranger quand on frappa à la porte. Sophie, comme d'habitude, sursauta et espéra que l'importun s'en allât. Mais cette personne semblait plus déterminée que les autres. Qui que ça eût pu être, ce quelqu'un donnait l'impression de se jeter contre l'huisserie tant cela faisait un bruit de grands coups sourds, boum, boum, boum, plus qu'un toc toc approprié. Cinq minutes plus tard, cela continuait encore.

Sophie jeta un regard aux flammèches vertes, c'était tout ce qu'on pouvait voir de Calcifer à ce moment-là.

« Est-ce la sorcière ?

— Non, dit Calcifer, d'une voix étouffée par ses bûches. C'est la porte du château. Quelqu'un nous court après. Nous allons assez vite.

— Est-ce l'épouvantail ? demanda-t-elle alors, le cœur battant la chamade à cette idée.

— C'est de chair et de sang », répondit le démon.

Son visage bleu s'éleva dans la cheminée, l'air pensif.

« Je ne sais pas exactement de quoi il s'agit, mais ça veut entrer de toutes ses forces. Je ne crois pas que ça nous veuille du mal. »

Puisque les coups continuaient, Sophie fut prise d'un sentiment d'urgence assez agaçant. Elle décida donc d'aller ouvrir pour y mettre fin. Et puis elle était curieuse de savoir ce que c'était. Elle avait encore dans les mains la deuxième cape de velours, qu'elle s'était apprêtée à ranger dans le placard, et elle s'en drapa les épaules en allant à la porte. Calcifer regardait intensément. Puis, pour la première fois depuis qu'elle le connaissait, il baissa volontairement la tête. De grands craquements de rire s'élevèrent dans les flammes vertes. Se demandant en quoi l'avait changée la cape, Sophie ouvrit la porte.

Un immense lévrier gris sauta du flanc de colline et passa entre les blocs noirs et bringuebalants du château, atterrissant en plein milieu de la pièce. Sophie laissa tomber la cape et recula vivement. Elle avait toujours été nerveuse en présence de chiens, et les lévriers n'avaient pas une allure très rassurante. Celui-ci vint se placer entre elle et la porte, et la regarda fixement. Sophie observa les pierres et la bruyère qui défilaient dehors et se demanda si cela servirait à quelque chose d'appeler Hurle à l'aide.

L'animal arqua son dos déjà courbé et parvint à se dresser sur ses pattes arrière. Il était presque aussi grand que Sophie. Il tendit les pattes avant et avança. Alors que la vieille femme ouvrait la bouche pour crier au secours, la créature sembla consentir un effort considérable et prit la forme d'un homme en costume marron et froissé. Il avait les cheveux roux et un visage pâle et triste.

« J'arrive des... Hauts-Méandres, haleta-t-il. J'aime Lettie... Lettie m'a envoyé... à vous... Lettie malheureuse, pleure beaucoup... m'a dit de rester... »

Il commença à se retransformer et à rétrécir avant d'avoir fini de parler. Il poussa un hurlement canin de désespoir et de dépit.

« Ne dites rien... au mage ! » couina-t-il alors que ses cheveux tourbillonnaient avant de se rétracter dans le chien.

Le Château de Hurle

Un chien différent. Cette fois, il semblait être un setter roux. L'animal remua la queue et fixa Sophie de ses yeux implorants et malheureux.

« Eh bien, se désola Sophie en refermant la porte. Je vois que tu as des ennuis, l'ami. Tu étais ce border collie, n'est-ce pas ? Je comprends à présent ce que racontait Mme Blondin. Cette sorcière des Steppes était clairement assoiffée de sang ! Mais pourquoi Lettie t'a-t-elle envoyé *ici* ? Si tu ne veux pas qu'on en parle à Hurle… »

Le chien gronda vaguement en entendant ce nom, mais continua à remuer la queue en la fixant d'un air suppliant.

« Très bien, je ne lui dirai rien », lui promit Sophie.

L'animal sembla rassuré. Il trottina jusqu'à la cheminée, où il lança à Calcifer un regard méfiant, puis se pelotonna devant les chenets, formant une grosse boule rousse.

« Qu'en penses-tu, Calcifer ? l'interpella-t-elle.

— Ce chien est un humain enchanté, répondit inutilement le démon.

— Je sais, mais peux-tu lever le sort qui pèse sur lui ? » demanda-t-elle.

Elle supposa que Lettie avait entendu les rumeurs à propos d'une sorcière travaillant pour Hurle. Il lui parut important de rendre sa forme humaine à ce chien et de le renvoyer aux Hauts-Méandres avant que le mage ne sortît de son lit pour le trouver chez lui.

« Non. Il faudrait que je sois en contact avec Hurle, pour ça, s'excusa Calcifer.

— Alors j'essaierai moi-même », décida Sophie.

Pauvre Lettie ! Hurle lui a brisé le cœur, et son seul autre amant est un chien la plupart du temps ! Elle posa la main sur la tête ronde et douce de l'animal et lança :

« Redeviens l'homme que tu devrais être. »

Elle le répéta plusieurs fois, mais le seul effet visible fut de faire dormir le chien. Il ronflait et s'agitait à ses pieds.

Pendant ce temps, des gémissements et des grognements provenaient de l'étage. Toute à ses marmonnements, Sophie les ignora. Une énorme quinte de toux suivit, qui mourut en de nouveaux gémissements. Sophie n'y prêta pas attention non plus. Des éternuements firent trembler la fenêtre et les portes. Ils étaient plus durs à ignorer, mais elle y parvint néanmoins. Poueeeeet ! fit un mouchage de nez, avec un bruit de basson dans un tunnel. La toux reprit, mélangée à des plaintes, puis à des éternuements, les sons allant crescendo alors que Hurle semblait réussir à tousser, grogner, se moucher, éternuer et sangloter doucement tout en même temps. Les portes vibrèrent, les poutres du plafond émirent des

Le Château de Hurle

craquements, et une des bûches de Calcifer roula avant de tomber de la cheminée.

« D'accord, d'accord, j'ai compris le message ! adbiqua Sophie, remettant le morceau de bois en place. Ça va se finir en mucus vert. Calcifer, surveille le chien, qu'il reste en bas. »

Et elle monta à l'étage, marmonnant très fort :

« Ces mages, franchement ! C'est à croire qu'aucun d'entre eux n'a jamais été enrhumé ! Alors qu'est-ce qu'il y a ? demanda-t-elle en passant la porte de la chambre et en posant le pied sur le tapis crasseux.

— Je meurs d'ennui, dit Hurle sur un ton pathétique. Ou je meurs tout court, peut-être... »

Il gisait, adossé à des oreillers gris de saleté, l'air éteint, avec sur lui une couverture qui aurait pu être un patchwork mais dont les couleurs avaient été effacées par la poussière. Les araignées qu'il semblait tant aimer s'affairaient à tisser dans le baldaquin, au-dessus de lui.

Sophie lui toucha le front.

« Vous avez un peu de fièvre, admit-elle.

— Je délire, se plaignit Hurle. Je vois des points noirs ramper devant mes yeux.

— Ce sont des araignées, rectifia Sophie. Pourquoi ne vous soignez-vous pas avec un sort ?

— Parce qu'il n'existe pas de remède au rhume ! expliqua le mage d'une voix lamentable. Les choses me tournent sans cesse dans la tête... Ou bien est-ce ma tête qui tourne autour des choses. Je continue à penser aux termes de la malédiction. Je ne la croyais pas capable de me mettre à nu comme ça. C'est mauvais d'être mis à nu, même si tout ce qui s'est déjà produit est entièrement de mon fait. J'attends que le reste me tombe dessus. »

Sophie repensa à ces strophes énigmatiques.

« Le reste ? "Dis-moi où sont donc les années écoulées" ?

— Oh, ça je le sais, répondit Hurle. Les miennes et celles des autres. Elles sont encore là, elles y ont toujours été. Je pourrais retourner jouer la méchante fée à mon propre baptême si je le voulais. Peut-être l'ai-je fait, d'ailleurs, et ce serait donc la source de tous mes ennuis. Non, il y a trois éléments que j'attends : les sirènes, la racine de mandragore et le bon vent permettant à l'esprit honnête d'aller de l'avant. Et de finir par avoir des cheveux blancs à force, sauf que je ne le découvrirai pas sans rompre le sort. Il ne leur reste que trois semaines pour se manifester et quand ce sera fait, la sorcière m'aura. Mais la réunion du club de rugby tombe le soir de la mi-été, alors je pourrai au moins faire ça avant la fin. Le reste est arrivé il y a longtemps.

— Vous voulez dire l'étoile tombante et l'impossibilité de trouver une femme à la fois belle et fidèle ? s'inquiéta Sophie. Je n'en suis pas surprise, vu la façon dont vous vous comportez. Mme Scrofulaire m'a dit que vous alliez mal tourner. Elle avait raison, c'est ça ?

— Je dois aller à ses funérailles, même si ça me tue, répondit-il avec tristesse. Mme Scrofulaire a toujours pensé beaucoup trop de bien de moi. Je l'ai aveuglée avec mon charme. »

De l'eau coulait de ses yeux. Sophie n'arrivait pas à savoir s'il pleurait, ou si c'était seulement son rhume. Mais elle remarqua que sa respiration était à nouveau sifflante.

« Je parlais de la façon dont vous abandonnez les filles après les avoir amenées à vous aimer, l'accusa-t-elle. Pourquoi faites-vous ça ? »

Hurle tendit une main tremblante vers le baldaquin de son lit.

« Voilà pourquoi j'aime les araignées. "Si tu ne rencontres pas le succès d'emblée, essaie encore." J'essaie encore. »

Sa voix était empreinte d'une immense tristesse.

« Mais j'ai pris sur moi de passer un pacte, il y a des années. Et je sais que je ne pourrai plus jamais aimer quelqu'un correctement. »

L'eau coulant de ses yeux était définitivement des larmes. Et Sophie s'inquiétait.

« Vous ne devriez pas pleurer… »

Il y eut un trottinement dehors. Sophie pencha la tête pour voir l'homme-chien se glisser par la porte en souplesse. Elle tendit la main pour attraper une poignée de sa fourrure, pensant qu'il était venu mordre Hurle. Mais tout ce qu'il fit, ce fut se blottir contre ses jambes. Elle vacilla et dut s'adosser au mur.

« Qu'est-ce que c'est ? demanda le mage.

— Mon nouveau chien. »

Sophie serrait la main sur les poils bouclés de l'animal. Dans sa position, elle pouvait voir par la fenêtre de la chambre. Elle aurait dû donner sur la cour, mais montrait à la place un petit jardin carré et bien entretenu avec, au milieu, une balançoire en métal. La lumière du soleil couchant nimbait de bleu et de rouge les gouttes de pluie sur l'escarpolette. Alors que Sophie regardait, la nièce de Hurle traversa la pelouse en courant. Megan, la sœur du mage, suivait la petite Mari. Elle ordonnait à sa fille, à l'évidence, de ne pas aller s'asseoir sur la balançoire mouillée, mais le son ne semblait pas passer.

« Est-ce donc l'endroit appelé "Galles" ? » demanda Sophie.

Le Château de Hurle

Hurle éclata de rire, tapant des poings sur le couvre-lit. Des nuages de poussière s'en élevèrent.

« Maudit chien, croassa-t-il. J'avais parié avec moi-même que j'arriverais à vous empêcher de regarder par cette fenêtre pendant tout le temps où vous seriez ici !

— Tiens donc !? » fulmina Sophie en relâchant sa prise sur le chien, espérant qu'il mordrait Hurle.

Mais l'animal se contenta de se frotter à sa jambe et de la repousser vers la porte.

« Toutes ces pitreries n'étaient donc qu'un jeu, c'est ça ? J'aurais dû m'en douter. »

Hurle s'adossa de nouveau contre ses oreillers gris, l'air blessé et vexé.

« Parfois, dit-il sur un ton de reproche, vous parlez exactement comme Megan.

Parfois, répondit-elle en poussant le chien devant elle pour le faire sortir, je comprends comment Megan est devenue comme ça. »

Et elle claqua la porte à grand bruit sur les araignées, la poussière et le jardin.

Chapitre 15
Dans lequel Hurle se rend déguisé à des funérailles

L'homme-chien se roula en boule sur les pieds de Sophie quand elle se remit à la couture. Peut-être espérait-il qu'elle parvînt à lever le sort s'il restait près d'elle. Puis un homme énorme, barbu et roux déboula dans la pièce en portant une boîte pleine. Il retira sa cape de velours pour redevenir Michael, la boîte toujours sous le bras. L'homme-chien se releva en remuant la queue. Il laissa Michael le caresser et lui gratter les oreilles.

« J'espère qu'il restera, dit le jeune homme. J'ai toujours voulu avoir un chien. »

Hurle entendit la voix de son apprenti. Il descendit l'escalier, emmitouflé dans son couvre-lit en patchwork. Sophie arrêta de coudre et retint fermement le chien. Mais l'animal s'avéra paisible. Il ne réagit pas quand le mage tendit la main pour le caresser à son tour.

« Alors ? s'enquit ce dernier en faisant apparaître de nouveaux mouchoirs et voler des nuages de poussière.

— J'ai tout, répondit Michael. Et nous avons de la chance, Hurle. Une boutique vide est en vente à Marché-aux-Copeaux, une ancienne chapellerie. Pensez-vous qu'on puisse y déménager le château ? »

Hurle s'assit sur le tabouret, tel un sénateur romain vêtu de sa toge, et réfléchit.

« Tout dépend du prix, dit-il. Je suis tenté d'y transférer l'entrée de Port-Havre. Ce ne sera pas facile, parce que ça implique de déplacer Calcifer. C'est à Port-Havre qu'il se trouve réellement. Qu'en dis-tu, Calcifer ?

— Me bouger sera une opération très délicate », les avertit le démon.

L'idée avait fait pâlir ses flammes.

« Je pense que tu devrais me laisser là où je suis. »

Alors comme ça, Fanny vend la boutique, pensa Sophie pendant que les autres discutaient de ce déménagement. *Et puis, au temps pour la conscience aiguë dont se targue Hurle !* Mais ce qui la chiffonnait alors le plus était le comportement énigmatique du chien. Elle avait beau lui dire qu'elle ne pouvait pas lever le sort, il ne semblait pas vouloir partir, ni mordre Hurle. Elle laissa Michael l'emmener en promenade dans les marais de Port-Havre le soir et le matin suivants. L'animal souhaitait visiblement faire partie de la famille.

« Si j'étais toi, je préférerais rester aux Hauts-Méandres pour m'assurer d'être auprès de Lettie quand ça ira mieux », lui expliqua Sophie.

Hurle passa le lendemain en allées et venues entre son lit et la salle. Quand il s'allongeait, c'était à Michael de monter et descendre l'escalier en trombe. Quand il était debout, le jeune homme l'accompagnait pour mesurer le château et réparer les renforts de métal aux coins.

Entre deux, Hurle continuait à surgir dans un nuage de poussière et des froufrous de patchwork pour poser des questions et faire des annonces, la plupart du temps à destination de Sophie.

« Sophie, vous avez chaulé les murs et recouvert les marques que nous avions tracées en inventant le château… Peut-être pourriez-vous me dire où étaient celles de la chambre de Michael ?

— Non, répondit-elle en cousant son soixante-dixième triangle. Je ne peux pas. »

Hurle éternua tristement et se retira. Peu après, il émergea de nouveau.

« Dites-moi, et si nous devions prendre cette boutique, que vendrions-nous ? »

Sophie s'aperçut qu'elle avait assez vu de couvre-chefs pour une vie entière.

« Pas des chapeaux, en tout cas. On peut acheter les murs, mais pas l'affaire, vous savez…

— Vous avez un esprit retors, alors appliquez-le à ce problème, dit le mage. Pensez, même, si vous en êtes capable. »

Il remonta à l'étage. Cinq minutes plus tard, c'était reparti :

« Sophie, avez-vous des préférences en ce qui concerne les autres entrées ? Où aimeriez-vous que nous vivions ? »

La première chose qui lui vint en tête fut le jardin de Mme Blondin.

« J'aimerais une jolie maison avec plein de fleurs.

— Je vois », croassa Hurle en repartant.

La fois suivante, il était habillé. C'était la troisième fois qu'il descendait ce jour-là, et Sophie n'y prêta pas attention, jusqu'à ce que le mage se drapât dans la cape de velours utilisée par Michael. Il se mua en un homme barbu et roux, pâle, pris de toux, un grand mouchoir plaqué sur le nez. Elle comprit que Hurle voulait sortir.

« Ça ne fera qu'empirer votre mal, le prévint-elle.

— Alors je mourrai et vous serez tous malheureux », rétorqua l'homme à la barbe rousse.

Il sortit par la porte après avoir sélectionné la face verte du bouton.

Dans l'heure qui suivit, Michael eut le temps de travailler à son sort. Sophie parvint à coudre son quatre-vingt-quatrième triangle. Puis l'homme à la barbe rousse revint. Il se débarrassa de la cape et redevint Hurle, toussant plus fort qu'avant et semblant, si la chose était possible, plus malheureux que jamais.

« J'ai pris la boutique, annonça-t-il à son apprenti. Il y a une remise derrière, qui nous sera utile, et une maison sur le côté. J'ai acheté le tout, même si je ne sais pas trop avec quoi je paierai.

— Et l'argent que vous obtiendrez en retrouvant le prince Justin ? lui demanda le jeune homme.

— Tu oublies que l'idée derrière cette opération, c'est justement de ne pas partir à sa recherche. Nous allons disparaître », toussa le mage en montant l'escalier pour retourner se coucher.

Les poutres recommencèrent bientôt à trembler, alors qu'il éternuait pour attirer l'attention.

Michael dut laisser son sort en plan pour se ruer à l'étage. Sophie y serait bien allée, mais l'homme-chien se mit en travers de son chemin quand elle essaya. Cela aussi, c'était un comportement étrange. Il semblait vouloir empêcher Sophie de faire quoi que ce fût pour Hurle. Elle trouva que cela avait quelque chose de raisonnable. Elle reprit le travail sur son quatre-vingt-cinquième triangle.

Michael redescendit, l'air joyeux, et se remit à la tâche sur son sort. Il était tellement ravi qu'il accompagna Calcifer, qui chantait sa chanson de la casserole. Il parla également avec le crâne comme avait pu le faire Sophie auparavant :

« Nous allons vivre à Marché-aux-Copeaux ! Je pourrai aller voir ma Lettie tous les jours !

— Est-ce pour ça que tu as signalé cette boutique à Hurle ? » l'interrogea Sophie en jouant de l'aiguille.

Elle en était arrivée à son quatre-vingt-dix-neuvième triangle.

« Oui, admit joyeusement le jeune homme. Lettie m'en a parlé quand nous nous demandions si nous pourrions nous revoir. Je lui ai dit… »

Il fut interrompu par Hurle, qui redescendait, de nouveau vêtu de son couvre-lit.

« Ceci constitue ma dernière apparition, lâcha-t-il d'une voix éraillée. J'ai oublié de vous le dire, mais Mme Scrofulaire sera inhumée demain dans sa propriété près de Port-Havre. Il faudra me nettoyer ce costume. »

De sous la couverture, il lança son habit gris et écarlate, qui atterrit sur les genoux de Sophie.

« Vous ne vous occupez pas du bon, ajouta-t-il. Voilà mon préféré, mais je n'ai pas l'énergie de le laver moi-même.

— Vous n'allez tout de même pas assister à l'enterrement ? lui demanda anxieusement Michael.

— Je ne rêverais même pas de m'abstenir, répondit le mage. Mme Scrofulaire a fait de moi le sorcier que je suis. Je dois lui présenter mes respects.

— Mais vous êtes de plus en plus malade, lui signala Michael.

— Et c'est de sa faute, renchérit Sophie. À force de se lever et de se promener tout le temps… »

Hurle adopta son expression la plus noble :

Le Château de Hurle

« Tout ira bien, tant que j'éviterai le vent du large. C'est un endroit difficile, la propriété des Scrofulaire. Tous les arbres sont penchés, et il n'y a aucun abri à des lieues à la ronde. »

Sophie savait qu'il cherchait avant tout à attirer la sympathie. Elle rit silencieusement.

« Et la sorcière ? » s'inquiéta Michael.

Hurle toussa piteusement.

« J'irai déguisé, probablement en un autre cadavre, dit-il en repartant vers l'escalier.

— Alors il vous faudra un coupe-vent et non ce costume », l'interpella Sophie.

Hurle continua son ascension sans lui répondre, et elle ne protesta pas. Elle détenait désormais l'habit enchanté, et c'était une chance à ne pas manquer. Elle prit les ciseaux et le découpa brutalement en plusieurs gros morceaux dentelés. Cela devait décourager Hurle de le porter. Puis elle se remit au travail sur les derniers triangles du costume bleu et argent, principalement les petites pièces autour de l'encolure. Il était tout rétréci, comme elle s'en était doutée. Il aurait même été trop petit pour le page de Mme Scrofulaire.

« Michael, dit-elle, dépêche-toi avec ce sort. C'est urgent.

— Je n'en ai plus pour longtemps », répondit-il.

Une demi-heure plus tard, il pointa diverses choses sur sa liste et annonça qu'il était prêt. Il s'approcha de Sophie, portant un bol dont le fond contenait quelques minuscules pincées de poudre verte.

« Où vous le faut-il ?

— Ici », répondit Sophie en coupant les derniers fils.

Elle repoussa l'homme-chien endormi et déposa soigneusement au sol le costume réduit à une taille d'enfant. Tout aussi méticuleusement, Michael versa la poudre sur chaque pouce de l'étoffe.

Puis ils attendirent tous deux avec anxiété.

Après quelques instants, le jeune apprenti soupira de soulagement. L'habit commençait à s'élargir. Ils le regardèrent s'étendre, encore et encore, jusqu'à ce qu'un des bords vînt buter contre le chien. Sophie dut tirer le tout pour lui laisser la place de grandir.

Au bout de cinq minutes, ils furent d'accord pour considérer qu'il avait atteint la taille de Hurle. Michael le ramassa et le secoua au-dessus de l'âtre pour en faire retomber l'excédent de poudre. Calcifer flamboya et ronfla. L'homme-chien sursauta dans son sommeil.

« Doucement ! avertit Calcifer. C'était fort ! »

Le Château de Hurle

Sophie prit le costume et le monta à l'étage sur la pointe des pieds. Hurle s'était endormi sur ses oreillers gris, les araignées s'occupant à tisser des toiles tout autour de lui. Il avait dans le sommeil une allure aussi noble que triste. Sophie déposa l'habit sur un vieux coffre, devant la fenêtre, en essayant de se convaincre qu'il avait cessé de grandir.

« Mais enfin, si jamais ça vous empêche d'aller à cet enterrement, ce sera toujours ça de pris », murmura-t-elle en jetant un coup d'œil dehors.

Le soleil se couchait sur le jardin bien entretenu. Un homme grand et sombre jetait avec enthousiasme une balle rouge à Neil, le neveu de Hurle. Celui-ci se tenait debout, une batte à la main, et donnait l'impression de souffrir patiemment. Sophie voyait bien que l'homme était le père du garçon.

« Encore à fureter », l'interrompit soudain Hurle, derrière elle.

Sophie se sentit coupable. Elle se retourna pour découvrir que le mage dormait encore à demi. Il devait penser être encore la veille, parce qu'il dit :

« "Apprends-moi à retenir de l'envie les morsures..." Mais j'ai dépassé ça il y a des années. J'aime le Pays de Galles, mais lui, il ne m'apprécie guère. Megan est envieuse parce qu'elle est respectable et pas moi. »

Il émergea un peu plus du sommeil.

« Que faites-vous ?

— Je venais vous déposer votre costume », répondit-elle avant de sortir avec empressement.

Hurle avait dû se rendormir, parce qu'il ne redescendit pas cette nuit-là. On ne l'entendit même pas s'agiter lorsque Sophie et Michael se levèrent le lendemain matin. Ils firent attention de ne pas le déranger. Ils ne pensaient ni l'un ni l'autre qu'aller aux funérailles de Mme Scrofulaire fût une bonne idée. Michael sortit dans les collines pour faire courir l'homme-chien. Sophie marchait sur la pointe des pieds pendant qu'elle préparait le petit-déjeuner, espérant que Hurle continuât à dormir. Il n'y avait toujours aucun signe du mage quand son apprenti rentra. L'homme-chien était affamé. Ils en étaient à fouiller les réserves pour trouver quelque chose qu'il pût manger, lorsqu'ils entendirent Hurle descendre lentement.

« Sophie », dit-il d'une voix accusatrice.

Il tenait ouverte la porte de l'escalier d'un bras entièrement caché par une immense manche bleu et argent. Ses pieds, en bas des marches, étaient posés sur le revers gigantesque d'une veste de même couleur. L'autre bras de Hurle n'était pas assez long pour atteindre la deuxième manche. Sophie le voyait, constituant une bosse mouvante dans le col de dentelle, alors qu'il tentait de faire des gestes. Derrière le mage, les escaliers n'étaient plus qu'une cascade d'étoffe remontant jusqu'à la chambre.

« Oh seigneur ! s'exclama Michael. Hurle, c'est de ma faute. Je…

— Ta faute ? Fadaises ! répondit son maître. Je peux détecter la main de Sophie à une lieue de distance. Et il y a plusieurs lieues de costume. Sophie, ma chère… Où est mon autre habit ? »

Elle sortit à la hâte les morceaux gris et écarlate du placard où elle les avait cachés.

Hurle les examina.

« Eh bien, c'est quelque chose, constata-t-il. Je m'attendais à ce qu'ils soient petits au point d'être invisibles. Donnez-moi ça. Oui, tous les sept. »

Sophie lui tendit le tout. Hurle parvint à sortir la main des multiples replis bleu et argent de sa manche et à la passer par les jours entre deux points de couture gigantesques. Il attrapa la pile d'étoffe.

« Je vais à présent me préparer pour la cérémonie. Veuillez vous abstenir de faire quoi que ce soit en mon absence, vous deux. Je vois bien que Sophie est en pleine forme en ce moment, et j'apprécierais que cette pièce soit de sa taille habituelle à mon retour. »

Il se dirigea avec dignité vers la salle de bains, traînant derrière lui son costume bleu et argent. Le reste de l'étoffe le suivit, dégringolant marche après marche et froufroutant sur le sol. Le temps qu'il atteignît la pièce d'eau, l'essentiel de la veste était arrivé sur le plancher et le pantalon apparaissait en haut de l'escalier. Hurle ferma à demi la porte et sembla continuer à tirer son costume comme on tire à la corde. Sophie, Michael et l'homme-chien restèrent plantés là, à observer toise après toise l'étoffe rampant à travers la pièce, agrémentée à l'occasion d'un bouton d'argent de la taille d'une borne routière et d'énormes coutures au fil épais comme une corde. Il y en avait bien un mile de longueur.

« Je ne pense pas avoir tout à fait réussi ce sort, reconnut Michael alors que le dernier pan festonné disparaissait et que la porte se refermait.

— Et il ne s'est pas gêné pour te le faire comprendre, dit Calcifer. Une autre bûche, je vous prie. »

Le jeune homme lui donna du bois. Sophie nourrit l'homme-chien. Mais ni l'un ni l'autre n'osèrent faire grand-chose, hormis manger du pain et du miel pour le petit-déjeuner, jusqu'à ce que Hurle sortît de la salle de bains.

Le Château de Hurle

Il lui fallut deux bonnes heures, et il jaillit dans une bouffée de vapeur parfumée aux sorts à la verveine. Il était tout de noir vêtu. Le costume était noir, les bottes étaient noires, et ses cheveux l'étaient aussi, de la même couleur aile de corbeau que ceux de Mlle Angorian. Sa boucle d'oreille était une longue pendeloque de jais. Sophie se posa la question de savoir si ces cheveux noirs étaient vraiment en l'honneur de Mme Scrofulaire. Tout comme la vieille magicienne, elle trouvait que cette couleur allait bien à Hurle et à ses yeux vert bouteille. Et elle se demanda à partir de quel costume il avait produit cette livrée de deuil.

Le mage fit apparaître un mouchoir noir et se vida le nez. La fenêtre en vibra. Il prit des tranches de pain et du miel sur l'établi et fit signe à l'homme-chien. Ce dernier afficha un air dubitatif.

« Je veux juste te regarder de plus près », expliqua le maître de maison.

Il restait très enrhumé.

« Allez, viens par ici, cabot. »

L'animal rampa avec réticence jusqu'au milieu de la pièce et Hurle ajouta :

« Vous ne trouverez pas mon autre costume, madame Fureteuse. Pas question que vous remettiez la main sur le moindre vêtement m'appartenant. »

Sophie cessa d'avancer sur la pointe des pieds vers la salle de bains et regarda Hurle faire le tour de l'homme-chien, mangeant sa tartine de miel et se mouchant alternativement.

« Que pensez-vous de ce déguisement ? » demanda-t-il.

Il jeta son mouchoir à Calcifer et tomba à genoux. Le temps de toucher le sol, il avait disparu, remplacé par un setter roux à poils bouclés, parfaitement semblable à l'homme-chien.

Ce dernier fut pris complètement par surprise et ses instincts reprirent le dessus. Il montra les crocs, baissa les oreilles et grogna. Hurle joua le jeu – ou peut-être ressentait-il la même chose. Les deux chiens identiques se tournèrent autour en se fixant et en grognant, l'air prêts à la bagarre.

Sophie saisit la queue de celui qu'elle pensait être l'homme-chien, et Michael attrapa celui qu'il croyait être Hurle. Ce dernier se retourna d'un bond. Sophie se retrouva face à un grand homme en noir et dût lui lâcher la veste. L'homme-chien s'assit aux pieds de Michael, affichant un air tragique.

« Bien, se félicita Hurle. Si je peux tromper un autre chien, je pourrai tromper tout le monde. Nul dans le cortège ne remarquera un chien errant levant la patte sur les pierres tombales. »

Le Château de Hurle

Il s'approcha de l'entrée et actionna le bouton, face bleue vers le bas.

« Un instant, l'interpella Sophie. Si vous allez à l'enterrement sous l'apparence d'un setter, pourquoi vous être donné la peine de vous vêtir en noir ? »

Hurle leva le menton et prit un air noble en ouvrant la porte.

« Par respect pour Mme Scrofulaire. Elle appréciait le sens du détail. »

Et il partit dans les rues de Port-Havre.

Chapitre 16
Dans lequel il y a beaucoup de sorcellerie

Plusieurs heures passèrent. L'homme-chien avait de nouveau faim. Michael et Sophie décidèrent de déjeuner, eux aussi. La vieille femme s'approcha de Calcifer, la poêle à la main.

« Pourquoi ne pouvez-vous pas vous contenter de pain et de fromage, pour une fois ? » grogna le démon.

Mais il pencha néanmoins la tête. Sophie venait de poser son ustensile sur les flammes vertes quand la voix rauque et cassée de Hurle retentit, jaillissant de nulle part.

« Accroche-toi, Calcifer ! Elle m'a retrouvé ! »

Le démon se redressa, et la poêle retomba sur les genoux de Sophie.

« Il va falloir attendre », rugit le feu en devenant aveuglant dans l'âtre.

Dans le même temps, il se divisa en une douzaine de visages et brûla haut avec un grondement intense.

« Ça doit signifier qu'ils se battent », murmura Michael.

Sophie se lécha un doigt brûlé et, sans quitter Calcifer des yeux, ramassa de l'autre main les tranches de bacon tombées sur sa jupe. Les flammes fouettaient de part et d'autre de la cheminée. Les visages désormais flous pulsaient d'un bleu ciel profond, tirant parfois presque sur le blanc. Un instant, il avait des multiples yeux orange, le suivant ils étaient d'argent. Elle n'avait jamais rien imaginé de tel.

Quelque chose jaillit du conduit avec un bruit d'explosion qui fit trembler toute la pièce. Une deuxième chose suivit avec un long rugissement strident. Calcifer pulsait de bleu et de noir, et le contrecoup magique donna la chair de poule à Sophie.

Michael se rua vers la fenêtre.

« Ils sont proches ! »

Sophie s'avança à son tour. La tempête de magie semblait avoir affecté la moitié du contenu de la pièce. Le crâne claquait si fort des dents qu'il rebondissait en rond sur l'établi. Les paquets sautillaient, les poudres bouillonnaient dans leurs pots. Un livre tomba à grand bruit de son étagère et s'ouvrit en touchant le sol. Ses pages dansaient. À un bout de la pièce, des bouffées de vapeur parfumée s'échappèrent de la salle de bains. À l'autre, la guitare de Hurle grinçait de fausses notes. Et Calcifer fouettait l'air plus violemment que jamais.

Michael déposa le crâne dans l'évier pour l'empêcher de tomber, puis entrebâilla la porte et sortit la tête. Ce qui se passait, quoi que ce pût être, se trouvait juste hors de vue. Les voisins étaient sur leur perron ou à leur fenêtre et pointaient le doigt vers le ciel. Sophie et Michael se ruèrent au placard, où ils prirent chacun une cape de velours et s'en drapèrent. Sophie prit celle qui transformait son porteur en homme barbu et roux. Et elle comprit pourquoi Calcifer s'était moqué d'elle quand elle avait essayé l'autre : Michael était un cheval. Mais ils n'avaient pas le temps d'en rire. Sophie ouvrit la porte et bondit dans la rue, suivie par l'homme-chien, étonnamment calme malgré tout le fracas. Michael lui emboîta le pas au trot dans un claquement de sabots inexistants, laissant derrière lui Calcifer. Le démon passait du bleu au blanc brûlant.

La rue était pleine de gens levant la tête. Nul n'était d'humeur à remarquer des incongruités comme un cheval sortant d'une maison. Sophie et Michael regardèrent en haut, eux aussi, et virent un immense nuage bouillonner et se tordre juste au-dessus des cheminées. Il était noir, et tournait rapidement sur lui-même. Des éclairs blancs, mais qui n'étaient pas réellement de la lumière, le déchiraient par intermittence. Mais presque à l'instant où Michael et Sophie arrivèrent, le caillot de magie prit la forme d'un nœud de vipères brumeuses et sauvages. Puis il se divisa en deux avec un bruit évoquant un gigantesque combat de chats. Une moitié jaillit par-delà les toits et fila au-dessus de la mer, bientôt rejointe en hurlant par l'autre.

Certains passants battirent en retraite dans les maisons. Sophie et Michael se joignirent à la foule des plus courageux se ruant vers les quais. Là, tout le monde sembla penser que la meilleure vue devait être le long des murailles de la rade. Sophie suivit le mouvement, mais en fait, il était inutile d'avancer plus loin que la capitainerie. Deux nuages flottaient dans le ciel, au large, de l'autre côté du môle. Ils étaient seuls dans un ciel calme et dégagé, et il était facile de les observer. On voyait très bien les nuées tempétueuses passant de l'un à l'autre, générant d'immenses vagues festonnées d'écume. Un malheureux bateau s'était fait prendre et sa mâture se balançait dangereusement, au point que les vergues vinrent frapper l'eau sur les côtés. L'équipage tentait désespérément de replier les voiles, mais l'une d'entre elles était déjà réduite à l'état de lambeaux.

« Ils ne se soucient même pas des marins ! » cria quelqu'un avec indignation.

Puis le vent et les vagues vinrent frapper la jetée, éclaboussant les courageux des premiers rangs, qui reculèrent rapidement vers la berge. Les navires à l'ancre tiraient sur leurs amarres en grinçant. Au milieu de tout ça, on entendait des hurlements lancés par des voix chantantes et haut perchées. Sophie tendit le cou dans la direction des cris, malgré le vent, et découvrit que la magie déchaînée n'avait pas agité que la mer et les bateaux. Des dames mouillées et écailleuses, aux cheveux brun vert, rampaient pour escalader le môle et tendaient leurs longs bras humides à leurs congénères restées dans l'eau. Chacune d'entre elles avait une queue de poisson à la place des jambes.

« Oh non ! s'exclama Sophie. Les sirènes de la malédiction ! »

Cela signifiait que seules deux choses impossibles restaient à accomplir.

Elle regarda de nouveau les deux nuages. Hurle était à genoux sur celui de gauche, plus gros et plus proche qu'elle ne l'aurait cru au début. Il était toujours vêtu de noir. Assez typiquement, il jetait par-dessus son épaule des regards aux sirènes paniquées. De la façon dont il les regardait, on aurait dit qu'il avait totalement oublié leur rôle dans la malédiction.

« Restez concentré sur l'autre ! » cria le cheval.

La sorcière apparut, dressée sur le nuage de droite, drapée dans le tourbillon de flammes qui était sa robe, sous une cascade de cheveux roux. Elle leva les bras pour canaliser encore davantage de puissance magique. Alors que Hurle se tournait pour revenir face à elle, elle baissa les bras. Une éruption de feu rosâtre déchira le nuage du mage. Un mur de chaleur balaya le port, et les pierres du môle dégagèrent de la vapeur.

« Ça va aller », hoqueta le cheval.

Hurle était retombé sur le bateau, juste en dessous. Le navire continuait de tanguer et menaçait de couler. Sa petite silhouette noire s'adossa au grand mât. Il fit joyeusement signe de la main à la sorcière, pour lui montrer qu'elle l'avait raté. Elle l'aperçut et son nuage devint un oiseau rouge fondant en piqué sur le bateau.

Celui-ci disparut. Les sirènes poussèrent un vagissement lugubre. Il ne restait plus que des eaux démontées là où s'était tenu le bateau. Mais l'oiseau plongeait trop vite pour s'arrêter. Il percuta l'eau en projetant une énorme gerbe.

Tout le monde se réjouit sur le quai.

« Je savais bien que ce n'était pas un vrai navire, dit quelqu'un derrière Sophie.

— Oui, ça devait être une illusion, ajouta sagement le cheval. Il était trop petit. »

Comme pour prouver qu'il avait été bien plus proche qu'il n'en avait eu l'air, les vagues atteignirent le môle avant même que Michael n'eût cessé de parler. Trois toises d'eau verte s'abattirent par le travers sur la jetée, projetant les sirènes hurlantes dans la rade et secouant violemment tous les navires à l'ancre. La capitainerie fut éclaboussée d'embruns. Un bras sortit du flanc du cheval et tira Sophie en arrière. Trempée, de l'eau grise jusqu'aux genoux, elle recula. L'homme-chien les suivit, mouillé jusqu'aux oreilles.

Le Château de Hurle

Ils avaient à peine atteint le quai, et les bateaux du port s'étaient à peine redressés, qu'une deuxième montagne d'eau s'abattit. Il en jaillit un monstre, une chose longue, noire et griffue, mi-chat, mi-lion de mer. La bête prit pied sur la jetée et courut vers le quai. Un autre monstre jaillit de la vague, écailleux, plus effrayant encore, et se lança aux trousses du premier.

Tout le monde comprit que le combat n'était pas encore terminé et pataugea pour s'appuyer aux remises et maisons du front de mer. Sophie trébucha sur une corde, puis sur un perron. À chaque fois, le bras sortit du cheval pour la redresser alors que les créatures passaient à faible distance en projetant des trombes d'eau salée. Une autre vague déferla sur le môle, et deux nouveaux monstres en émergèrent, identiques aux premiers, mais l'écailleux était plus proche du félin. Et la vague suivante en apporta deux de plus, plus proches encore l'un de l'autre.

« Que se passe-t-il ? » couina Sophie alors que la troisième paire leur passait devant.

Les pierres du quai en tremblaient.

« Des illusions, dit le cheval avec la voix de Michael. Au moins certains d'entre eux. Ils cherchent tous les deux à tromper l'autre en le lançant derrière un faux.

— Qui est qui ? demanda-t-elle.

— Aucune idée », répondit le cheval.

Certains des spectateurs trouvaient les monstres trop terrifiants. Ils se réfugièrent chez eux. D'autres sautèrent sur les bateaux, malgré le roulis, pour les éloigner du quai. Sophie et Michael rejoignirent le gros des spectateurs lancés après les créatures dans les rues de Port-Havre. Ils avancèrent d'abord sur une rivière d'eau salée, puis suivirent une piste de traces de pattes humides, et enfin les entailles blanches occasionnées aux pavés par les griffes. Cela conduisit la foule à travers la ville, jusqu'aux marais, là même où Sophie et Michael avaient coursé l'étoile filante.

Les six bêtes se réduisaient désormais à des points noirs disparaissant dans le lointain. La foule s'aligna tant bien que mal sur la rive, s'écarquillant les yeux, espérant en voir davantage et craignant tout à la fois l'horreur du spectacle. Mais bientôt, il n'y eut plus que des marais vides où plus rien ne se passait.

Quelques personnes commençaient à se retourner pour partir, quand toutes les autres, bien sûr, se mirent à crier :

« Regardez ! »

Une boule de feu pâle roula paresseusement sur l'horizon. Elle devait être énorme. La détonation qui

Le Château de Hurle

l'accompagnait parvint aux observateurs quand il n'en resta qu'une colonne de fumée, mais ce coup de tonnerre suffit à tous les faire vaciller. Ils observèrent la fumée qui s'étendait jusqu'à se confondre avec les brumes des marais. Ils continuèrent à regarder après cela, mais il ne régnaient plus que la paix et le silence. Le vent faisait bruisser les herbes, et les oiseaux osèrent bientôt recommencer à chanter.

« Ils ont dû s'entretuer », supposèrent les gens.

La foule se sépara bientôt en petits groupes, chacun se dépêchant pour reprendre les tâches laissées en plan.

Sophie et Michael restèrent les derniers, jusqu'à ce qu'il devînt évident que tout était en effet terminé. Puis ils reprirent lentement le chemin de Port-Havre. Ils n'avaient pas envie de parler. Seul l'homme-chien paraissait joyeux. Il sautillait et folâtrait devant eux avec entrain et Sophie pensa qu'aux yeux de l'animal, c'en était fini de Hurle. La vie lui semblait tellement belle qu'au coin de leur rue, il prit en chasse le premier chat errant venu. Avec un aboiement guilleret, il se précipita à sa poursuite, le coursant jusqu'à la porte du château, où le chat se retourna et le fixa.

« Non mais ! miaula-t-il. J'avais bien besoin de ça... »

Le chien recula, l'air honteux.

Michael se rua vers la porte.

« Hurle ! » cria-t-il.

Le chat rapetissa jusqu'à la taille d'un chaton et sembla s'apitoyer sur son sort.

« Vous avez tous les deux l'air ridicules ! dit-il. Ouvrez la porte, je suis exténué ! »

Sophie l'entrebâilla, et le chaton se glissa à l'intérieur, avant de filer vers l'âtre où Calcifer était réduit à une minuscule flammèche bleue et tremblotante. En s'aidant de ses pattes, il parvint à grimper dans le fauteuil. Là, il grandit et se métamorphosa lentement en un Hurle voûté et avachi.

« Avez-vous tué la sorcière ? lui demanda Michael en retirant sa cape pour lui aussi redevenir lui-même.

— Non », répondit le mage.

Il se retourna et s'effondra complètement sur le fauteuil, l'air totalement épuisé.

« Et tout ça par-dessus un rhume ! Sophie, pour l'amour du ciel, ôtez cette barbe atroce et trouvez-moi le cognac dans le placard. À moins que vous ne l'ayez bu ou transformé en térébenthine, bien sûr... »

Sophie retira sa cape et trouva la bouteille et un verre. Hurle en but une première dose comme si c'était de l'eau, puis se resservit, mais au lieu de le boire, il le versa goutte à goutte sur Calcifer. La créature de flammes flamboya et grésilla, semblant reprendre un peu vie. Hurle remplit un troisième verre et le sirota à petites gorgées, vautré dans son siège.

« Ne me regardez pas comme ça ! s'emporta-t-il. J'ignore qui a gagné. La sorcière est puissante et difficile à atteindre. Elle se repose énormément sur son démon du feu et reste en arrière, hors de portée. Mais je pense qu'on lui a donné à réfléchir, pas vrai Calcifer ?

— Il est ancien, dit ce dernier dans un crépitement lancé de sous ses bûches. Je suis plus fort, mais lui, il connaît des choses auxquelles je n'ai jamais pensé. Elle l'a depuis un siècle. Et il a été à deux doigts de me tuer ! »

Il grésilla encore, puis se redressa sur ses bûches pour ronchonner.

« Tu aurais pu me prévenir !

— Je l'ai fait, vieil escroc ! se défendit Hurle sur un ton las. Tout ce que je sais, tu le sais. »

Hurle continua à boire son cognac pendant que Michael trouvait du pain et de la saucisse à manger. Le repas les requinqua tous, à part peut-être l'homme-chien qui semblait désormais déprimé. Hurle était de retour, après tout. Calcifer recommença à brûler et reprit son apparence bleue habituelle.

« Ça n'ira pas ! s'exclama soudain le mage en bondissant sur ses pieds. Du nerf, Michael. La sorcière sait que nous sommes à Port-Havre. Déplacer le château et l'entrée de Fort-Royal ne suffira plus. Je dois transférer Calcifer dans la maison attenante à la chapellerie.

— Me déplacer ? *Moi* ? » crépita le démon.

Il en était devenu azur d'appréhension.

« C'est exact, répondit Hurle. Tu as le choix entre Marché-aux-Copeaux et la sorcière. Ne fais donc pas de caprices.

— Malédiction ! » gémit Calcifer en se repliant vers le fond de l'âtre.

Chapitre 17
Dans lequel le château ambulant déménage

Hurle se mit au travail avec autant d'ardeur que s'il venait de prendre une semaine de repos. Si Sophie ne l'avait pas vu mener une terrible bataille magique une heure plus tôt, elle n'y aurait pas cru. Le mage et son apprenti se démenaient, se demandant des mesures l'un à l'autre et traçant à la craie des signes étranges là où ils avaient précédemment placé des renforts en métal.

Le Château de Hurle

Ils semblaient devoir marquer tous les coins, y compris dans la cour. L'alcôve de Sophie, sous l'escalier, et l'endroit à la forme irrégulière sur le plafond de la salle de bains leur donnèrent bien du mal. Sophie et l'homme-chien étaient repoussés ici et là, puis carrément chassés pour que Michael pût tracer une étoile à cinq branches dans un cercle sur le plancher de la pièce principale.

Il venait de brosser la poussière et la craie de ses genoux quand Hurle arriva en trombe, des taches de chaux blanche partout sur ses habits noirs. Sophie et l'homme-chien furent à nouveau écartés afin que le mage pût dessiner des signes dans le cercle et l'étoile, ainsi que tout autour. Sophie et l'animal durent aller s'asseoir dans l'escalier. La pauvre bête frissonnait. Cela ne semblait pas être un genre de magie qu'elle appréciait.

Hurle et Michael ressortirent dans la cour. Hurle revint en courant.

« Sophie ! cria-t-il. Vite ! Qu'allons-nous vendre dans cette boutique ?

— Des fleurs, répondit-elle en repensant à Mme Blondin.

— Parfait », dit le mage en se ruant vers l'entrée avec à la main un pot de peinture et un petit pinceau.

Il repassa en jaune la tache bleue sur le bouton de la porte. Puis il replongea son instrument dans la peinture, lequel en ressortit violet. Il l'utilisa pour repeindre la face verte. Au troisième trempage, ce fut de l'orange, qui servit à remplacer la tache rouge. Hurle ne toucha pas au côté noir. Il se retourna, et le bout de sa manche trempa dans le pigment avec le pinceau.

« Mille tonnerres ! » râla-t-il en la retirant.

L'extrémité en arborait toutes les couleurs de l'arc-en-ciel. Hurle la secoua ; elle redevint noire.

« Quel costume est-ce ? demanda Sophie.

— J'ai oublié. Ne m'interrompez pas. Nous en arrivons à la partie vraiment difficile », prévint-il en reposant pot et pinceau sur l'établi.

Il prit un petit flacon de poudre.

« Michael ! Où est la pelle d'argent ? »

L'apprenti revint de la cour avec un outil énorme et brillant. Le manche était de bois, mais le fer semblait constitué d'argent massif.

« Tout est prêt dehors ! » annonça-t-il.

Hurle plaça la pelle sur ses genoux pour y tracer des signes à la craie, puis la saupoudra d'une substance rouge prise dans le flacon. Il en déposa également quelques grains sur chaque pointe de l'étoile, et versa le reliquat au milieu.

« Reste à l'écart, Michael, l'avertit-il. Restez tous à l'écart. Es-tu prêt, Calcifer ? »

Le démon émergea d'entre ses bûches en un long panache de flammes bleues.

« Aussi prêt que possible. Tu es au courant que ça risque de me tuer, non ?

— Vois le bon côté des choses, répondit le mage. Ça pourrait me tuer aussi. Accrochez-vous. Un... Deux... Trois... »

Il plongea la pelle dans l'âtre, lentement mais sûrement, bien à plat. Un instant, il dût manœuvrer pour la glisser sous Calcifer puis, tout aussi lentement et sûrement, il la souleva. Michael retenait visiblement son souffle.

« C'est fait », annonça Hurle.

Les morceaux de bois roulèrent sur les côtés. Ils ne semblaient plus brûler. Hurle se redressa et se retourna, portant le démon.

La pièce s'emplit de fumée. L'homme-chien gémit et frissonna. Hurle toussa. Il avait du mal à tenir la pelle à plat. Les yeux de Sophie s'embuèrent, et elle eut des difficultés à voir clairement. Mais pour ce qu'elle pouvait en apercevoir, Calcifer – et il le lui avait dit – n'avait ni pieds ni jambes. C'était un long visage pointu enraciné dans un bloc charbonneux qui brillait légèrement. Il y avait une encoche dedans, ce qui aurait pu suggérer des jambes minuscules et repliées sur lesquelles le démon se serait tenu à genoux. Mais Sophie constata que ce n'était pas le cas. Le bloc se balançait à peine, car il était arrondi en dessous. Calcifer ne se sentait visiblement pas en sécurité. Ses yeux orange s'écarquillaient de peur, et il crachait des petites flammes en forme de bras des deux côtés, dans un effort désespéré et vain de s'accrocher aux rebords de l'outil.

« Ça ne sera pas long », s'étrangla Hurle en s'efforçant de le rassurer.

Mais il dut s'arrêter et fermer un bon moment la bouche en essayant de ne pas tousser. La pelle trembla et Calcifer eut l'air terrifié. Le mage parvint à se reprendre. Il fit un grand pas, enjambant avec précaution le bord du cercle, puis un autre, et se retrouva au centre de l'étoile à cinq branches. Là, tenant la pelle à plat, il fit lentement un tour complet et Calcifer tourna avec lui, bleu ciel et les yeux emplis de panique.

On eût dit que la pièce tout entière tournait avec eux. L'homme-chien se pelotonna tout près de Sophie. Michael vacilla. Sophie eut l'impression que leur petit morceau de monde s'était détaché du reste et tournoyait au point de leur donner la nausée. On ne pouvait reprocher à Calcifer d'avoir à ce point peur. Tout dansait et se balançait encore quand Hurle refit ces mêmes grands pas

le Château de Hurle

prudents pour sortir de l'étoile et du cercle. Il s'agenouilla devant le foyer et, avec d'infinies précautions, replaça le démon dans l'âtre. Il empila les bûches autour de lui, et les flammes l'élevèrent à nouveau. Hurle s'appuya sur la pelle, et toussa enfin.

La pièce trembla une dernière fois, puis se calma. Pendant quelques instants, alors que la fumée continuait à flotter partout, Sophie identifia avec émerveillement les contours familiers du salon de sa maison natale. Elle les reconnaissait, quand bien même le plancher était nu et les tableaux avaient disparu des murs. La pièce du château sembla se contorsionner pour prendre place dans le salon, poussant ici, tirant là, abaissant le plafond pour le faire coïncider avec ses propres poutres et redevenir elle-même. Elle était pourtant peut-être un peu plus grande et plus carrée qu'auparavant.

« As-tu réussi, Calcifer ? toussa Hurle.

— Je crois », répondit le démon en se redressant dans le conduit de cheminée.

Il n'avait pas l'air d'avoir souffert de son voyage sur la pelle.

« Vérifie quand même. »

Hurle se mit debout à l'aide de son outil et ouvrit la porte, face jaune vers le bas. Elle donnait sur cette rue de Marché-aux-Copeaux que Sophie avait arpentée toute sa vie. Des gens qu'elle connaissait s'y promenaient dans la fraîcheur du soir avant d'aller dîner, comme le font les gens l'été. Hurle fit un signe de la tête à Calcifer, tourna le bouton vers l'orange, et ouvrit de nouveau.

Une allée large et herbue s'étirait à présent devant le seuil, entre des rangées d'arbres rendus pittoresques par le soleil couchant. À distance, on devinait une grande entrée de pierre, bordée de statues.

« Où est-ce ? interrogea le mage.

— Un manoir abandonné au fond du val, répondit le démon sur la défensive. C'est la jolie maison que tu m'as demandé de trouver. Ce sera très bien.

— Oh, je n'en doute pas, dit Hurle. J'espère seulement que son vrai propriétaire n'y verra pas d'objection. »

Il referma la porte, et sélectionna la face violette.

« Et maintenant, le château ambulant », annonça-t-il en ouvrant encore.

Le crépuscule s'installait. Une brise chaude chargée de senteurs s'engouffra dans la pièce. Sophie vit un tourbillon de feuilles sombres leur passer devant, agrémenté parfois de grandes fleurs mauves. Il s'éloigna lentement, pour être remplacé par un parterre de lys blancs et le dernier reflet du soleil sur une étendue d'eau, au-delà. Le parfum

Le Château de Hurle

était si divin que Sophie avait traversé la moitié de la pièce avant même de s'en rendre compte.

« Non, votre grand nez reste là jusqu'à demain, lui lança Hurle en claquant la porte. Cet endroit est au bord des Steppes. Bien joué, Calcifer. Parfait. Une jolie maison, et beaucoup de fleurs, comme demandé. »

Il reposa la pelle et partit se coucher. Il devait être très fatigué, parce qu'on n'entendit ni grommellements, ni cris et presque pas de toux.

Sophie et Michael étaient épuisés eux aussi. Le jeune apprenti s'installa dans le fauteuil et caressa l'homme-chien, les yeux perdus dans le vague. Sophie se percha sur le tabouret, en proie à une impression étrange. Ils avaient bougé. Les sensations étaient les mêmes, avec pourtant quelque chose de différent, et c'était très déroutant. Et pourquoi déménager le château ambulant si près des Steppes ? La malédiction poussait-elle Hurle vers la sorcière ? Ou le grand méchant Hurle s'était-il tellement défilé et retourné dans ses propres turpitudes qu'il en était devenu presque honnête ?

Sophie se tourna vers Michael pour voir ce qu'il en pensait. Le jeune homme était endormi, tout comme le chien. Sophie regarda alors vers Calcifer, somnolant entre ses bûches, ses yeux orange presque refermés. Elle le revit sur la pelle, presque blanc, avec les yeux de même couleur, si anxieux. Il lui rappelait quelque chose. Tout son être lui évoquait un souvenir.

« Calcifer, demanda-t-elle, as-tu déjà été une étoile filante ? »

Le démon ouvrit un œil orangé.

« Bien sûr. Je peux t'en parler, si tu veux. Le contrat ne me l'interdit pas.

— Et Hurle t'a attrapé ? poursuivit Sophie.

— Il y a cinq ans, révéla Calcifer. Dans les marais de Port-Havre, juste après s'être installé sous le nom de Jenkin le sorcier. Il m'a couru après avec des bottes de sept lieues. Il me terrifiait. J'étais terrifié de toute façon, parce que quand on tombe, on sait qu'on va mourir. J'aurais fait n'importe quoi pour ne pas finir comme ça. Quand Hurle m'a offert de me garder en vie comme vivent les humains, j'ai immédiatement suggéré un contrat. Nous ne savions ni l'un ni l'autre à quoi nous nous engagions. J'étais reconnaissant, et Hurle me l'avait proposé uniquement parce qu'il était désolé pour moi.

— Exactement comme Michael, dit Sophie.

— Hein ? Quoi ? bredouilla Michael en se réveillant soudainement. Sophie, j'aimerais qu'on ne soit pas si proches des Steppes. Je ne savais pas qu'on s'installerait là. Je ne me sens pas en sûreté.

— Nul n'est en sûreté, dans la maison d'un sorcier », rétorqua Calcifer, pensif.

Le lendemain, la porte était calée sur le noir, et au grand agacement de Sophie, elle refusait tout autre réglage. Peu importe la sorcière : elle voulait aller voir ces fleurs. Elle tenta de faire taire son impatience en allant chercher une bassine d'eau et en nettoyant les marques de craie sur le sol.

Hurle revint alors qu'elle frottait encore.

« Travail, travail, et encore travail », se moqua-t-il en enjambant la vieille femme affairée.

Il avait un air étrange. Son costume était encore très noir, mais ses cheveux étaient redevenus blonds, au point d'avoir l'air presque blancs par contraste. Sophie le dévisagea, pensant à la malédiction. Hurle devait l'avoir en tête, lui aussi. Il ramassa le crâne et le tint en main, l'air morose.

« Hélas, pauvre Yorick, dit-il. Elle a entendu les petites sirènes, et cela signifie qu'il y a quelque chose de pourri au royaume de Danemark. Le mal qui me ronge le nez est sans fin, mais ma bonne fortune veut que je sois malhonnête. À cela, je peux me raccrocher. »

Il toussa de façon pathétique, mais son rhume s'arrangeant nettement, il n'était pas très convaincant.

Sophie échangea un regard avec l'homme-chien, qui s'était assis et la fixait, l'air aussi pitoyable que Hurle.

« Tu devrais retourner auprès de Lettie », murmura-t-elle.

Puis, à Hurle, elle demanda :

« Quel est le problème ? Ça va mal avec Mlle Angorian ?

— Affreusement mal, répondit le mage. Lily Angorian a un cœur comme une pierre bouillie. »

Il reposa le crâne dans l'évier et hurla à l'attention de son apprenti.

« Manger ! Travailler ! »

Après le petit-déjeuner, ils vidèrent complètement le placard à balais. Puis Hurle et Michael taillèrent une ouverture dans une des parois. Le réduit vomit des nuages de poussière, et l'on entendit d'étranges coups sourds. Puis ils appelèrent Sophie, et elle vint, prenant un balai à tout hasard. Ils avaient découpé un passage voûté dans le mur. Il donnait sur les marches qui avaient toujours relié la chapellerie et la maison. Hurle lui demanda de venir et d'examiner la boutique. Elle était vide et les murs renvoyaient de l'écho. Le sol était désormais dallé de carrés noirs et blancs, semblables au carrelage de l'entrée, chez Mme Scrofulaire. Sur les rayonnages où l'on exposait jadis les chapeaux avait été posé un vase plein de roses de soie et de primevères en velours. Sophie comprit qu'on attendait son admiration avant tout. Elle réussit donc à ne rien dire.

« J'ai trouvé les fleurs derrière, dans l'atelier, expliqua Hurle. Et venez voir devant. »

Il ouvrit la porte donnant sur l'extérieur, et une clochette sonna, celle que Sophie avait entendue toute sa vie. Elle sortit dans la rue encore déserte à cette heure matinale. La devanture avait été repeinte en vert et jaune. Des lettres bouclées barraient la vitrine. On y lisait : « E. JENKINS, FLEURS FRAÎCHES TOUS LES JOURS ».

« Vous avez changé d'avis au sujet des noms banals, observa-t-elle.

— C'est un déguisement, rien de plus, répondit le mage. Je préfère quand même Pendragon.

— Et d'où viendront les fleurs fraîches ? lui demanda-t-elle. Vous ne pouvez pas écrire ça et vendre des roses en cire prévues pour des chapeaux.

— Vous verrez », lança-t-il en rentrant dans le magasin.

Ils le traversèrent pour se retrouver dans une cour que Sophie connaissait depuis toujours. Elle avait réduit de moitié, car la courette intérieure du château ambulant en occupait le fond. Elle regarda au-dessus du mur de briques provenant du château pour voir sa propre maison. Elle lui parut étrange : il y avait une nouvelle fenêtre, celle de la chambre de Hurle. C'était d'autant plus bizarre qu'elle ne donnait pas, elle le savait, sur cette cour. Elle voyait aussi celle de son ancienne chambre, au-dessus de la boutique. Là encore, cela la mit mal à l'aise, car il ne semblait plus exister de moyen d'y accéder.

Alors que Sophie rentrait avec Hurle par l'escalier donnant dans le placard à balais, elle remarqua qu'elle était grognon. Voir sa maison ainsi transformée faisait naître en elle des sentiments contrastés.

« C'est très joli, dit-elle.

— Vraiment ? » répondit froidement Hurle.

Il se sentait blessé. *Il a fait tout ça pour se faire apprécier*, pensa-t-elle en soupirant. Il se rendit à la porte du château et tourna le bouton, face violette vers le bas. D'un autre côté, elle ne se souvenait pas d'avoir jamais complimenté le mage, pas plus que ne le faisait Calcifer, et elle ne voyait pas pourquoi elle devrait commencer maintenant.

La porte s'ouvrit. De gros buissons chargés de fleurs passèrent doucement devant et ralentirent pour que Sophie pût descendre. Entre eux s'étiraient des sentiers herbus dans toutes les directions. Hurle et Sophie arpentèrent le plus proche, et le château les suivit, faisant voler des pétales à mesure qu'il avançait. Le bâtiment, aussi grand, noir et contrefait fût-il, crachant des volutes de fumée d'une cheminée ou de l'autre, semblait pourtant à sa place ici. De la magie avait été à l'œuvre en ces lieux. Sophie le savait. Et le château s'y insérait à sa façon.

L'air était chaud et vaporeux, plein du parfum de milliers de fleurs. Sophie faillit dire que ça lui rappelait l'odeur de la salle de bains après la toilette de Hurle, mais elle s'abstint. L'endroit était vraiment merveilleux. Entre les buissons et leur chargement violet, rouge et blanc, l'herbe même était constellée : de petites fleurs roses à seulement trois pétales, d'énormes pensées, de phlox, de lupins de toutes les couleurs, de lys orangés, de grands lys blancs, d'iris et d'une myriade d'autres variétés. Tout cela était parsemé de lianes rampantes avec des fleurs assez grandes pour décorer des chapeaux, de bleuets, de coquelicots et de plantes aux formes étranges et aux feuilles curieusement bigarrées. Même si cela ne correspondait guère à son rêve d'un jardin comme celui de Mme Blondin, Sophie oublia sa mauvaise humeur.

« Vous voyez, lui dit Hurle en balayant l'air de ses bras, dérangeant ainsi des centaines de papillons bleus affairés à butiner un rosier jaune, nous pouvons venir en cueillir de pleines brassées tous les matins et les vendre, encore couvertes de rosée, à Marché-aux-Copeaux. »

Au bout de cette allée verdoyante, l'herbe devenait plus humide. De grandes orchidées jaillissaient de sous les buissons. Hurle et Sophie s'approchèrent d'une mare fumante, jonchée de nénuphars. Le château glissa pour contourner le plan d'eau et partit le long d'un autre sentier, bordé de fleurs différentes.

« Si vous venez ici seule, prenez votre canne. Vous pourrez tester le sol, l'avertit Hurle. Il y a beaucoup de sources et de flaques. Et n'allez pas plus loin dans cette direction. »

Il pointa vers le sud-est, où le soleil était un disque blanc et flamboyant dans l'air brumeux.

« Là commencent les Steppes. Une terre stérile, aride et hantée par la sorcière.

— Et qui a fait pousser tout ça aux limites des landes désolées ? l'interrogea Sophie.

— Le sorcier Soliman, il y a un an, lui répondit Hurle en repartant vers le château. Je pense qu'il voulait faire refleurir les Steppes et ainsi abolir la sorcière. Il a fait remonter des sources et pousser de la végétation. Il se débrouillait bien… jusqu'à ce que son adversaire ne le rattrape.

Le Château de Hurle

— Mme Scrofulaire l'appelait autrement, se souvint Sophie. Il venait du même endroit que vous, n'est-ce pas ?
— Plus ou moins. Je ne l'ai jamais rencontré, ceci dit. Je suis venu ici quelques mois après lui pour poursuivre ce qu'il avait entrepris. Ça m'avait semblé une bonne idée. C'est ainsi que j'ai rencontré la sorcière. Elle n'était pas d'accord.
— Pourquoi ? » demanda Sophie.
Le château les attendait.
« Elle se voit elle-même comme une fleur, expliqua Hurle en ouvrant la porte. Une orchidée solitaire dans les Steppes. C'est pathétique, vraiment. »
Sophie lança un autre regard aux étendues fleuries avant de suivre Hurle à l'intérieur. Il y avait des roses par milliers.
« La sorcière ne saura pas que vous êtes ici ?
— J'ai essayé la dernière chose à laquelle elle pouvait s'attendre, confia-t-il.
— Et essayez-vous de retrouver le prince Justin ? » le blâma Sophie.
Mais Hurle s'était déjà défilé en se ruant vers le placard à balais et en appelant Michael à grands cris.

Chapitre 18
Dans lequel reparaissent l'épouvantail et Mlle Angorian

Ils ouvrirent la boutique le lendemain. Comme l'avait fait remarquer Hurle, ça n'aurait pas pu être plus simple. Dès l'aube, ils n'avaient qu'à ouvrir la porte, bouton violet vers le bas, et sortir dans la brume et la verdure pour y ramasser des fleurs. Cela devint vite une routine. Sophie prenait sa canne et ses ciseaux, puis sortait. Elle discutait avec son bâton et s'en servait pour tester le sol spongieux ou écarter les épines afin d'accéder aux plus belles roses. Michael emportait une invention à lui, dont il était très fier. C'était une bassine d'étain remplie d'eau, qui flottait dans l'air et le suivait où qu'il allât. L'homme-chien l'accompagnait aussi. Il s'amusait beaucoup sur les sentiers verts, chassant les papillons ou tentant d'attraper les petits oiseaux chatoyants qui se nourrissaient à même les fleurs. Tandis qu'il cavalait, Sophie coupait de pleines brassées d'iris, de lys ou de grandes frondes orange, ainsi que des branches d'hibiscus bleu. Michael remplissait sa bassine d'orchidées, de roses, de petites fleurs blanches en étoiles ou d'autres vermillon, ou de tout ce qui venait à attirer son attention. Ils appréciaient beaucoup ces instants paisibles.

Puis, avant que la chaleur ne devînt trop intense, ils rapportaient dans la boutique leur récolte de la journée et arrangeaient le tout dans un fouillis de cruches et de bassines que Hurle avaient récupérées dans son arrière-cour. Deux des seaux étaient en fait les vieilles bottes de sept lieues. *Rien ne peut montrer plus clairement*, pensa Sophie, *à quel point Hurle s'est désintéressé de Lettie*. Il se fichait bien désormais de voir Sophie les utiliser ou pas.

Hurle était généralement introuvable quand ils partaient ramasser des fleurs. Et le bouton était généralement tourné vers sa face noire. Il revenait habituellement pour prendre un petit-déjeuner tardif et avait l'air rêveur. Son costume était resté noir. Il n'avait jamais voulu indiquer à Sophie de quel habit il s'agissait à la base.

« Je porte le deuil de Mme Scrofulaire », se contentait-il de dire.

Et si Sophie et Michael tentaient de l'interroger sur ses absences matinales, il prenait un air outragé et répondait :

« Si vous voulez parler à une maîtresse d'école, mieux vaut essayer de la voir avant le début des cours. »

Puis il disparaissait deux bonnes heures dans la salle de bains.

Dans l'intervalle, Sophie et Michael enfilaient leurs plus beaux vêtements et ouvraient la boutique. Hurle insistait pour qu'ils s'habillassent bien. Cela attirait les clients, selon lui. Et Sophie avait exigé qu'ils portassent tous des tabliers. Les premiers jours, les habitants de Marché-aux-Copeaux se contentèrent de regarder à travers la vitrine sans oser entrer. Mais rapidement, le magasin devint très populaire. Les gens se passaient le mot : Jenkins avait des fleurs comme on n'en trouvait nulle part ailleurs. Des personnes que Sophie avait fréquentées toute sa vie durant venaient en acheter de pleines brassées. Aucune ne la reconnaissait, ce qui la mettait très mal à l'aise.

Le Château de Hurle

Tout le monde la prenait pour la vieille mère de Hurle. Mais Sophie en avait assez de jouer ce rôle.

« Je suis sa tante », confia-t-elle à Mme Cesari, et bientôt elle fut connue comme Tatie Jenkins.

Quand Hurle finissait par arriver, portant un tablier noir assorti à son costume, il les trouvait très affairés, et parvenait toujours à leur donner encore plus d'occupation. Ce fut ainsi que Sophie finit par être persuadée que l'habit noir était l'ancienne tenue enchantée, grise et écarlate. Toute cliente que Hurle servait repartait avec au moins deux fois plus de fleurs qu'elle n'en avait demandé. La plupart du temps, c'était même dix fois plus. Rapidement, Sophie remarqua des dames regardant par la vitrine avant d'entrer, et qui s'abstenaient si elles voyaient le mage. Elle ne leur en tenait pas rigueur. Si vous voulez une rose pour votre boutonnière, vous ne tenez pas à repartir avec trois douzaines d'orchidées. Elle se garda bien de décourager Hurle quand il prit l'habitude de passer de longues heures à l'atelier, de l'autre côté de la cour.

« Avant que vous ne posiez la question, oui, je prépare des défenses contre la sorcière, expliqua-t-il. Quand j'en aurai fini, elle sera incapable d'entrer ici. »

Il restait parfois des fleurs à la fin de la journée et Sophie ne supportait pas l'idée qu'elles se fanassent pendant la nuit. Elle s'aperçut qu'elle pouvait conserver leur fraîcheur en leur disant quelques mots. Dès lors, elle parla beaucoup à ses plantes. Elle convainquit Michael de leur concocter un sort nutritif, et fit des tests avec dans l'évier et les bassines du réduit où, quelque temps auparavant, elle mettait la dernière main aux chapeaux. Elle découvrit qu'elle pouvait en conserver certaines pendant plusieurs jours. Alors, bien sûr, elle tenta d'autres expériences. Elle nettoya la cour et y planta des choses, murmurant beaucoup. Elle parvint à produire un rosier bleu marine dont elle était très fière. Ses boutons étaient d'un noir de charbon, et les fleurs bleuissaient graduellement à l'éclosion, jusqu'à adopter la couleur de Calcifer. Sophie était tellement ravie de ses résultats qu'elle préleva des racines dans chacun des sacs pendus aux poutres et commença des expériences avec elles. *Je n'ai jamais été aussi heureuse auparavant*, se persuada-t-elle.

Ce n'était pourtant pas vrai. Quelque chose n'allait pas, et elle ne parvenait pas à comprendre quoi. Parfois, elle pensait que c'était parce que les habitants de Marché-aux-Copeaux ne la reconnaissaient pas. Elle n'osait pas aller voir Martha, de peur que sa sœur ne la prît elle aussi pour une étrangère. Elle n'osait pas retirer les fleurs des bottes de sept lieues et aller voir Lettie pour la même raison. Elle ne supportait pas l'idée que ses sœurs la vissent sous cet aspect de vieille femme.

Michael prenait les fleurs invendues pour les offrir à Martha chaque fois qu'il le pouvait. Parfois, Sophie pensait que c'était ça, le problème. Michael était si joyeux, et elle restait de plus en plus souvent seule dans la boutique. Mais ce n'était pas ça non plus. Sophie aimait vendre des fleurs.

Parfois, elle rejetait la faute sur Calcifer. Le démon s'ennuyait. Il n'avait rien à faire, hormis laisser dériver le château sur les coteaux herbeux et éviter mares et étangs. Chaque matin, la porte devait s'ouvrir à un nouvel endroit abondant de fleurs fraîches. Son visage bleu se penchait toujours hors de l'âtre quand Sophie et Michael revenaient avec leur chargement.

« Je veux voir comment c'est, dehors », disait-il.

Elle lui rapportait des feuilles parfumées à brûler, et la grande salle finissait par sentir aussi fort que la salle de bains. Mais ce dont manquait vraiment Calcifer, c'était de compagnie. Ils passaient leurs journées dans la boutique en le négligeant.

Sophie laissait donc Michael servir une heure le matin dans le magasin, tandis qu'elle venait parler au démon. Elle lui inventait des jeux de devinettes pour l'occuper quand elle avait du travail, mais il demeurait mécontent.

« Quand vas-tu rompre mon contrat avec Hurle ? » demandait-il de plus en plus souvent.

Et Sophie devait le rabrouer :

« J'y travaille ! Ça ne devrait plus être long. »

Ce n'était pas vrai. En fait, elle évitait même d'y penser. En mettant bout à bout ce qu'en avait dit Mme Scrofulaire et les éléments lâchés par Hurle et Calcifer, elle se faisait une image terrible de ce pacte. Elle était certaine que le rompre les précipiterait tous deux vers leur fin. Hurle le méritait peut-être, mais pas Calcifer. Et puisque le mage faisait son possible pour éviter le reste de la malédiction, Sophie ne voulait rien faire, hormis l'aider.

Parfois, elle se disait que la présence de l'homme-chien la déprimait. C'était une créature tellement lugubre, à sa façon. Les seuls moments où il semblait s'amuser, c'était quand il courait le matin entre les buissons. Le reste de la journée, il suivait Sophie, la tête basse, en soupirant. Comme elle ne pouvait rien faire pour lui, elle se sentait soulagée quand la chaleur de l'été le poussait à se réfugier dans les coins d'ombre de la cour où il se couchait en haletant.

Le Château de Hurle

Dans l'intervalle, les racines qu'elle avait plantées se révélaient très intéressantes. L'oignon était devenu un petit palmier qui donnait des noix à l'odeur forte. Une autre racine avait poussé au point de se transformer en une sorte de petit tournesol rose. Une seule d'entre elles semblait prendre du retard. Quand elle finit par produire deux petites feuilles rondes, Sophie eut hâte de voir ce qui en sortirait. Le lendemain, on aurait dit une sorte d'orchidée. Elle avait des feuilles pointues tachées de mauve et une longue tige au milieu, portant un gros bouton. Le jour suivant, Sophie laissa ses fleurs fraîches à tremper et se dépêcha de voir ce qui avait poussé dans la nuit.

Le bouton avait éclos, donnant une fleur pâle semblable à une orchidée qu'on aurait passée à l'essoreuse. Elle était plate et ne tenait à la tige que par un pédoncule recourbé. Quatre pétales sortaient d'un renflement rose au milieu, deux se dressant vers le haut, les deux autres s'étalant sur les côtés. Alors que Sophie la contemplait, un fort parfum de fleurs printanières l'avertit de l'arrivée de Hurle. Il se tenait derrière elle.

« Qu'est-ce donc ? demanda-t-il. Si vous vous attendiez à une violette ultraviolette ou à un géranium infrarouge, vous avez tout faux, madame Savant Fou.

— Ça ressemble à un bébé fleur écrasé », décrivit Michael en s'approchant à son tour.

Et c'était vrai. Hurle jeta à son apprenti un regard inquiet et ramassa la fleur et son pot. Il la déracina doucement, séparant les filaments nourriciers blancs de la terre noire et des restes de fumier, jusqu'à isoler la tige fourchue que Sophie avait plantée au départ.

« J'aurais dû m'en douter, dit-il. C'est une racine de mandragore. Sophie frappe encore. Vous avez le chic pour ça, hein ? »

Il la replanta délicatement, et la rendit à la vieille femme avant de s'éloigner, tout pâle.

Ainsi, la quasi-totalité de la malédiction s'est réalisée, pensa-t-elle en allant réagencer les fleurs fraîches dans la vitrine. La racine de mandragore avait eu un enfant. Cela ne laissait qu'une dernière chose : le bon vent permettant à l'esprit honnête d'aller de l'avant. Si ça signifiait rendre honnête l'esprit de *Hurle*, il y avait bon espoir que la malédiction ne se réalisât jamais. Il l'aurait mérité, pourtant, puisqu'il allait courtiser Mlle Angorian chaque matin avec un costume enchanté, mais elle n'en demeurait pas moins inquiète et se sentait un peu coupable. Elle arrangea un bouquet de lys dans une des bottes de sept lieues, puis rampa dans la vitrine pour l'installer, et entendit alors un claquement régulier dans la rue. Ce n'était pas le son d'un cheval, mais celui d'une canne sur le pavé.

Le cœur de Sophie s'emballait déjà étrangement avant même qu'elle n'osât regarder à travers la vitre. Il s'agissait bien sûr de l'épouvantail, sautillant d'une façon décidée au milieu de la chaussée. Les haillons pendant à ses bras tendus étaient devenus plus gris, et peut-être moins nombreux, et le navet lui tenant lieu de visage s'était encore davantage flétri et ridé, lui donnant un air déterminé, comme s'il avait avancé ainsi depuis le moment où Hurle l'avait chassé.

Sophie n'était pas seule à être épouvantée. Les quelques personnes se trouvant déjà dans la rue à cette heure matinale fuyaient, éperdues. Mais l'épouvantail ne semblait pas le remarquer et poursuivait son chemin.

Sophie se cacha le visage.

« Nous ne sommes pas là ! murmura-t-elle férocement. Tu ne sais pas que nous sommes ici ! Tu ne peux pas nous trouver ! Va-t'en et vite ! »

Et la chose sautillante accéléra comme on venait de le lui ordonner : l'épouvantail dépassa la boutique pour s'enfoncer dans Marché-aux-Copeaux. Sophie crut s'évanouir, et s'aperçut qu'elle avait bien trop longtemps retenu son souffle. Elle prit une inspiration profonde et trembla de soulagement. Si d'aventure l'épouvantail revenait, elle pourrait à nouveau le renvoyer.

Hurle était sorti quand Sophie revint dans la grande salle du château.

« Il avait l'air très fâché », l'informa Michael.

Elle regarda la porte, et le bouton était face noire vers le bas. *Pas si fâché que ça*, se dit-elle.

Le jeune homme partit à son tour, désirant se rendre chez Cesari. Sophie se retrouva donc seule dans la boutique. Il faisait très chaud. Les fleurs se flétrissaient malgré les sorts protecteurs, et personne ne semblait avoir envie d'en acheter. Entre ça, la racine de mandragore et l'épouvantail, l'humeur de Sophie fit un plongeon. Elle se sentait profondément malheureuse.

« Peut-être est-ce la malédiction qui plane, attendant de fondre sur Hurle, soupira-t-elle à destination des fleurs. Mais je pense que c'est surtout le fait d'être l'aînée. Regardez-moi ! Je suis partie chercher fortune, et me voici revenue à mon point de départ, mais vieille comme les collines ! »

L'homme-chien passa son museau roux dans l'entrebâillement de la porte et gémit. Sophie soupira une nouvelle fois. Il ne se passait pas une heure sans que cette créature ne la sollicitât.

Le Château de Hurle

« Oui, je suis toujours là, grogna-t-elle. Où voulais-tu que je sois ? »

L'animal entra dans la boutique. Il s'assit et étendit ses pattes devant lui. Sophie comprit qu'il tentait de se retransformer en homme. Pauvre bête. Elle essaya d'être gentille, parce qu'après tout, elle était encore plus malheureuse qu'elle.

« Essaie encore, l'encouragea-t-elle. Fais participer ton dos. Tu peux être un homme si tu le veux. »

Le chien s'étira encore et redressa son dos, de toutes ses forces. Et au moment où Sophie se convainquit qu'il allait abandonner, il parvint à se dresser sur ses pattes de derrière et à se transformer en un homme roux et désemparé.

« J'envie… Hurle, haleta-t-il. Si facile… pour lui. J'étais… chien dans la haie… vous m'avez… aidé. J'ai dit… à Lettie… je vous… connaissais. Que je monterais… la garde… Venu ici… auparavant… »

Il commença à se retransformer et poussa un hurlement canin.

« Avec la sorcière ! Dans la boutique ! » couina-t-il avant de retomber sur ses mains et de se couvrir de poils blancs et gris.

Sophie fixa le grand chien hirsute qui se tenait désormais devant elle.

« Tu étais avec la sorcière ! » s'exclama-t-elle.

Elle se souvenait enfin. C'était le rouquin à l'air anxieux qui l'avait regardée avec horreur.

« Tu sais donc qui je suis, et le sort qui m'a été jeté ! Lettie est-elle au courant ? »

L'énorme chien fit oui de la tête.

« Elle t'appelait Gaston, se souvint Sophie. Mon pauvre ami, comme elle t'a fait du mal ! Et ça doit être dur d'avoir une telle fourrure par ce temps ! Tu devrais aller te mettre au frais. »

L'animal opina une deuxième fois et se traîna misérablement vers la cour.

« Mais *pourquoi* Lettie t'a-t-elle envoyé ? » se demanda Sophie.

Cette découverte la dérangeait passablement. Elle monta l'escalier menant au placard à balais et alla en parler à Calcifer.

Le démon ne pouvait pas grand-chose pour elle :

« Que des gens soient au courant pour ce sort ne fait pas grande différence. Ça n'a pas aidé le chien, pas vrai ?

— Non, mais… » commença Sophie avant d'être interrompue par la porte du château.

Calcifer et elle regardèrent dans la même direction. Le bouton était encore braqué sur le noir, et ils s'attendaient à voir entrer Hurle. Difficile de dire lequel des deux fut le plus surpris de constater que Mlle Angorian passait la tête par l'ouverture.

Elle aussi semblait stupéfaite.

« Oh, je vous prie de m'excuser, dit-elle. Je croyais trouver M. Jenkins…

— Il est sorti », répondit Sophie avec raideur.

Elle se demandait où était allé Hurle s'il ne se trouvait pas avec l'institutrice.

Mlle Angorian lâcha la porte, à laquelle elle s'était cramponnée de surprise. Elle la laissa ouverte sur le néant et s'approcha de Sophie, l'air implorant. La vieille femme s'aperçut qu'elle s'était levée par réflexe et qu'elle avait déjà atteint le milieu de la pièce, comme si elle voulait couper la route de l'arrivante.

« Je vous en supplie. Ne dites pas à M. Jenkins que je suis venue. À la vérité, je n'ai toléré ses attentions que dans l'espoir d'obtenir des nouvelles de mon fiancé, Ben Sullivan. Je suis certaine qu'il a disparu au même endroit où se rend M. Jenkins. Sauf que Ben n'en est pas revenu.

— Il n'y a pas de M. Sullivan ici », répondit gravement Sophie.

Mais elle pensa soudainement : *C'est le nom du sorcier Soliman ! Je n'y crois pas…*

« Oh, je le sais bien, reprit Mlle Angorian. Mais cela me semble néanmoins le bon endroit. Me permettez-vous de regarder un peu, histoire de me faire une idée de la vie menée par Ben depuis sa disparition ? »

Elle replaça derrière son oreille une mèche de ses cheveux noirs et essaya d'avancer un peu plus loin dans la pièce. Sophie se mit en travers. Cela força l'institutrice à se rabattre vers l'établi.

« Comme c'est curieux ! dit-elle en regardant les flacons et les pots. Quelle étrange petite ville ! remarqua-t-elle en jetant un œil par la fenêtre.

— On l'appelle Marché-aux-Copeaux, précisa Sophie en tentant de diriger Mlle Angorian vers la porte.

— Qu'y a-t-il en haut ? demanda l'institutrice en montrant la porte des escaliers.

— Les appartements privés de Hurle, répondit Sophie en la repoussant fermement vers l'arrière.

— Et de l'autre côté de cette porte-ci ? l'interrogea encore Mlle Angorian.

— Une boutique de fleurs », expliqua Sophie en pensant : *Mais quelle fouineuse !*

Arrivée là, l'institutrice n'avait plus d'autre choix que de prendre le fauteuil ou de repartir par où elle était venue. Elle fixa Calcifer en fronçant les sourcils, comme si elle n'était pas bien sûre de ce qu'elle regardait, et le démon lui rendit son regard en silence. Cela rassura Sophie quant à son comportement inamical : seuls les gens qui comprenaient Calcifer étaient réellement les bienvenus dans la demeure de Hurle.

Mais en s'asseyant, Mlle Angorian remarqua la guitare du mage, posée dans un coin. Elle l'attrapa avec un hoquet de surprise et la serra contre son cœur.

« Où avez-vous eu ça ? demanda-t-elle d'une voix basse, chargée d'émotion. Ben avait exactement la même. Ça pourrait être la sienne !

— J'ai cru comprendre que Hurle l'avait achetée l'hiver dernier », dit Sophie.

Et elle avança à nouveau, tentant de la sortir du recoin pour l'aiguiller vers la porte.

« Il est arrivé quelque chose à Ben ! s'exclama Mlle Angorian en tremblant. Il ne se serait jamais séparé de sa guitare ! Où est-il ? Je sais qu'il n'est pas mort ! Je le *saurais* dans mon cœur, si c'était le cas ! »

Sophie considéra s'il valait la peine de lui expliquer que la sorcière des Steppes avait capturé Soliman. Elle jeta un coup d'œil pour voir où se trouvait le crâne. Elle avait vaguement dans l'idée de le brandir au visage de l'institutrice en prétendant que c'était celui du sorcier royal. Mais la tête était au fond de l'évier, sous une bassine de lys et de fougères. Et elle savait que si elle approchait de l'établi, Mlle Angorian en profiterait pour revenir au centre de la pièce. Par ailleurs, ça n'aurait pas été très gentil.

« Puis-je prendre cette guitare ? demanda l'enseignante en serrant l'instrument contre elle. En souvenir de Ben… »

Sa voix tremblante commençait à sérieusement agacer Sophie.

« Non, répondit-elle. Et inutile de réagir comme ça. Vous n'avez aucune preuve que ce soit la sienne. »

La vieille femme s'approcha et saisit l'instrument par le manche. Mlle Angorian la fixa, les yeux agrandis par l'angoisse. Sophie tira, et Mlle Angorian tint bon. La guitare commença à produire des bruits horribles et discordants. Sophie réussit à l'arracher du bras de l'institutrice.

« Ne soyez pas si bête. Vous n'avez pas le droit d'arriver comme ça dans les châteaux des gens pour prendre leur guitare. Je vous ai dit que ce M. Sullivan n'était pas là. Allez, rentrez aux Galles. Allez ! »

Et elle se servit de l'instrument pour repousser Mlle Angorian vers la porte ouverte.

Cette dernière fit front, s'enfonçant à moitié dans le néant.

« Vous êtes dure ! parvint-elle à lancer sur un ton de reproche.

— En effet ! » rétorqua Sophie en claquant la porte.

Elle tourna ensuite le bouton face orange vers le bas pour l'empêcher de revenir et lâcha la guitare dans un coin avec un « twang » sonore.

« Ne va pas raconter à Hurle qu'elle est venue ici ! dit-elle à Calcifer. Je parie qu'elle le cherchait. Le reste n'est que mensonges. Le sorcier Soliman a pignon sur rue ici depuis des années. Il est sans doute venu dans notre pays pour fuir sa voix de crécelle ! »

Calcifer gloussa.

« Je n'ai jamais vu quelqu'un se faire sortir aussi vite ! » s'étonna-t-il.

Sophie se sentit d'un coup méchante et coupable. Après tout, elle s'était imposée de la même façon dans le château, et avait fureté deux fois plus que Mlle Angorian.

« Gah ! » cria-t-elle.

Elle entra en titubant dans la salle de bains et contempla son visage ridé dans les miroirs. Elle prit un des paquets étiquetés PEAU, puis le reposa. Même jeune et fraîche, elle ne pensait pas que son visage pût rivaliser avec celui de l'institutrice.

« Gah ! » fit-elle de nouveau. Puis : « Bah ! »

Elle ressortit prestement et ramassa les lys et les fougères dans l'évier. Elle les rapporta dans la boutique, encore dégoulinants, et les planta dans un bac de sort nutritif.

« Soyez des narcisses ! leur dit-elle d'une voix démente et croassante. Soyez des narcisses de juin, vilaines choses ! »

L'homme-chien passa sa tête ébouriffée par la porte de la cour. Quand il vit de quelle humeur était Sophie, il battit prudemment en retraite. Michael revint peu après, joyeux et chargé d'un énorme gâteau. Sophie lui jeta un tel regard que le jeune homme se souvint subitement d'un sort urgent, demandé par Hurle. Il s'enfuit par le placard à balais.

« Bah ! » lui lança Sophie.

Elle se pencha une nouvelle fois sur sa bassine.

« Soyez des narcisses ! Des narcisses ! » s'égosilla-t-elle.

Bien qu'elle sût que son comportement était infantile, cela ne la consolait pas.

Chapitre 19
Dans lequel Sophie exprime ses sentiments à coups de désherbant

Hurle ouvrit la porte de la boutique en fin d'après-midi et entra sans se presser, en sifflotant. Il semblait s'être remis de la racine de mandragore. Ça ne consola pas Sophie de comprendre qu'il n'était pas du tout allé au Pays de Galles. Elle lui jeta un regard mauvais.

« Dieux du ciel ! s'exclama le mage. Vous avez failli me changer en pierre ! Qu'y a-t-il encore ? »

Sophie lui cracha :

« Quel costume portez-vous ? »

Hurle baissa les yeux vers sa tenue de deuil.

« Est-ce si important ?

— Oui ! gronda-t-elle. Et ne me racontez plus de salades à propos de votre deuil ! Lequel est-ce *vraiment* ? »

Le mage haussa les épaules et leva une de ses manches traînantes, comme s'il ne se souvenait plus très bien. Il la fixa, l'air étonné. La couleur noire coula de son épaule vers l'extrémité pointue et pendante. Le haut du bras s'éclaircit, devenant brun, puis gris, tandis que le bout s'assombrissait de plus en plus, jusqu'à ce que Hurle portât un costume noir avec une manche bleu et argent, dont l'extrémité semblait avoir été trempée dans le goudron.

« Celui-ci », révéla-t-il enfin, avant de laisser la noirceur lui remonter vers l'épaule.

Cela agaça Sophie plus que jamais. Elle lâcha un grondement de rage.

« Sophie ! » dit Hurle, mi-rieur, mi-implorant.

L'homme-chien poussa la porte et entra. Il ne laissait jamais Hurle parler très longtemps à Sophie.

Le mage le regarda.

« Voilà que vous avez un bobtail, observa-t-il, l'air ravi de la diversion. Deux chiens, ça va représenter beaucoup de nourriture.

— Il n'y en a qu'un seul, répondit Sophie avec mauvaise humeur. Il est victime d'un sort.

— Vraiment ? »

Hurle s'approcha de l'animal à une vitesse montrant à quel point il était soulagé de s'éloigner de Sophie. C'était bien sûr la dernière chose que pût vouloir l'homme-chien. Il recula. Hurle bondit et saisit sa fourrure à pleine main avant qu'il ne pût atteindre la porte.

« En effet ! admit-il en s'agenouillant pour essayer de regarder l'animal dans les yeux. Sophie, pourquoi ne m'avez-vous rien dit ? Ce chien est un homme ! Et dans un triste état ! »

Il se retourna vers elle, toujours à genoux et la bête dans les bras. Sophie vit ses yeux vitreux, et comprit que cette fois-ci, le mage était en colère. Vraiment très en colère.

Bien. Elle se sentait d'humeur combative.

« Vous auriez pu vous en rendre compte par vous-même », rétorqua-t-elle en lui rendant son regard.

Elle le défia de cracher ses cascades de mucus vert.

Le Château de Hurle

« De toute façon, le chien ne voulait pas… »

Mais il était trop furieux pour l'écouter. Il sauta sur ses pieds et traîna le chien sur le carrelage.

« J'aurais pu si je n'avais pas eu tant d'autres préoccupations. Viens. Je veux te montrer à Calcifer. »

Le chien résista de ses quatre pattes. Hurle tira de toutes ses forces.

« Michael ! » cria-t-il.

Son intonation avait quelque chose de particulier qui fit accourir le jeune homme.

« *Toi*, savais-tu que cette bête était en fait un homme ? lui demanda le mage alors que tous deux traînaient l'animal rétif dans l'escalier.

— Quoi ? répondit le garçon, estomaqué.

— Alors je te laisse, et je me contenterai de le reprocher à Sophie, dit le mage en faisant passer le chien par le placard à balais. De toute façon, tout est toujours la faute de Sophie. Mais *toi*, tu savais, pas vrai, Calcifer ? »

Et il poussa la pauvre bête devant l'âtre.

Le démon battit en retraite, jusqu'à se retrouver le dos contre le fond de la cheminée.

« Tu ne me l'as jamais demandé, se défendit-il.

— Parce qu'il faut que je te demande ? s'emporta le mage. D'accord ! J'aurais dû m'en rendre compte tout seul ! Mais tu me dégoûtes, Calcifer ! Comparé à la façon dont la sorcière traite *son* démon, il me semble que tu as la belle vie ! Tout ce que je veux en retour, c'est que tu me dises ce que je dois savoir ! Ça fait deux fois que tu me fais défaut ! Aide-moi immédiatement à rendre sa forme d'origine à cette créature ! »

Le bleu du démon avait pris une teinte inhabituellement maladive.

« Très bien », concéda-t-il, boudeur.

L'homme-chien tenta de s'échapper, mais Hurle l'avait ceinturé et le maintenait fermement afin de le dresser sur ses pattes de derrière. Puis lui et Michael l'immobilisèrent totalement.

« Pourquoi cette idiote de créature résiste-t-elle à ce point ? dit Hurle hors d'haleine. On dirait encore un mauvais tour de notre amie la sorcière des Steppes, tu ne crois pas ?

— Oui. Il y a plusieurs couches superposées, là-dedans, nota Calcifer.

— Occupons-nous déjà de son apparence canine », ordonna le mage.

Calcifer rugit et flamboya d'un bleu profond. Sophie, qui observait prudemment du fond du placard, vit le chien hirsute se dissoudre pour adopter une forme humaine.

Il redevint chien, puis à nouveau un homme flou, avant de se stabiliser. Finalement, Hurle et Michael se trouvèrent debout, chacun tenant le bras d'un individu roux en costume marron un peu froissé. Sophie ne fut pas surprise de ne pas l'avoir reconnu. En dehors de son expression anxieuse, son visage manquait presque totalement de personnalité.

« Ah, bien ! Qui es-tu, l'ami ? » lui demanda Hurle.

L'homme leva des mains tremblantes et se palpa le visage.

« Je... Je n'en suis pas sûr. »

Calcifer glissa :

« Le dernier nom auquel il a répondu était Perceval. »

L'homme regarda le démon, comme s'il eut préféré que l'être de flammes ne s'en souvînt pas.

« Vraiment ? dit-il.

— Alors, nous t'appellerons Perceval, pour l'instant », décida Hurle.

Il fit asseoir l'ex-chien dans le fauteuil.

« Installe-toi là et détends-toi. Puis raconte-nous ce que tu te rappelles. Pour ce que j'en sens, la sorcière t'a eu un certain temps sous sa coupe.

— Oui, répondit Perceval en se massant de nouveau le visage. Elle avait volé ma tête... Je... Je me souviens d'avoir été sur une étagère... à regarder le reste de ma personne. »

Michael était ébahi.

« Mais vous devriez être mort ! protesta-t-il.

— Pas nécessairement, le corrigea Hurle. Tu n'en es pas encore à cette sorte de sorcellerie. Mais je pourrais prendre n'importe quel morceau de toi en laissant le reste en vie, pour peu que je m'y prenne de la bonne façon. »

Il fronça les sourcils en regardant l'ex-chien.

« Je ne suis pas sûr, en revanche, que la sorcière ait réassemblé celui-ci tout à fait correctement. »

Calcifer, tentant visiblement de prouver qu'il travaillait dur au service de Hurle, surenchérit :

« Cet homme est incomplet, et il contient des morceaux venant de quelqu'un d'autre. »

Perceval eut l'air plus décontenancé que jamais.

« Ne l'inquiète pas davantage, Calcifer, dit le mage. Il doit déjà se sentir très mal. Sais-tu pourquoi la sorcière avait emprunté ta tête, l'ami ?

— Non, répondit le pauvre homme. Je ne me souviens de rien. »

Sophie savait que cela ne pouvait être vrai. Elle pouffa bruyamment.

Le Château de Hurle

Michael sembla soudain pris d'une idée formidable. Il se pencha vers Perceval et lui demanda :

« Répondiez-vous au nom de Justin ? Ou de Votre Altesse royale ? »

Sophie rit de nouveau. Elle savait le ridicule de la chose, avant même que le malheureux ne répondît :

« Non. La sorcière m'appelait Gaston, mais ce n'est pas mon vrai nom.

— Laisse-le respirer, Michael, ordonna Hurle. Et ne donne pas à Sophie l'occasion de pouffer encore. Avec son humeur, elle finira par faire s'écrouler le château. »

Bien que cela semblât signifier que Hurle n'était plus en colère, Sophie se trouvait plus furieuse que jamais. Elle repartit dans la boutique, qu'elle ferma en râlant. Elle rangea tout pour la nuit, puis alla voir ses narcisses. Quelque chose avait horriblement mal tourné. Ses plantes étaient devenues des choses molles, humides et brunes pendant d'une bassine pleine du liquide le plus pestilentiel qu'elle eût jamais reniflé.

« Oh, c'est le bouquet ! cria-t-elle.

— Qu'y a-t-il encore ? » demanda Hurle en arrivant dans la boutique.

Il se pencha au-dessus du bac et renifla.

« Vous semblez avoir là un désherbant plutôt efficace. Si vous le testiez dans l'allée, devant le manoir ? Elle est pleine de mauvaises herbes.

— J'y vais, dit Sophie. Je me sens d'humeur à tuer quelque chose. »

Elle farfouilla jusqu'à trouver un arrosoir et traversa le château avec tout son attirail sous le bras. Puis elle régla la porte, face orange vers le bas, et l'ouvrit à toute volée.

Perceval assista à la scène avec anxiété. On lui avait laissé la guitare, comme on donne un hochet à un bébé, et il en tirait des sons atroces.

« Accompagne-la, Perceval, lui demanda Hurle. Dans l'humeur où elle se trouve, elle est capable de tuer les arbres avec. »

Le pauvre homme déposa l'instrument et alla délicatement prendre la bassine des mains de Sophie. En traînant des pieds, elle s'en fut dans la lumière dorée d'un soir d'été au fond du val. Ils avaient tous été trop occupés pour s'intéresser à ce manoir. Il était plus grand que ne l'aurait cru Sophie. Il y avait devant une grande terrasse herbue, bordée de statues, et des marches descendant vers l'allée. Quand Sophie regarda derrière elle, sous prétexte d'ordonner à Perceval de se dépêcher, elle vit que la maison était immense. D'autres statues décoraient le toit, et il y avait d'interminables rangées de fenêtres. Mais tout était à l'abandon. Des traînées de moisissure défiguraient les murs sous les fenêtres, dont une bonne partie était brisée. Les volets, qui auraient dû être ouverts, pendaient sur les côtés, gris et écaillés.

« Pff, fit Sophie. Hurle aurait quand même pu arranger cet endroit, lui donner un côté un peu plus vivant. Mais non ! Il est trop occupé à aller musarder en Galles ! Ne reste pas planté là, Perceval. Verse cette substance dans l'arrosoir et suis-moi ! »

Il obéit craintivement. Il n'était pas très amusant à houspiller. Sophie soupçonna Hurle de lui avoir demandé de l'accompagner précisément pour cette raison. Elle rit encore jaune, et se déchargea de sa colère sur les mauvaises herbes. Quelle que fût cette substance qui avait tué ses narcisses, elle était forte. Les plantes de l'allée mouraient dès qu'elles étaient touchées, tout comme la pelouse des deux côtés, jusqu'à ce que Sophie se calmât un peu.

La soirée l'apaisait. Une brise fraîche soufflait des collines lointaines et faisait bruisser majestueusement les rangées d'arbres.

Sophie avait désherbé un quart de l'allée quand elle se retourna vers Perceval au moment où il remplissait de nouveau l'arrosoir.

« Tu te souviens de bien plus que tu ne veux le dire, l'accusa-t-elle. Qu'est-ce que te voulait la sorcière ? Pourquoi t'avait-elle amené à la boutique, à l'époque ?

— Elle voulait en savoir plus sur Hurle, répondit-il.

— Hurle ? s'étonna Sophie. Mais tu ne le connaissais pas encore, si ?

— Non, mais je devais être au fait de quelque chose. Ça doit avoir un rapport avec la malédiction qu'elle lui a lancée, expliqua-t-il. Mais j'ignore totalement de quoi il s'agit. Elle l'a terminée après notre passage à la boutique. Et j'étais mal à l'aise à cause de ça. J'ai voulu l'empêcher de savoir, parce qu'une malédiction, c'est une chose affreuse. Et je l'ai fait en pensant à Lettie, parce qu'elle me hantait, d'une certaine façon. Je ne sais pas d'où je la connaissais, parce qu'en arrivant aux Hauts-Méandres, elle a dit ne m'avoir jamais vu de sa vie. Pourtant, je savais tout d'elle. En tout cas, assez pour pouvoir répondre à la sorcière quand elle m'a interrogé à son sujet. J'ai pu lui dire qu'elle tenait une chapellerie à Marché-aux-Copeaux. La sorcière s'y est rendue pour nous donner une leçon à tous les deux. Et vous étiez là. Elle vous a prise pour Lettie. J'étais horrifié : j'ignorais qu'elle avait une sœur. »

Le Château de Hurle

Sophie ramassa l'arrosoir et répandit généreusement son poison, souhaitant que les mauvaises herbes fussent la sorcière.

« Et elle t'a transformé en chien juste après ?

— En quittant la ville, oui, répondit Perceval. Dès qu'elle m'a eu soutiré les informations qu'elle voulait, elle a ouvert la porte du carrosse et m'a dit : "Allez, file ! Je t'appellerai quand j'aurai besoin de toi" et j'ai couru. Je sentais bien qu'une sorte de sort me poursuivait. Il m'a rattrapé quand j'arrivai devant une ferme, et les gens m'ont vu me métamorphoser en chien. Ils m'ont alors pris pour un loup-garou et ont essayé de me tuer. J'ai dû en mordre un pour m'enfuir. Mais je n'ai pas réussi à me défaire de la canne, et je me suis coincé dans une haie que je tentais de traverser. »

Sophie désherba jusqu'à un tournant de l'allée, tout en l'écoutant.

« Et ensuite, tu es allé chez Mme Blondin ?

— Oui, je cherchais Lettie. Elles ont toutes deux été très bonnes avec moi, poursuivit-il, même si elles ne m'avaient jamais vu auparavant. Et le mage Hurle leur rendait sans cesse visite pour courtiser Lettie. Mais elle ne voulait pas de lui et m'a demandé de le mordre pour s'en débarrasser. Jusqu'à ce que Hurle lui pose des questions à votre sujet, et… »

Sophie faillit s'asperger les chaussures de désherbant. Sachant que le gravier fumait quand cette substance le touchait, il n'était probablement pas plus mal qu'elle les eût manquées.

« Quoi ?

— Il lui a dit : "Je connais quelqu'un qui te ressemble un peu et s'appelle Sophie". Et Lettie lui a répondu sans y prendre garde : "Oui, c'est ma sœur", raconta Perceval. Elle a alors commencé à s'inquiéter, d'autant que Hurle continuait à l'interroger. Lettie m'a confié qu'elle aurait eu mieux fait de se taire. Le jour où vous êtes venue, elle était gentille avec lui pour essayer de découvrir d'où il vous connaissait. Hurle a expliqué que vous étiez une vieille femme, et Mme Blondin a dit vous avoir vue. Lettie a tellement pleuré, encore et encore. Elle disait : "Il est arrivé quelque chose de terrible à Sophie ! Et le pire, c'est qu'elle doit croire être à l'abri de Hurle ! Sophie est trop gentille pour voir à quel point il est sans cœur !" Elle était tellement désemparée que je suis parvenu à me retransformer en homme assez longtemps pour lui promettre d'aller veiller sur vous. »

Sophie répandit du désherbant en un grand arc de cercle fumant.

Le Château de Hurle

« Pauvre Lettie ! C'est tellement gentil de sa part, et je l'aime pour ça. Moi aussi, je m'inquiétais terriblement pour elle. Mais je n'ai pas besoin d'un chien de garde !

— Bien sûr que si, répondit Perceval. Ou en tout cas, vous en aviez besoin. Je suis arrivé beaucoup trop tard. »

Sophie se retourna brutalement, tout en continuant d'arroser. Perceval dut sauter sur la pelouse et fuir derrière l'arbre le plus proche. Une grande bande d'herbe mourut dans son sillage, se transformant en boue marron.

« Allez tous au diable ! cria-t-elle. J'en ai assez de vous ! »

Elle jeta l'arrosoir fumant au milieu de l'allée et marcha d'un pas décidé vers l'ancien portail de pierre.

« Trop tard ? grommelait-elle en avançant. Absurde ! Hurle est non seulement sans cœur, mais également *impossible* ! Et puis... Je *suis* une vieille femme. »

Elle ne pouvait cependant pas nier que quelque chose n'allait plus du tout depuis qu'ils avaient déplacé le château ambulant, et même avant cela. Cela semblait lié à cette mystérieuse impossibilité pour Sophie d'aller voir ses deux sœurs.

« Tout ce que j'ai pu raconter au roi est *vrai* ! » continuait-elle.

Elle était prête à marcher sept lieues sans l'aide des bottes et à ne plus jamais revenir. Elle leur montrerait, à tous ! Personne ne se souciait du fait que la pauvre Mᵐᵉ Scrofulaire se fût fiée à Sophie pour empêcher Hurle de mal tourner ! Sophie était une ratée, de toute façon. Elle était l'aînée, après tout. Et Mᵐᵉ Scrofulaire la prenait pour la vieille mère du mage. Ou donnait l'*impression* d'y croire. S'y était-elle *vraiment* laissé prendre ? Mal à l'aise, Sophie se rendit compte qu'une femme à l'œil assez entraîné pour détecter un charme cousu dans un costume était parfaitement en mesure de repérer la magie beaucoup plus puissante de la sorcière.

« Oh, maudit soit cet habit gris et écarlate ! dit-elle. Je refuse de croire que je me sois fait avoir ! »

Le problème, c'était que le vêtement bleu et argent semblait avoir fonctionné exactement de la même manière. Elle fit quelques pas de plus.

« De toute façon, murmura-t-elle avec soulagement, Hurle ne m'aime pas ! »

Cette pensée rassurante aurait dû suffire à la faire avancer toute la nuit, si un malaise familier ne s'était emparé d'elle. Ses oreilles avaient repéré un toc, toc, toc distant. Elle balaya le paysage du regard, sous le soleil bas.

Et là, sur la route s'étirant au-delà du portail, avançait en sautillant une silhouette aux bras écartés.

Sophie releva ses jupes, fit demi-tour et repartit en courant par là où elle était venue. Elle soulevait des nuages de poussière et projetait des graviers alentour. Perceval l'attendait dans l'allée, les bras ballants, à côté de la bassine et de l'arrosoir. Sophie le prit par la main et le traîna jusqu'aux arbres les plus proches.

« Un problème ? demanda-t-il.

— Silence ! C'est encore ce fichu épouvantail », hoqueta Sophie.

Elle ferma les yeux.

« Nous ne sommes pas là, dit-elle. Tu ne peux pas nous trouver. Va-t'en. Va-t'en vite, vite, vite !

— Mais pourquoi… commença Perceval.

— Tais-toi ! Pas là, pas là, pas là ! » répétait désespérément Sophie.

Elle ouvrit un œil. L'épouvantail s'était arrêté juste avant le portail et se balançait, indécis.

« C'est ça, continua Sophie. Nous ne sommes pas là. Va-t'en vite. Deux fois, trois fois plus vite. Dix fois, même. Mais va-t'en ! »

Et il se retourna, hésitant, et se mit à sautiller vers la route. Puis il bondit de plus en plus vite, de plus en plus loin, s'éloignant comme le lui avait enjoint Sophie. Elle avait du mal à respirer, et ne condescendit à lâcher la manche de Perceval qu'une fois l'épouvantail hors de vue.

« Quel est le problème ? demanda Perceval. Pourquoi ne vouliez-vous pas qu'il approche ? »

Sophie frissonna. Avec l'épouvantail sur la route, elle n'osait plus s'en aller. Elle ramassa l'arrosoir et repartit vers le manoir en claudiquant. Un mouvement lui attira l'œil alors qu'elle approchait. Elle leva la tête pour examiner le bâtiment. Le vent faisait battre de grands rideaux blancs par une croisée ouverte, de l'autre côté des statues et de la terrasse. Les sculptures étaient désormais blanches et nettes, et elle pouvait voir des rideaux à la plupart des fenêtres. Ainsi que des vitres. Les volets étaient correctement ouverts, et fraîchement repeints de blanc. Il ne restait plus une trace verte ni une coulure sur les enduits de la façade tout juste ravalée. La porte était un chef-d'œuvre laqué de noir et orné d'or, avec un motif de rouleau en parchemin s'ouvrant sur un lion de métal. La bête tenait dans sa gueule un anneau, le heurtoir.

« Hein ? » s'exclama Sophie.

Elle résista à la tentation d'entrer par la porte-fenêtre ouverte et d'explorer l'intérieur. C'était ce que Hurle attendait d'elle. Elle alla droit à l'entrée principale, tourna la poignée dorée et ouvrit à toute volée. Hurle et Michael travaillaient sur l'établi, démontant un sort à la hâte. Il avait dû en partie servir à refaire le manoir, mais pour le reste, Sophie s'en doutait bien, ce devait être un charme permettant d'écouter à distance. Alors que Sophie déboulait dans la pièce, ils tournèrent tous deux vers elle un visage nerveux. Calcifer plongea immédiatement derrière ses bûches.

« Reste derrière moi, Michael, lui recommanda Hurle.

— Espion ! cria Sophie. Quelle indiscrétion !

— Qu'y a-t-il ? demanda calmement Hurle. Vous préféreriez que les volets soient noir et or, eux aussi ?

— Espèce de… bégaya Sophie. Ce n'est pas la seule chose que vous ayez entendue ! Depuis combien de temps savez-vous que… que je suis… je… suis…

— Sous l'influence d'un sort ? lui souffla Hurle. Eh bien… maintenant que vous en parlez…

— Je le lui ai dit, lâcha Michael en regardant nerveusement vers Hurle. Ma Lettie…

— Toi ? hurla Sophie.

— L'autre Lettie a elle aussi vendu la mèche, ajouta rapidement Hurle. Vous le savez. Et Mme Blondin a beaucoup parlé, ce jour-là. Il y a eu un moment où tout le monde s'est mis à en parler. Même Calcifer… quand je le lui ai demandé. Mais pensiez-vous vraiment que je sois novice dans mon art au point de ne pas repérer ce genre de sort quand je le vois ? Surtout aussi puissant ? J'ai tenté plusieurs fois de le lever, quand vous regardiez ailleurs. Mais rien ne semble fonctionner. Je vous ai emmenée chez Mme Scrofulaire dans l'espoir qu'elle puisse faire quelque chose. Mais à l'évidence, elle ne le pouvait pas. J'en suis venu à la conclusion que vous aimiez ce déguisement.

— *Déguisement* ? » s'étrangla Sophie.

Hurle se moqua d'elle :

« Ce doit en être un, puisque vous le faites vous-même. Quelle étrange famille que la vôtre ! Vous vous appelez *Lettie* aussi ? »

C'en était trop pour Sophie. Perceval entra à ce moment-là en rasant les murs, portant la bassine encore à demi pleine de désherbant. Sophie lâcha son arrosoir, prit le récipient des mains du pauvre homme, et le balança à la figure de Hurle. Le mage l'esquiva. Michael aussi. Le poison se consuma d'un coup, en une immense flamme verte du sol au plafond. Le baquet retomba à grand bruit dans l'évier, et toutes les fleurs qui y trempaient moururent instantanément.

Le Château de Hurle

« Héé ! se plaignit Calcifer de sous ses bûches. C'était costaud, ça ! »

Hurle ramassa précautionneusement le crâne sous les débris fumants et brunis des fleurs, et l'essuya à l'aide d'une de ses manches.

« Bien sûr que c'était fort, dit-il. Sophie ne fait jamais les choses à moitié. »

Le crâne, à mesure que le mage le frottait, devenait d'un blanc brillant, et le coin d'étoffe dont il se servait se décolorait en bleu et argent ternes. Il reposa la tête sur l'établi, et jeta un regard attristé à son habit.

Sophie hésita à se ruer dehors et à repartir sur l'allée. Mais il y avait toujours l'épouvantail. Elle choisit à la place de s'effondrer dans le fauteuil où elle resta, prostrée. *Pas question que je leur parle !* pensait-elle.

« J'ai fait de mon mieux, Sophie, reprit Hurle. N'avez-vous pas remarqué que vos douleurs se réduisaient, ces derniers temps ? Ou les appréciiez-vous, elles aussi ? »

Sophie resta silencieuse. Hurle abandonna et se tourna vers Perceval.

« Je suis ravi de voir que tu conserves un peu de cervelle, finalement. Je m'inquiétais à ce sujet.

— Je ne me souviens pas de grand-chose », répondit Perceval.

Mais il avait cessé de se comporter comme l'idiot du village. Il ramassa la guitare et commença à l'accorder. En quelques secondes, elle rendit un son beaucoup plus mélodieux.

« Le grand drame de ma vie, se plaignit Hurle sur un ton pathétique. Je suis né gallois sans la moindre oreille musicale. As-tu tout dit à Sophie ? Ou sais-tu ce que cherchait précisément la sorcière ?

— Elle voulait en savoir plus sur les Galles, ajouta Perceval.

— Je me doutais que c'était ça, dit sobrement Hurle. Bon… »

Il s'enferma dans la salle de bains, où il resta pendant deux heures. Pendant ce temps, Perceval joua plusieurs airs à la guitare, d'une façon lente et appliquée, comme s'il était en train d'apprendre, tandis que Michael frottait le sol avec une serpillière fumante, tentant d'effacer les dernières traces du désherbant. Sophie demeurait dans son fauteuil, sans dire un mot, et Calcifer l'observait à la dérobée, sans quitter l'abri de ses bûches.

Hurle sortit de la salle de bains, son costume d'un noir brillant et ses cheveux d'un blanc éclatant, dans un nuage de vapeur sentant la gentiane.

Le Château de Hurle

« Je risque de rentrer tard, prévint-il à Michael. Ce sera la mi-été juste après minuit, et la sorcière pourrait tenter quelque chose. Active les défenses, et souviens-toi bien de tout ce que je t'ai appris, s'il te plaît.

— D'accord », dit Michael en jetant la serpillière en lambeaux dans l'évier.

Le mage se tourna vers Perceval.

« Je pense savoir ce qui t'est arrivé. Ça ne va pas être simple de tout régler, mais je ferai une tentative demain, après être rentré. »

Puis il se dirigea vers la porte, posa la main sur le bouton et s'arrêta.

« Vous ne me parlez toujours pas, Sophie ? » demanda-t-il d'un air misérable.

Sophie savait que Hurle pouvait jouer la comédie du pauvre malheureux quand ça l'arrangeait. Et qu'il s'était servi d'elle pour arracher des informations à Perceval.

« Non », ronchonna-t-elle.

Hurle soupira et sortit. Sophie jeta un œil et vit que le bouton était tourné face noire vers le bas. *Ben voyons !* pensa-t-elle. *Je me fiche bien que ce soit la mi-été demain ! Je m'en vais.*

Chapitre 20
Dans lequel Sophie éprouve encore des difficultés à quitter le château

Le jour se leva sur la mi-été. Hurle arriva en même temps que le soleil, passant la porte en faisant tant de bruit que Sophie se cogna dans son alcôve, persuadée que la sorcière était à ses trousses.

« Je leur importe tellement qu'ils jouent sans moi à chaque fois ! » hurla le mage.

Le Château de Hurle

Sophie réalisa qu'il cherchait seulement à chanter la ritournelle de Calcifer à propos de la casserole, et elle se rallongea. Hurle voulut s'installer sur le fauteuil, mais il se prit les pieds dans le tabouret et le projeta à l'autre bout de la pièce. Après ça, il tenta de monter à l'étage en passant par le placard à balais et la cour. Cela sembla l'étonner. Puis il finit par retrouver les escaliers, mais manqua une marche et tomba tête la première. Tout le château en fut secoué.

« Que se passe-t-il ? demanda Sophie en passant la tête au-dessus de la rampe.

— Réunion du club de rugby, répondit-il avec une dignité hautaine. Vous ne saviez pas que je jouais ailier dans l'équipe universitaire, hein madame la fouine ?

— Si vous aviez des ailes, j'ai l'impression que vous avez oublié comment voler, à présent, rétorqua-t-elle.

— Je suis né pour d'étranges visions, dit Hurle, pour contempler l'invisible, et j'allais prendre du repos quand vous m'avez interrompu. Je sais où sont les années écoulées, et qui du diable le sabot fendit.

— Mais va te coucher, idiot, grogna Calcifer d'une voix endormie. Tu es ivre.

— Qui ça, moi ? s'insurgea le mage. Je vous assure, mes amis, que je suis d'une parfaite sobriété. »

Il se releva et entreprit à nouveau l'ascension de l'escalier en se tenant au mur comme si ce dernier pouvait lui échapper. La porte de sa chambre semblait d'ailleurs le fuir.

« Quel mensonge ce fut ! remarqua-t-il en percutant une cloison. Ma malhonnêteté flamboyante sera mon salut ! »

Il percuta encore la paroi quelques fois avant d'enfin trouver l'accès à ses appartements, qu'il défonça pour le compte. Sophie l'entendit tomber à plusieurs reprises et se plaindre que son lit le fuyait.

« Il est vraiment impossible ! » dit-elle, décidant de partir sur-le-champ.

Hélas, tout ce bruit avait réveillé Michael et Perceval, qui dormait à même le sol dans la chambre du jeune apprenti. Michael descendit, annonçant que, puisqu'ils étaient réveillés, ils pouvaient aussi bien profiter de la fraîcheur matinale pour aller cueillir les fleurs et préparer les guirlandes de la mi-été. Sophie n'était pas fâchée de pouvoir sortir dans cette prairie une dernière fois. Il y flottait une brume laiteuse, tiède, chargée de parfums et de couleurs à demi cachées. Sophie avançait à petits pas, testant le sol spongieux du bout de sa canne et écoutant les gazouillis de milliers d'oiseaux. Elle ressentit des regrets. Elle caressa un lys satiné, encore couvert de rosée, et passa le doigt sur sa fleur violette dentelée, aux longues étamines chargées de poudre. Elle jeta un regard derrière elle au grand château noir perçant le brouillard. Elle soupira.

« Il l'a nettement améliorée, constata Perceval en déposant une brassée d'hibiscus dans la bassine flottante de Michael.

— Qui ? Quoi ? demanda l'apprenti.

— Hurle, expliqua Perceval. Il n'y avait que quelques buissons, au départ, rabougris et secs.

— Tu te souviens d'être déjà venu ici ? » s'enquit Michael, surexcité.

Il n'avait pas encore abandonné l'idée que Perceval pût être le prince Justin.

« Je crois être passé avec la sorcière », répondit ce dernier, avec un air ambigu.

Ils rapportèrent deux baquets pleins. Sophie remarqua qu'en revenant la deuxième fois, Michael fit tourner le bouton à plusieurs reprises, au-dessus de la porte. Cela devait être une mesure visant à empêcher la sorcière d'entrer. Puis il fallut se mettre à la confection des guirlandes. Cela prit longtemps. Sophie espérait laisser cette tâche à ses deux compagnons, mais Michael était trop occupé à questionner Perceval, et ce dernier travaillait trop lentement. Sophie savait bien ce qui mettait Michael dans cet état. Il y avait chez Perceval *comme un air*, comme s'il s'attendait à un événement très prochainement. Elle en venait à se demander à quel point il était encore sous l'influence de la sorcière. Elle tressa la plupart des guirlandes et toutes ses pensées à propos du fait de rester ou non et d'aider Hurle contre son ennemie se dissipèrent. Le mage, qui aurait pu faire tout le travail d'un claquement de doigts, ronflait si fort qu'on l'entendait de la boutique.

Ils mirent si longtemps à fabriquer ces décorations qu'ils durent ouvrir avant même d'avoir fini. Michael alla leur chercher du pain et du miel et ils mangèrent en s'occupant de la première déferlante de clients. Même si ce jour de la mi-été avait tourné à la grisaille et à la froidure, comme lors de toutes les fêtes de Marché-aux-Copeaux, la moitié de la ville vint s'approvisionner, vêtue de ses plus beaux habits, afin d'acheter fleurs et guirlandes en prévision des célébrations, et il y avait foule jusque dans la rue. Les acheteurs étaient si nombreux qu'il fallut attendre midi pour que Sophie pût enfin se réfugier derrière en passant par le placard à balais. Ils avaient rentré tant d'argent, se dit-elle en préparant un balluchon de ses vieux vêtements et en prenant un peu de nourriture, que la réserve de Michael, sous la pierre du foyer, allait être multipliée par dix.

« Tu es venue me parler ? lui demanda Calcifer.

— Dans un instant », répondit-elle en traversant la pièce, son balluchon derrière elle.

Elle ne voulait pas que le démon fît un scandale à cause de leur contrat.

Elle tendit la main pour reprendre sa canne, sur le fauteuil, quand quelqu'un frappa à la porte. Sophie se figea, la main tendue, et jeta un regard inquiet à Calcifer.

« C'est la porte du manoir, l'informa-t-il. De chair et de sang, et inoffensif. »

On frappa de nouveau. *Et à chaque fois que j'essaie de partir !* pensa Sophie. Elle tourna le bouton, face orange vers le bas, et ouvrit.

Il y avait une calèche dans l'allée, de l'autre côté des statues, tirée par deux bons chevaux. Sophie la voyait derrière la silhouette massive du valet qui avait frappé.

« Mme Sacheverelle Desforges pour les nouveaux occupants », annonça l'homme.

Voilà qui est gênant ! se dit Sophie. C'était le résultat des ravalements opérés par Hurle et des nouveaux rideaux.

« Nous ne sommes pas à… » commença-t-elle.

Mais Mme Sacheverelle Desforges écarta son cocher et entra.

« Attendez dans la voiture, Theobald », lui ordonna-t-elle en s'approchant de Sophie et en repliant son ombrelle.

C'était Fanny. Elle semblait merveilleusement prospère, et était vêtue de soie crème. Elle portait justement un chapeau de cette couleur, dont Sophie se souvenait très bien. Elle lui avait dit : « Tu vas devoir faire un riche mariage ! » et visiblement, c'était ce qu'avait fait Fanny.

« Oh, bigre, s'étonna Fanny en regardant autour d'elle. Il doit y avoir erreur. C'est le logement des domestiques.

— Eh bien… Hum… Nous ne nous sommes pas encore vraiment installés, madame », expliqua Sophie en se demandant comment réagirait sa marâtre en découvrant son ancienne chapellerie, de l'autre côté du placard à balais.

Fanny se retourna et resta bouche bée.

« *Sophie !* s'exclama-t-elle. Bonté divine, mon enfant ! Que t'est-il arrivé ? Tu as l'air d'avoir 90 ans ! Es-tu tombée malade ? »

Et à la grande surprise de sa belle-fille, elle mit de côté chapeau, ombrelle et grandes manières pour la prendre dans ses bras en pleurant.

« Oh, j'ignorais ce que tu étais devenue ! sanglota-t-elle. Je suis allée voir Martha et Lettie, mais elles ne le savaient pas non plus. Elles ont échangé leurs places, d'ailleurs, ces sottes… Tu étais au courant de ça ? Mais nul ne pouvait dire où tu étais passée ! J'ai même offert une récompense ! Et te voilà servante, quand tu pourrais vivre dans le luxe, sur la colline, avec M. Desforges et moi ! »

Sophie s'aperçut qu'elle aussi en avait les larmes aux yeux. Elle lâcha discrètement son balluchon et conduisit Fanny jusqu'au fauteuil. Elle tira le tabouret pour s'asseoir à côté d'elle en lui tenant la main. Elles riaient autant qu'elles pleuraient, tant elles étaient ravies de se revoir.

« C'est une longue histoire, dit Sophie après que Fanny lui eut demandé six fois ce qui lui était arrivé. Quand je me suis regardée dans le miroir et me suis vue comme ça, j'étais tellement choquée que je suis sortie sans savoir où aller…

— Le surmenage, j'en étais sûre ! cria Fanny. Qu'est-ce que je m'en suis voulu !

— Pas vraiment, tenta de la rassurer Sophie. Et ne t'en fais pas, le mage Hurle m'a prise à…

— Le mage Hurle ? s'exclama Fanny. Cet homme affreux et méchant ? C'est *lui* qui t'a fait ça ? Où est-il ? Si je l'attrape… »

Elle saisit son ombrelle avec une telle intention d'en découdre que Sophie fut obligée de la retenir. Elle ne pensa même pas à la façon dont le mage pourrait réagir si Fanny le réveillait en tentant de le poignarder avec cet objet pointu.

« Non, non ! dit-elle. Hurle a été très bon avec moi. »

Et c'était vrai, réalisa-t-elle d'un coup. Hurle avait certes une étrange manière de montrer sa bonté, mais avec tout ce que Sophie avait pu faire pour l'agacer, il s'était montré d'une grande gentillesse.

« On raconte qu'il mange les femmes vivantes ! » aboya Fanny en se débattant pour se lever.

Sophie écarta l'ombrelle qui s'agitait.

« Ce n'est pas vrai, répondit-elle. Essaie de m'écouter ! Il n'est pas méchant ! »

On entendit un bruissement dans l'âtre, d'où Calcifer suivait la scène avec intérêt.

« Vraiment pas ! continua-t-elle, tant à l'attention du démon que de sa belle-mère. De tout le temps que j'ai passé ici, je ne l'ai jamais vu concocter un sort malveillant ! »

Ce qui était la pure vérité, elle en avait conscience.

« Alors, je veux bien te croire, finit par dire Fanny en se détendant enfin. Même si je suis sûre qu'il s'est amendé grâce à toi. Tu as toujours eu le chic pour ça, Sophie. Tu parvenais à arrêter les colères de Martha quand je n'arrivais à rien avec elle. Et j'ai toujours dit que sans toi, Lettie aurait eu le dernier mot *tout le temps*, au lieu d'une fois sur deux ! Mais tu aurais dû me dire où tu étais, ma chérie ! »

Sophie savait que Fanny avait raison. Elle avait accepté sans réserve l'opinion de Martha, alors qu'elle connaissait sa belle-mère mieux que ça. Elle avait honte.

Fanny ne put alors s'empêcher de lui parler de M. Sacheverelle Desforges. Elle se lança dans un compte-rendu long et exalté de leur rencontre, la semaine même où Sophie avait disparu, et de leur mariage quelques jours plus tard. Sophie la regardait parler. L'âge lui donnait un point de vue entièrement nouveau sur sa belle-mère. C'était une femme qui était encore jeune et belle, mais qui avait tout comme Sophie fini par s'ennuyer à la boutique de chapeaux. Elle s'était pourtant accrochée et avait fait de son mieux, et avec l'affaire, et avec les trois filles… jusqu'à la mort de M. Chapelier. Ensuite, elle eut peur d'être comme Sophie : trop âgée, sans raison de continuer, et sans avoir rien accompli de sa vie.

« Et puisque tu n'étais plus là pour en hériter, je ne voyais plus l'intérêt de ne pas vendre le tout », ajouta

Fanny, quand un bruit de pas retentit dans le placard à balais.

Michael en sortit.

« Nous avons fermé la boutique, et regardez qui est là ! » annonça-t-il, tenant Martha par la main.

Elle était plus fine et plus blonde, et avait quasiment repris son apparence normale. Elle lâcha Michael et se rua sur sa sœur, en criant : « Sophie ! Tu aurais dû me le dire ! » et en la prenant dans ses bras. Puis elle embrassa Fanny, comme si elle n'avait jamais dit toutes ces choses sur elle.

Mais ce n'était pas tout. Lettie et Mme Blondin sortirent du placard à leur suite, portant à deux un grand panier d'osier, suivies par Perceval, en meilleure forme que Sophie l'eût jamais vu.

« Nous avons pris la première malle-poste, déclara Mme Blondin, et nous avons apporté… Bonté divine ! Mais c'est Fanny ! »

Elle lâcha l'anse et vint embrasser son amie. Lettie lâcha à son tour et courut étreindre Sophie.

De fait, il y avait tant d'embrassades, d'exclamations et de cris que Sophie s'émerveilla de ne pas voir Hurle se réveiller. Mais elle l'entendait ronfler malgré les éclats. *Je partirai dans la soirée*, se dit-elle. Elle était trop contente de voir les autres pour envisager de fuir avant.

Lettie appréciait beaucoup Perceval. Alors que Michael était allé ramasser le panier, l'avait déposé sur l'établi et déballait du poulet froid, des bouteilles de vin et des gâteaux au miel, Lettie restait pendue au bras de son soupirant avec un air possessif que Sophie n'approuvait guère. La jeune fille demandait au pauvre homme ce dont il se souvenait, et il n'avait pas l'air d'y faire objection. Elle était tellement adorable que Sophie ne pouvait en vouloir à Perceval.

« Il est arrivé, s'est transformé en homme, puis en diverses races de chien, et insistait sur le fait qu'il me connaissait, expliqua Lettie à sa grande sœur. Je ne l'avais pourtant jamais vu auparavant, mais ça n'avait pas d'importance. »

Elle tapait sur l'épaule de Perceval comme s'il était toujours un chien.

« Mais tu avais rencontré le prince Justin ? demanda Sophie.

— Oh, oui ! répondit Lettie, désinvolte. Figure-toi qu'il était déguisé, avec un uniforme vert, mais c'était clairement lui. Il était si doux et courtois, même s'il était embêté à cause des sorts de détection. J'ai dû lui en repréparer deux lots, parce qu'ils continuaient à montrer que le sorcier Soliman se trouvait quelque part entre la chaumière et Marché-aux-Copeaux. Il jurait que ça ne pouvait être vrai. Et pendant tout le temps que j'y travaillais, il n'arrêtait pas de m'interrompre, m'appelant "douce dame" sur un ton sarcastique, en me demandant mon âge, qui j'étais, où vivait ma famille… J'ai trouvé ça lamentable. Je préfère encore le mage Hurle, et pourtant, tu sais ce que je pense de lui ! »

Arrivé là, chacun discutait, mangeait du poulet ou buvait du vin. Calcifer avait l'air intimidé. Il n'en restait que des flammèches vertes et nul ne semblait le remarquer. Sophie voulait le présenter à Lettie. Elle essaya de l'amadouer.

« C'est vraiment ça, le démon qui a pris en main la vie de Hurle ? » demanda Lettie, incrédule.

Sophie leva la tête pour assurer Lettie de la réalité de Calcifer, et vit Mlle Angorian, debout à la porte, impressionnée et hésitante.

« Oh, veuillez m'excuser, dit l'institutrice. J'arrive au mauvais moment, c'est ça ? Je voulais parler à Earl. »

Sophie se leva, sans trop savoir quoi faire. Elle avait honte de la façon dont elle avait chassé Mlle Angorian, la fois précédente. Elle ne s'était comportée ainsi qu'à cause de la cour insistante de Hurle. D'un autre côté, rien ne l'obligeait à l'apprécier.

Le Château de Hurle

Michael prit les devants et l'accueillit avec un sourire et des cris de bienvenue.

« Hurle dort pour l'instant, ajouta-t-il. En attendant, venez avec nous. Prenez un verre.

— C'est gentil », répondit Mlle Angorian.

Mais il semblait évident qu'elle n'était pas heureuse. Elle refusa le vin et faisait les cent pas en grignotant vaguement une cuisse de poulet. La pièce était pleine de gens se connaissant très bien les uns les autres, et elle était l'étrangère. Fanny n'aidait pas en parlant sans arrêt avec Mme Blondin et en disant : « Quels vêtements curieux ! »

Martha ne l'aidait pas non plus. Elle avait vu la façon admirative dont Michael avait accueilli l'institutrice, et s'arrangea pour que le jeune homme ne parlât plus à personne d'autre qu'elle et Sophie. Quant à Lettie, elle l'ignorait purement et simplement ; elle était allée s'asseoir sur les marches avec Perceval.

Mlle Angorian décida très vite qu'elle en avait assez. Sophie la vit tenter d'ouvrir la porte. Elle se dépêcha, car elle se sentait très coupable. Après tout, l'institutrice devait éprouver des choses très fortes envers Hurle pour être revenue comme ça.

« Ne partez pas encore, la pria Sophie. Je vais aller le réveiller.

— Non, ne faites pas ça, répondit Mlle Angorian. J'ai pris ma journée, j'attendrai. Je voulais explorer à l'extérieur. C'est étouffant, ici, avec cet étrange feu vert. »

Cela sembla à Sophie une manière parfaite de se débarrasser de l'institutrice sans la chasser. Elle lui ouvrit poliment la porte. Sans qu'on sût pourquoi – mais peut-être cela avait-il à voir avec les défenses que Michael devait maintenir –, le bouton s'était calé sur sa face violette. Dehors, le soleil illuminait la brume sur l'étendue mouvante des fleurs rouges et mauves.

« Quels superbes rhododendrons ! lança Mlle Angorian de sa voix la plus joyeuse. Il *faut* que j'aille voir ! »

Elle sauta prestement dans l'herbe humide.

« N'allez pas vers le sud-est ! » lui cria Sophie.

Le château dérivait en biais. Mlle Angorian enfouit son beau visage dans un bouquet de fleurs blanches.

« Je ne m'éloignerai pas ! assura-t-elle.

— Bonté divine ! s'insurgea Fanny, qui s'était approchée de la porte. Qu'est-il arrivé à ma calèche ? »

Sophie lui expliqua du mieux qu'elle put. Mais Fanny était si inquiète qu'il fallut rouvrir la porte, face orange vers le bas, pour lui montrer l'allée du manoir, sous un ciel bien plus gris. Le valet et le cocher s'étaient installés sur le toit de l'attelage et jouaient aux cartes en mangeant

Le Château de Hurle

du saucisson. Ce ne fut qu'ainsi que Sophie put convaincre sa belle-mère – sans très bien savoir elle-même comment cela fonctionnait – qu'une même porte pouvait s'ouvrir sur plusieurs endroits à la fois. Calcifer apparut soudain d'entre les bûches, bondissant dans la cheminée.

« Hurle ! rugit-il en emplissant l'âtre de flammes bleues. *Hurle* ! Earl Jenkins ! La sorcière a trouvé la famille de ta sœur ! »

On entendit deux coups violents au-dessus. La porte de la chambre claqua, et Hurle dévala l'escalier. Lettie et Perceval furent brutalement écartés du passage. Fanny poussa un petit cri en le voyant. Les cheveux du mage ressemblaient à une meule de foin, et il avait des cernes rouges sous les yeux.

« Elle me prend par mon flanc le plus faible ! Maudite soit-elle ! cria-t-il en traversant la pièce, ses manches noires flottant derrière lui. J'avais peur qu'elle tente ça ! Merci, Calcifer ! »

Il écarta violemment Fanny et ouvrit la porte à la volée.

Sophie l'entendit claquer derrière le mage alors qu'il sortait. Elle était déjà dans l'escalier. Elle savait que fureter était mal, mais elle voulait voir ce qui s'était passé. Alors qu'elle entrait dans la chambre de Hurle, elle s'aperçut que tout le monde l'avait suivie.

« Comme c'est sale ! » s'exclama Fanny.

Sophie regarda par la fenêtre. Il bruinait sur le petit jardin. La balançoire était trempée. La crinière rousse de la sorcière aussi. Elle se tenait là, appuyée sur un montant de l'escarpolette, dressée et impressionnante dans ses robes écarlates. Elle faisait des signes de la main. Mari, la nièce de Hurle, avançait lentement vers elle sur l'herbe humide. Elle semblait y aller à contrecœur, contre sa volonté propre. Derrière elle, Neil, le neveu, progressait plus lentement encore, une lueur féroce dans le regard. La sœur du mage, Megan, était derrière les deux enfants. Sophie la voyait agiter les bras, ouvrir et fermer la bouche. Elle donnait visiblement son avis, tranché, à la sorcière. Mais elle était également attirée vers elle.

Hurle jaillit sur la pelouse. Il ne s'était pas préoccupé de changer ses vêtements, ni de produire aucune magie, d'ailleurs. Il se contenta de charger la sorcière. Cette dernière tenta d'attraper Mari, mais la petite était encore trop loin. Hurle repoussa sa nièce et s'interposa, avant de charger à nouveau. Et la sorcière s'enfuit. Elle courut comme un chat poursuivi par un chien, à travers la pelouse, avant de sauter par-dessus la barrière dans le tourbillon flamboyant de ses robes. Hurle s'approchait rapidement. La sorcière disparut de l'autre côté comme une traînée rouge, suivie par Hurle, traînée noire aux manches pendantes. Puis la haie les dissimula tous deux aux regards.

« J'espère qu'il l'attrapera, commenta Martha. La petite fille pleure. »

En bas, Megan prit sa fille dans ses bras et ramena les enfants à l'intérieur. Impossible de savoir ce qui était arrivé à Hurle et à la sorcière. Lettie, Perceval, Martha et Michael redescendirent. Fanny et Mme Blondin restèrent figées, ébahies par la saleté de la pièce.

« Regardez ces araignées, dit Mme Blondin.

— Et la poussière sur ces rideaux ! ajouta Fanny. Annabelle, j'ai vu des balais, dans ce passage par lequel vous êtes arrivée.

— Allons les chercher, reprit Mme Blondin. Je vous épinglerai votre robe, Fanny, vous pourrez travailler sans vous salir. Je ne supporte pas de voir une chambre dans cet état. »

Pauvre Hurle ! pensa Sophie. Il aime tant ces araignées. Elle emprunta les marches en se demandant comment arrêter les deux femmes.

D'en bas, Michael cria :

« Sophie ! Nous allons faire le tour du manoir ! Vous venez ? »

Cela semblait le moyen idéal de calmer la furie de nettoyage qui s'était emparée d'elles. Sophie appela Fanny et descendit aussi vite qu'elle le put. Lettie et Perceval ouvraient déjà la porte. Lettie n'avait pas écouté quand Sophie en avait expliqué le mécanisme, et Perceval ne le comprenait visiblement pas très bien non plus. Sophie les vit l'entrebâiller alors que le bouton était par erreur réglé sur le violet. Le temps qu'elle arrivât pour le remettre correctement, la porte donnait sur la lande aux fleurs.

Et l'épouvantail se glissa dans l'encadrement.

« Refermez ! » hurla Sophie.

Elle comprenait parfaitement ce qui s'était passé. Elle avait aidé la créature à franchir d'immenses distances en lui ordonnant d'aller plus vite. Elle s'était donc ruée vers l'entrée du château et avait attendu là qu'on lui ouvrît. Mais Mlle Angorian était là, dehors. Sophie se demanda si elle gisait quelque part entre les buissons, évanouie de terreur.

« Non, n'y pensons pas », murmura-t-elle d'une toute petite voix.

Personne ne se préoccupait plus d'elle, de toute façon. Le visage de Lettie avait désormais la couleur de la robe de Fanny, et elle s'accrochait au bras de Martha. Perceval restait planté là, le regard fixe, et Michael tentait de rattraper le crâne, dont les dents claquaient si fort qu'il menaçait de tomber de l'établi en emportant une bouteille de vin dans sa chute. Le crâne semblait avoir un effet étrange sur la guitare. Elle lançait de longues vibrations basses : Baroum ! Vrrrr ! Baroum !

Calcifer flamboya à nouveau.

« Cette chose parle, dit-il à Sophie. Elle prétend ne vouloir de mal à personne, et j'aurais tendance à la croire. Elle attend votre permission pour entrer. »

Et en effet, l'épouvantail se tenait juste là. Il ne cherchait plus à forcer le passage comme il avait pu le faire auparavant. Et Calcifer semblait avoir confiance, il avait arrêté la marche du château. Sophie regarda la tête en navet et les haillons flottants. Il n'était pas si effrayant, en fait. Elle l'avait même vu, au départ, comme un compagnon d'infortune. Elle soupçonna s'en être surtout servie comme excuse pour ne pas quitter le château, parce que dans le fond, elle voulait rester. Ça n'avait désormais plus d'importance. Sophie devait partir : Hurle préférait Mlle Angorian.

« Allez, entre, concéda-t-elle.

— Glooooong », fit la guitare.

D'un bond puissant, l'épouvantail arriva dans la pièce, puis il se balança au bout de son bâton, comme s'il cherchait quelque chose. Le parfum des fleurs qu'il avait apporté avec lui ne cachait pas l'odeur de poussière et de navet en train de pourrir.

Le crâne se remit à claquer des dents entre les mains de Michael. L'épouvantail tourna joyeusement, et tomba sur le côté, vers lui.

Michael fit une tentative désespérée pour sauver le crâne, puis esquiva. Car en tombant sur l'établi, le mannequin lança une décharge de puissante magie. Le crâne se fondit dans la tête en navet. Il sembla y rentrer et la remplir. Le légume tout ridé ressemblait désormais très nettement à un visage, mais il était à présent tourné vers l'arrière. L'épouvantail se redressa dans un grincement, sautilla, hésitant, puis tourna sur lui-même pour remettre sa tête à l'endroit. Lentement, il abaissa ses bras tendus le long de ses flancs.

« Maintenant, je peux parler, déclara-t-il d'une voix pâteuse.

— Je vais m'évanouir, annonça Fanny, dans l'escalier.

— Ridicule, commenta Mme Blondin, qui se trouvait derrière elle. Cette chose n'est qu'un golem créé par un magicien. Elle doit accomplir ce qu'elle est venue faire ici. C'est assez inoffensif. »

Lettie semblait elle aussi à deux doigts de tourner de l'œil. Mais le seul qui se pâma pour de bon fut Perceval.

Il s'écroula presque silencieusement sur le sol, et y resta roulé en boule comme s'il dormait. Lettie courut à lui malgré sa terreur, mais recula quand l'épouvantail fit un nouveau bond et se plaça juste devant l'homme évanoui.

« Voici l'un des morceaux qu'on m'a envoyé chercher », dit-il de sa voix étrange.

Il se balança sur son bâton jusqu'à faire face à Sophie.

« Je dois vous remercier. Mon crâne était loin, et j'ai usé mes forces avant de pouvoir l'atteindre. Je serais éternellement resté là, gisant dans cette haie, si vous ne m'aviez pas rendu vie en me parlant. »

Il se tourna ensuite vers Mme Blondin et Lettie.

« Je vous remercie toutes les deux, aussi.

— Qui t'a envoyé ? Qu'es-tu censé faire ? » lui demanda Sophie.

L'épouvantail se balança, hésitant.

« Il en faut plus. Certains morceaux manquent encore », constata-t-il.

Tous attendirent, certains trop choqués pour parler, que le mannequin eût achevé sa rotation et ses réflexions.

« De quoi Perceval est-il un morceau ? l'interrogea encore Sophie.

— Laissons-le se reprendre, recommanda Calcifer. Nul ne lui a encore demandé de s'expli… »

Il s'arrêta net et se réduisit à une minuscule flamme verte. Sophie et Michael échangèrent des regards inquiets.

Puis une nouvelle voix parla, sortant de nulle part. Elle était amplifiée mais étouffée, comme si elle émanait d'une boîte. On ne pouvait pourtant pas s'y tromper : c'était celle de la sorcière.

« Michael Matelot, l'interpella-t-elle. Va dire à ton maître Hurle qu'il s'est laissé prendre à mon leurre ! Je détiens maintenant la femme appelée Lily Angorian dans la forteresse des Steppes. Transmets-lui ce message : je ne la libérerai que s'il vient la chercher lui-même. Est-ce clair, Michael Matelot ? »

L'épouvantail se retourna, puis sauta par la porte ouverte.

« Oh non ! hurla Michael. Arrêtez-le ! La sorcière a dû l'envoyer afin de prendre pied ici ! »

Chapitre 21
Dans lequel un contrat se conclut devant témoins

Ils partirent presque tous à la poursuite de l'épouvantail. Sophie se rua dans l'autre sens, à travers le placard à balais et jusque dans la boutique, attrapant sa canne au passage.

« C'est de ma faute ! marmonnait-elle. Faire tout rater, c'est ma spécialité ! J'aurais dû garder Mlle Angorian à l'intérieur. Il aurait juste suffi que je lui parle aimablement, la pauvre ! Hurle m'a pardonné bien des choses, mais ça m'étonnerait que sa bonté aille jusque-là ! »

Une fois dans le magasin, elle attrapa les bottes de sept lieues dans la vitrine et en vida le contenu d'hibiscus et de roses sur le sol. Elle ouvrit la porte et traîna les brodequins trempés sur le pavé très encombré.

« Excusez-moi », dit-elle aux diverses chaussures marchant dans sa direction.

Elle leva la tête, cherchant un soleil difficile à trouver par ce temps gris.

« Voyons… le sud-est… C'est par là. Excusez-moi, excusez-moi… » grognait-elle en tentant de se ménager un espace pour poser les bottes entre les passants.

Elle réussit à les pointer dans la bonne direction, puis mit les pieds dedans et commença à marcher.

Zip-zip, zip-zip, zip-zip, zip-zip, zip-zip, zip-zip, zip-zip. C'était aussi rapide que ça, et encore plus flou et à couper le souffle avec les deux bottes qu'avec une seule. Sophie percevait des bribes entre deux longues enjambées : le manoir au fond du val, brillant entre les arbres avec la calèche de Fanny attendant à la porte ; une petite rivière coulant dans la vallée verdoyante ; la même dans une vallée bien plus large ; son extrémité, tellement élargie qu'elle se confondait avec l'horizon bleuté, et une éminence, au loin, qui aurait pu être Fort-Royal ; une plaine devenant étroite à nouveau, entre les collines ; une montagne si pentue sous la botte qu'elle trébucha malgré sa canne, basculant au bord d'une gorge embrumée, au fond de laquelle elle distinguait les frondaisons des arbres. Elle dut faire un pas de plus pour ne pas tomber dedans.

Elle atterrit sur un sable jaune et meuble. Elle y planta sa canne et jeta un regard circonspect. Derrière son épaule droite, à quelques lieues, une brume blanchâtre cachait presque la montagne par laquelle elle venait de passer. Sous la brume, on devinait une bande vert sombre. Sophie hocha la tête. Si elle ne parvenait pas à voir le château ambulant d'aussi loin, elle était certaine que cette nappe de brouillard marquait le coteau fleuri. Elle fit un pas prudent de plus. Zip. Il faisait terriblement chaud. Le sable jaune argile s'étendait dans toutes les directions à présent, miroitant sous le soleil. Ici et là, des rochers jaillissaient sans rime ni raison. Quelques buissons rachitiques étaient la seule trace de vie. Les montagnes, sur l'horizon, ressemblaient à des nuages lointains.

« Voici donc les Steppes, dit Sophie en sentant la sueur couler le long de ses rides. J'ai de la peine pour la sorcière, si elle est forcée de vivre ici. »

Le Château de Hurle

Elle fit un nouveau pas. Le vent du déplacement ne parvint même pas à la rafraîchir. Buissons et rochers étaient identiques, mais le sable était plus gris, et les montagnes semblaient s'être enfoncées sous le ciel. Sophie scruta la lueur grise et mouvante devant, où elle pensait apercevoir quelque chose de plus haut que les rochers. Et elle avança encore.

Il faisait désormais une chaleur de four. Mais on voyait une éminence à la forme curieuse à quelques centaines de pas, au sommet d'une légère côte parsemée de rocs. C'était une forme fantastique, des petites tours tordues jaillissant d'un tronc plus large pointant de travers, comme un vieux doigt déformé. Sophie ôta les bottes. Il faisait trop chaud pour porter quelque chose d'aussi lourd, alors elle avança en prenant seulement sa canne.

La chose semblait faite du grès jaunâtre des Steppes. Sophie se demanda un instant s'il pouvait s'agir d'une sorte de fourmilière. Mais en approchant, elle vit que c'était constitué d'un empilement de pots de fleurs granuleux et beiges, fondus ensemble pour former un tas compact et abrupt. Elle ricana. Le château ambulant l'avait souvent frappée pour sa ressemblance avec l'intérieur d'un conduit de cheminée. Et ce bâtiment était vraiment une collection de pots de cheminées.

Ce devait être l'œuvre, une fois encore, d'un démon du feu.

Alors que Sophie s'essoufflait sur la pente, elle ne doutait plus d'être face à la forteresse de la sorcière. Deux petites silhouettes orange sortirent d'un espace sombre, en bas, et se mirent là pour l'attendre. Elle reconnut les deux petits pages de la magicienne. Elle avait beau mourir de chaud et être essoufflée, elle tenta quand même de leur parler, pour leur prouver qu'elle n'avait rien contre eux.

« Bonsoir », leur dit-elle.

Ils lui répondirent par des regards boudeurs. L'un des deux s'inclina, pointant du doigt l'ouverture noire entre deux colonnes de pots empilés. Sophie haussa les épaules et lui emboîta le pas à l'intérieur. Le deuxième page fermait la marche. Bien entendu, l'entrée disparut dès qu'elle fut passée. Sophie s'en fichait bien. Ce problème-là pourrait attendre son retour.

Elle rajusta son châle de dentelle, tira sur sa robe froissée et avança. C'était un peu comme traverser la porte du château quand le bouton était réglé sur sa face noire. Il y eut un moment de néant, suivi par une lumière trouble. Elle provenait de flammes jaune-vert brûlant tout autour, mais d'une façon fuligineuse qui n'éclairait guère et chauffait à peine. Quand Sophie tentait de les regarder, elles n'étaient jamais là où elle s'y attendait, mais toujours légèrement sur le côté. C'était, après tout, le propre de la magie. Elle haussa de nouveau les épaules et accompagna le page entre des piliers malingres faits des mêmes pots de cheminées que le reste du bâtiment.

Les deux serviteurs la conduisirent finalement dans l'antre central. Ou peut-être n'était-ce qu'un espace entre les piliers. Sophie ne savait plus trop où elle en était, à force. La forteresse semblait énorme, mais elle soupçonnait l'effet d'une illusion, comme dans le cas du château. La sorcière était assise là et attendait. Une fois encore, il était difficile de dire comment Sophie en était sûre, en dehors du fait qu'il ne pouvait s'agir de personne d'autre. La sorcière était immense et maigre désormais. Ses cheveux étaient devenus blonds, réunis en une tresse tombant sur une épaule osseuse. Elle portait une robe blanche. Quand Sophie l'approcha d'un pas décidé, brandissant sa canne, la magicienne recula.

« Je ne me laisserai pas menacer ! annonça la sorcière d'une voix fatiguée et frêle.

— Alors, donnez-moi Mlle Angorian et je ne le ferai pas, répondit Sophie. Je me contenterai de la prendre et de partir. »

La sorcière recula encore en faisant des gestes avec ses mains. Et les deux pages se transformèrent en masses gélatineuses orangées qui s'élevèrent dans les airs et voletèrent vers Sophie.

« Beurk ! Allez-vous-en ! » cria-t-elle en les frappant de sa canne.

Ils ne semblèrent pas redouter les coups. Ils les évitèrent et, en contournant l'arme, lui passèrent derrière.

Elle pensait leur avoir fait peur, mais se retrouva collée par eux à l'un des piliers. Une pâte orange lui remonta entre les chevilles quand elle tenta de bouger, et englua ses cheveux.

« Je préférerais presque le mucus vert ! concéda-t-elle. J'espère que ce n'étaient pas de vrais garçons.

— Des émanations seulement, répondit la sorcière.

— Laissez-moi partir ! exigea Sophie.

— Non », protesta la sorcière.

Elle tourna les talons et parut perdre tout intérêt pour sa captive.

Sophie commença à craindre d'avoir une fois de plus tout gâché. Cette pâte collante semblait durcir et devenir plus élastique de seconde en seconde. Quand elle essaya de s'en dépêtrer, elle fut projetée de nouveau contre la colonne de terre cuite.

« Où est Mlle Angorian ? demanda-t-elle.

Le Château de Hurle

— Tu ne la trouveras pas. Nous attendrons jusqu'à ce que Hurle arrive.

— Il ne viendra pas, rétorqua Sophie. Il est plus malin que ça. Et votre malédiction ne s'est pas entièrement accomplie.

— Ça ne tardera pas, dit la sorcière avec un demi-sourire. Maintenant que tu es tombée dans mon piège et que tu es ici, Hurle devra bien être honnête, pour une fois. »

Elle fit un autre geste, à destination des flammes troubles, cette fois, et une sorte de trône sortit d'entre deux piliers et s'arrêta devant la magicienne. Un homme s'y trouvait assis, portant un uniforme vert et des bottes hautes et brillantes. Sophie le crut endormi, avec sa tête penchée sur le côté, hors de vue. Mais la sorcière agita une nouvelle fois la main, et l'homme s'assit droit. Et il n'y avait rien au-dessus de ses épaules. Sophie comprit alors : elle contemplait ce qu'il restait du prince Justin.

« Si j'étais Fanny, dit Sophie, je menacerais de m'évanouir. Rendez-lui immédiatement sa tête ! Il est vraiment affreux, comme ça !

— Je me suis débarrassée des deux têtes il y a des mois, expliqua la sorcière. J'ai vendu le crâne du sorcier Soliman en même temps que sa guitare. La tête de

Justin se promène quelque part avec les autres morceaux qui restaient. Ce corps est un assemblage du prince et du sorcier. J'attends la tête de Hurle pour en faire l'humain parfait. Quand je l'aurai, nous aurons un nouveau roi pour l'Ingarie, et je régnerai sur le pays en tant que reine !

— Vous êtes folle, l'accusa Sophie. Vous n'avez pas le droit de faire des puzzles avec les gens ! Et n'allez pas croire que la tête de Hurle vous obéira. Il trouvera toujours un moyen de se défiler.

— Hurle fera exactement ce que je lui dirai, affirma la sorcière avec un sourire rusé. Nous contrôlerons son démon du feu. »

C'est glaçant, pensa alors Sophie. Elle se rendait compte de la situation désastreuse qu'elle avait créée.

« Où est M{}^{lle} Angorian ? » demanda-t-elle en agitant sa canne.

La sorcière n'aima pas voir Sophie se livrer à une telle démonstration. Elle recula d'un pas.

« Je suis vraiment lasse. Vous vous ingéniez à gâcher mes plans. D'abord Soliman qui refusait d'approcher les Steppes, au point que je doive menacer la princesse Valeria. Alors seulement le roi lui a ordonné de venir à découvert. Et voilà qu'en arrivant, il a fait pousser des arbres. Le roi a empêché pendant des mois le prince de venir à sa recherche. Quand il s'est enfin lancé sur sa piste, cet idiot est allé au nord pour je ne sais quelle raison. L'attirer ici m'a demandé toutes les ressources de mon art. Et Hurle a contrarié davantage encore mes projets. Il s'en est tiré une fois. J'ai dû lancer une malédiction pour le ramener, et pendant que j'en découvrais assez pour tisser mon sort, il a fallu que *tu* ailles trouver ce qu'il restait de la cervelle du sorcier, et que tu me causes encore plus d'ennuis. Et maintenant que je t'attire chez moi, tu agites encore ta canne et discutes de tout. J'ai travaillé dur à ce moment, et je ne tolérerai pas la discussion ! »

Elle se retourna, et partit dans la lumière trouble.

Sophie la regarda s'éloigner entre les flammes mourantes. *L'âge a fait des ravages chez cette pauvre femme*, pensa-t-elle. *Elle est complètement folle ! Je dois me libérer et secourir Mlle Angorian par tous les moyens !* Se souvenant que la pâte orange avait pris soin d'éviter sa canne, tout comme la sorcière semblait en avoir peur, Sophie gratta entre ses épaules avec son bâton, à l'endroit où l'étrange substance la collait au pilier.

« Allez, décolle-toi ! Laisse-moi ! »

Ses cheveux la tiraient en arrière, mais des filaments orange commencèrent à voler tout autour. Elle gratta plus fort encore.

Elle s'était détaché la tête et les épaules lorsqu'elle entendit un choc étouffé. Les flammes pâles vacillèrent et le pilier derrière elle trembla. Puis, avec un fracas comme 1 000 services à thé dégringolant un escalier, un des murs de la forteresse fut éventré. Une lumière aveuglante jaillit d'un trou déchiqueté et une silhouette entra en sautillant par l'ouverture. Sophie se tourna vers elle, espérant que ce fût Hurle. Mais l'ombre n'avait qu'une jambe et une seule. C'était encore l'épouvantail.

La sorcière poussa un hurlement de rage et se rua vers lui, sa natte volant derrière elle et ses bras maigres tendus. L'épouvantail lui sauta dessus. On entendit un nouveau bruit d'explosion et ils furent tous deux enveloppés par un nuage magique, identique à ceux qui flottaient sur Port-Havre, le jour du combat avec Hurle. La nuée oscilla, emplissant l'air de cris et de tonnerre. Les cheveux de Sophie se dressèrent. Le nuage n'était qu'à quelques pas, zigzaguant entre les piliers de terre cuite. La brèche dans le mur était toute proche, elle aussi. Comme Sophie l'avait compris, la forteresse n'était pas si grande. Chaque fois que le nuage passait devant l'ouverture aveuglante, elle voyait au travers et y devinait les deux silhouettes en plein combat. Elle les fixait en continuant de gratter derrière elle du bout de sa canne.

Le Château de Hurle

Il lui restait à détacher ses jambes quand la nuée passa une fois de plus devant la lumière. Sophie vit une troisième personne bondir dedans. Celle-ci avait des manches noires flottantes. C'était Hurle. Sophie en reconnaissait l'allure, bien visible. Il avait les bras repliés et observait la bataille. Un instant, on aurait pu croire qu'il allait la laisser se poursuivre sans intervenir. Puis ses manches claquèrent alors qu'il levait les bras. Par-dessus les cris et les détonations, on l'entendit proférer un mot étrange et trop long, accompagné d'un interminable roulement de tonnerre. L'épouvantail et la sorcière sursautèrent. Les claquements se propagèrent le long des piliers, surchargeant l'air d'échos, et chaque réverbération dissipait un peu plus le nuage de magie. Il fut réduit en volutes tourbillonnantes qui disparurent dans les profondeurs troubles. Quand il n'en resta plus qu'une vague brume blanchâtre, la grande silhouette à la natte commença à chanceler. La sorcière parut se replier sur elle-même, devenir plus maigre et plus blanche que jamais. Lorsque la brume eut fini de se disperser, la magicienne retomba en un petit tas, avec un cliquetis. Les millions d'échos moururent, et Hurle fit face à l'épouvantail. Tous deux semblaient pensifs et regardaient la pile d'os entre eux.

Bien ! songea Sophie. Elle parvint à libérer ses jambes et approcha du corps sans tête, sur le trône. Il commençait à l'énerver.

« Non, mon ami », dit Hurle à l'épouvantail.

Le mannequin avait bondi à côté de l'amoncellement d'os et l'agitait du bout de sa perche.

« Non, tu n'y trouveras pas son cœur. C'est son démon du feu qui le détient. Je pense qu'il la manipulait depuis très longtemps. Quelle tristesse, vraiment. »

Alors que Sophie avait enlevé son châle et l'avait déployé sur les épaules sans tête du prince Justin, Hurle poursuivit :

« Le reste de ce que tu cherches doit être par ici. »

Il s'avança devant le trône, suivi par l'épouvantail.

« C'est typique, lâcha-t-il en découvrant Sophie. Je me mets en quatre pour entrer quelque part, et je vous y trouve à faire tranquillement le ménage. »

Sophie leva les yeux vers lui. Comme elle l'avait craint, la lumière crue venant de l'ouverture montrait un Hurle qui n'avait pas pris le temps de faire sa toilette avant de venir. Il n'était ni rasé ni peigné. Ses paupières étaient encore bordées de rouge et ses manches noires étaient déchirées en plusieurs endroits. Il devenait difficile de savoir qui était le plus dépenaillé du mage ou de l'épouvantail. *Seigneur !* pensa Sophie. *Il doit vraiment beaucoup aimer cette institutrice.*

« Je suis venue pour Mlle Angorian, expliqua-t-elle.

— Et moi qui pensais qu'en arrangeant une visite de votre famille, cela vous tiendrait au calme pour une fois ! répondit le mage avec dédain. Mais non… »

L'épouvantail bondit devant Sophie.

« J'ai été envoyé par le sorcier Soliman, dit-il de sa voix pâteuse. Je protégeais ses buissons des oiseaux, à la lisière des Steppes, quand la sorcière l'a attrapé. Il m'a insufflé tout ce qu'il lui restait de magie et ordonné de venir à son secours. Mais la sorcière l'a découpé en morceaux, dispersés en trop d'endroits. La tâche était difficile. Si vous n'étiez pas venue me rendre vie, j'aurais échoué. »

Cela répondait à toutes les questions qui se bousculaient dans la tête de Sophie avant même qu'elle ne les posât.

« Et quand le prince Justin a demandé des sorts de détection, ils pointaient sur toi, dit-elle. Pourquoi ça ?

— Vers moi ou vers son crâne, répondit l'épouvantail. Nous sommes la meilleure partie de lui.

— Et Perceval serait fait de morceaux arrachés au sorcier et au prince ? » poursuivit-elle, sans savoir si Lettie apprécierait de le savoir.

L'épouvantail hocha le navet ridé lui servant de tête.

« Les deux moitiés me disaient que la sorcière et son démon n'étaient plus ensemble, et que je pouvais la vaincre, continua-t-il. Merci de m'avoir donné dix fois mon ancienne vitesse. »

Hurle lui fit signe.

« Ramène ce corps avec toi au château, ordonna-t-il. Je ferai le tri là-bas. Sophie et moi devons y rentrer avant que ce démon du feu ne parvienne à percer mes défenses. »

Il attrapa le poignet osseux de Sophie.

« Venez. Où sont ces bottes de sept lieues ? »

Sophie tira.

« Mais… Et Mlle Angorian ?

— Vous n'avez toujours pas compris ? s'exclama Hurle. C'est *elle*, le démon du feu ! Si elle entre dans le château, Calcifer est fichu, et moi aussi ! »

Sophie se cacha la bouche des mains.

« Je *savais* que j'avais tout gâché ! Elle est déjà venue deux fois. Mais elle… Il… C'est ressorti.

— Seigneur, grogna Hurle. A-t-il touché à quoi que ce soit ?

— La guitare, dit Sophie.

— Alors, c'est encore là, soupira Hurle. Venez ! »

Il entraîna Sophie par le mur fracassé.

« Suis-nous prudemment, cria-t-il à l'épouvantail. Je vais devoir convoquer le vent ! Nous n'avons pas le temps de chercher ces bottes. »

Ils sortirent sous le soleil étouffant.

« Courez. Et sans vous arrêter, car sinon je ne pourrai pas vous déplacer. »

Sophie s'aida de sa canne pour partir au petit trot, trébuchant sur les pierres. Hurle courait à ses côtés et la tirait. Un vent se leva, sifflant, puis rugissant, chaud et agressif, faisant voler autour d'eux un sable gris qui crépita sur la forteresse de terre cuite. Ils ne couraient déjà plus mais glissaient vers l'avant, planant au ralenti. Le sol rocailleux accéléra sous eux. De la poussière et des grains grondaient autour et au-dessus d'eux, avant de disparaître derrière. C'était très bruyant et inconfortable, mais les Steppes filaient.

« Ce n'est pas de la faute de Calcifer ! hurla Sophie. Je lui ai demandé de ne rien dire !

— Il se serait tu de toute façon, répondit Hurle en forçant sur sa voix. Je savais qu'il ne dénoncerait pas un autre démon du feu. C'était lui, mon flanc le plus exposé !

— Je croyais que c'étaient les Galles ! cria Sophie.

— Non ! J'ai délibérément lâché ça ! dit le mage. Je savais que je serais assez en colère pour l'arrêter si elle tentait quoi que ce soit là-bas. Il fallait que je lui laisse une ouverture, voyez-vous ! La seule façon de retrouver le prince, c'était de profiter de la malédiction pour m'approcher d'*elle* !

— Vous vouliez donc quand même le *secourir* ! hurla Sophie. Pourquoi avoir fait semblant de fuir ? Pour tromper la sorcière ?

— Même pas ! avoua-t-il. Je suis lâche. Le seul moyen pour moi de me lancer dans une affaire aussi effrayante, c'est de me dire que je n'irai *pas* ! »

Oh bon sang ! pensa Sophie, regardant autour d'elle le tourbillon de sable. *Le voilà qui devient honnête ! Et il y a du vent ! La dernière partie de la malédiction se réalise !*

Le nuage de poussière la frappait dans un fracas de tonnerre et Hurle lui faisait mal à force de la serrer.

« Continuez à courir ! ordonna-t-il. Vous vous feriez mal, à cette vitesse ! »

Sophie hoqueta et obligea ses jambes à repartir. Elle voyait clairement les montagnes, désormais, et une ligne verte au-dessous qui devait être les buissons fleuris. Malgré le sable jaune qui se ruait vers elle, les montagnes semblaient grandir et la verdure avancer à sa rencontre, au point d'avoir la taille d'une haie.

« Tous mes flancs avaient des faiblesses ! cria encore Hurle. J'espérais que Soliman soit encore en vie. Quand il sembla n'en rester que Perceval, ça m'a terrifié ; il a fallu que j'aille m'enivrer pour me donner du courage. Et il a fallu que vous alliez jouer le jeu de la sorcière par-dessus le reste !

— Je suis l'aînée ! pleura Sophie. Je suis une ratée !

— Ridicule ! répondit le mage. C'est surtout que vous ne prenez jamais le temps de vous arrêter pour réfléchir ! »

Il ralentissait. La poussière s'élevait désormais autour d'eux en nuages épais. Sophie savait que les buissons n'étaient pas loin, mais uniquement grâce au bruit du vent dans les feuillages. Ils plongèrent et touchèrent brutalement les frondaisons à une telle vitesse que Hurle fut obligé de louvoyer et de traîner Sophie, dont les pieds écumèrent la surface d'un lac traversé à vive allure.

« Vous êtes beaucoup trop gentille, aussi, ajouta-t-il au-dessus du clapotis de l'eau et de l'impact du sable sur les iris. Je comptais sur votre jalousie pour empêcher le démon d'entrer. »

Ils atteignirent plus lentement la rive fumante. Des deux côtés du sentier verdoyant, les buissons bruissèrent et se couchèrent sur leur passage, projetant à la ronde un tourbillon d'oiseaux et de pétales. Le château dérivait assez rapidement sur une allée, devant eux, crachant sa fumée dans le vent. Hurle ralentit assez pour pouvoir ouvrir la porte et les projeter tous deux à l'intérieur.

« Michael ! cria-t-il.

— C'est pas moi qui ai laissé entrer l'épouvantail ! » se justifia l'apprenti sur un ton coupable.

Tout semblait normal. Sophie fut surprise de constater qu'elle n'était pas partie très longtemps. Quelqu'un avait tiré son lit de sous l'escalier et Perceval y gisait, toujours inconscient. Lettie, Martha et Michael s'étaient regroupés autour de lui. Au-dessus, Sophie pouvait entendre les voix de Mme Blondin et Fanny, accompagnées de bruits inquiétants, suggérant que les chères araignées de Hurle passaient un sale quart d'heure.

Le mage lâcha Sophie et plongea vers la guitare. Avant qu'il ne pût la toucher, elle explosa avec un *boum* aussi long que mélodieux. Les cordes fouettèrent l'air et Hurle reçut une volée d'éclats de bois qui le forcèrent à reculer en se protégeant le visage d'une manche en lambeaux.

Et Mlle Angorian se dressa soudain près du foyer. Elle souriait. Hurle avait raison : elle devait avoir passé tout ce temps dans la guitare, attendant le bon moment.

« Ta sorcière est morte, lui annonça Hurle.

— Comme c'est dommage ! répondit-elle sans avoir l'air particulièrement concernée. Je peux me fabriquer un autre humain qui sera beaucoup mieux. Toutes les étapes de la malédiction se sont accomplies. Je peux m'emparer de ton cœur, maintenant. »

Elle tendit la main dans l'âtre et en sortit Calcifer. Le pauvre vacilla dans le poing fermé de l'institutrice, l'air terrifié.

« Que personne ne bouge », avertit-elle.

Nul n'osa faire un geste. Hurle était complètement figé.

« Au secours, implora faiblement Calcifer.

— Nul ne peut te protéger, dit Mlle Angorian. Tu vas m'aider à contrôler mon nouvel humain. Je vais te montrer. Je n'ai qu'à resserrer mon étreinte. »

La main qui tenait Calcifer se contracta au point que ses phalanges laissèrent filtrer une lumière pâle.

Hurle et Calcifer poussèrent tous les deux un terrible cri. Le petit démon se convulsait. Le visage du mage vira au bleu et Hurle s'effondra sur le sol, comme un arbre qu'on abat. Il y resta allongé, aussi inconscient que Perceval. Il ne semblait pas à Sophie qu'il respirât encore.

Mlle Angorian en était stupéfiée elle-même. Elle le fixa.

« Il simule, décida-t-elle.

— Bien sûr que *non*, hurla Calcifer, tirebouchonné en

une spirale ondoyante. Il a le cœur tout tendre ! Lâchez-moi ! »

Sophie leva doucement sa canne. Cette fois-ci, elle prit un peu de temps pour réfléchir avant d'agir.

« Canne, marmonna-t-elle, frappe Mlle Angorian, mais ne fais de mal à personne d'autre. »

Et le bâton fit un violent moulinet, frappant de toutes ses forces la main de l'institutrice.

Celle-ci émit un sifflement évoquant une bûche humide en train de brûler. Elle lâcha Calcifer. Le pauvre petit démon roula sur le sol, impuissant, crachant des flammes sur les côtés et poussant des rugissements rauques de terreur. Mlle Angorian leva le pied pour l'écraser. Sophie dut lâcher sa canne et plonger pour secourir Calcifer. À sa grande surprise, le bâton se releva tout seul pour frapper, et frapper encore ! *Mais bien sûr !* pensa Sophie. Elle lui avait donné vie par la parole. C'était ce qu'avait dit Mme Scrofulaire.

Mlle Angorian siffla en titubant. Sophie se releva en tenant Calcifer. Elle vit sa canne s'éloigner d'elle pour attaquer l'institutrice, tout en fumant à cause de sa chaleur. Par contraste, Calcifer semblait presque froid. Le choc lui avait donné un bleu laiteux. Sophie pouvait sentir entre ses doigts la masse sombre du cœur de Hurle, qui battait très faiblement. Il l'avait offert à Calcifer : c'était sa part du contrat, pour maintenir le démon en vie. Il devait vraiment se sentir désolé pour la petite créature, mais c'était stupide de sa part d'avoir fait ça !

Fanny et Mme Blondin dévalèrent l'escalier, des balais à la main. Les voir sembla convaincre Mlle Angorian de son échec. Elle courut vers la porte, toujours suivie et frappée par la canne.

« Arrêtez-la ! cria Sophie. Ne la laissez pas sortir ! Gardez toutes les portes ! »

Tout le monde se rua vers les ouvertures. Mme Blondin s'installa dans le placard, balai levé. Fanny bloqua l'escalier. Lettie bondit pour garder la porte de la cour et Martha barra l'accès à la salle de bains. Michael courut à la porte du château. Mais Perceval sauta du lit et fila droit vers l'entrée, lui aussi. Son visage était blafard et il avait les yeux fermés, mais il était plus rapide encore que l'apprenti. Il arriva le premier et ouvrit.

Calcifer étant hors de combat, le château avait cessé d'avancer. Mlle Angorian vit les buissons à l'arrêt dans la brume et bondit vers la porte à une vitesse inhumaine. Mais avant qu'elle ne l'atteignît, l'épouvantail lui coupa la route, flottant avec le corps du prince Justin en travers des épaules, toujours drapé dans le châle en dentelle de

Sophie. Il tendit ses bras en branches pour barrer la sortie. Mlle Angorian recula.

La canne continuait de frapper et avait pris feu. Son bout métallique brillait. Sophie comprit qu'elle ne durerait plus très longtemps. Par chance, l'institutrice détesta tellement ce traitement qu'elle attrapa Michael et s'en servit comme bouclier. La canne ayant pour ordre de ne faire de mal à personne d'autre, elle se contenta alors de flotter, tout en brûlant encore. Martha tenta de tirer Michael hors de son chemin, et le bâton dut l'éviter elle aussi. Sophie avait mal joué, une fois de plus.

Il n'y avait plus de temps à perdre.

« Calcifer, murmura Sophie. Je vais devoir briser ton contrat. Est-ce que ça te tuera ?

— Ça me tuerait si quelqu'un d'autre y mettait fin, répondit le démon d'une voix rauque. C'est pour ça que je te l'ai demandé à toi. J'ai bien vu que ta voix insufflait la vie aux choses. Regarde ce que tu as fait à l'épouvantail et au crâne.

— Alors, vis 1 000 ans de plus ! » dit Sophie, en mettant toute sa volonté dans ces paroles au cas où sa voix seule ne suffirait pas.

Cela l'avait énormément inquiétée. Elle empoigna Calcifer et le détacha doucement du bloc noir, comme elle aurait détaché une feuille morte d'une tige. Calcifer tourbillonna librement et flotta jusqu'à son épaule, il ressemblait à une grosse larme bleue.

« Je me sens si léger ! » s'exclama-t-il.

Puis il réalisa ce qui venait de lui arriver.

« Je suis libre ! » hurla-t-il.

Il fila à la cheminée et remonta le conduit où il disparut.

« Je suis libre ! » entendit encore Sophie alors qu'il sortait par la toiture de la boutique.

Elle se tourna vers Hurle, tenant la masse noire presque morte, doutant de ses actes malgré l'urgence. Elle devait faire ça bien du premier coup, et n'était pas certaine de la façon de s'y prendre.

« Eh bien, nous y voilà », murmura-t-elle.

Elle s'agenouilla aux côtés de Hurle et déposa le bloc noir sur la poitrine du mage, un peu à gauche, là où elle avait senti son propre cœur lui faire parfois défaut. Elle poussa.

« Allez, entre, ordonna-t-elle. Rentre là-dedans et au travail ! »

Et elle poussa de toutes ses forces, encore et encore. Cela commença à s'enfoncer et à battre de plus en plus vigoureusement. Sophie essaya d'ignorer les flammes, et la bagarre à la porte, et maintint une pression ferme et régulière. Ses cheveux se mettaient en travers. Ils lui tombaient devant le visage en grandes lanières blond roux. Elle tenta d'ignorer cela aussi. Elle poussait toujours.

Le cœur finit par rentrer. Dès qu'il eut disparu, Hurle se raidit. Il émit un grondement puissant et se retourna.

« Par les dents de l'enfer ! grogna-t-il. Quelle gueule de bois !

— Non, vous vous êtes cogné la tête par terre », le rectifia Sophie.

Hurle tenta de se redresser, à quatre pattes sur le parquet.

« Je ne peux pas rester, toussa-t-il. Je dois aller secourir cette idiote de Sophie.

— Je suis là, lui signala-t-elle en lui secouant l'épaule. Mais Mlle Angorian aussi ! Debout et faites quelque chose ! Vite ! »

La canne était complètement en feu, désormais. Les cheveux de Martha commençaient à roussir. Et Mlle Angorian avait compris que l'épouvantail pourrait brûler aussi. Elle manœuvrait donc pour attirer le bâton flottant vers la porte. *Une fois encore*, se dit Sophie, *je n'ai pas pensé à tout !*

Hurle n'eut besoin que d'un coup d'œil. Il se redressa d'un bond. Il leva la main et prononça une phrase dont les mots se perdirent dans le fracas du tonnerre. Du plâtre tomba du plafond. Tout se mit à trembler. Mais la canne disparut et Hurle avança, une petite chose dure et noire entre les doigts. Cela aurait pu être un bloc de cendres, mais ça avait la même forme que la chose enfoncée par Sophie dans la poitrine du mage. Mlle Angorian couina comme un feu sur lequel on aurait jeté de l'eau et leva les bras avec un air implorant.

« J'ai bien peur que si, dit Hurle. Tu as fait ton temps. Et tel que je le vois, tu essayais de te procurer un nouveau cœur. Tu comptais prendre le mien et laisser mourir Calcifer, n'est-ce pas ? »

Il tint la chose noire dans sa paume et joignit les deux mains. Le vieux cœur de la sorcière tomba en poussière, en sable et en cendre, et il n'en resta bientôt plus rien. Mlle Angorian s'effaçait à mesure qu'il s'effritait. Quand Hurle rouvrit ses mains vides, l'entrée s'était vidée elle aussi de Mlle Angorian.

En revanche, une autre chose s'était produite. Au moment où Mlle Angorian s'était dissipée, l'épouvantail avait disparu lui aussi. Si Sophie avait regardé à ce moment-là, elle aurait vu deux hommes grands se tenant dans la porte et se souriant l'un à l'autre. Celui qui avait le visage tout ridé avait des cheveux roux. L'autre, en uniforme vert, des traits plus vagues et un châle en dentelle en guise de cape. Mais Hurle s'était tourné vers Sophie, lui disant :

« Le gris ne vous va décidément pas. Ça m'avait déjà frappé à notre première rencontre.

— Calcifer est parti, annonça Sophie. J'ai dû rompre votre contrat. »

Hurle sembla légèrement attristé, mais reprit :

« Nous espérions tous deux que vous le feriez. Nous ne voulions ni l'un ni l'autre finir comme la sorcière ou Mlle Angorian. Diriez-vous que vos cheveux sont roux ?

— Or rouge, plutôt », répondit Sophie.

Le retour de son cœur n'avait pas changé grand-chose chez Hurle, hormis peut-être ses yeux. Ils semblaient d'une couleur plus profonde, plus comme des yeux et moins comme des billes de verre.

« Contrairement à ceux de certains, poursuivit-elle, c'est complètement naturel.

— Je n'ai jamais trop compris l'importance que les gens accordaient à ce qui est naturel », marmonna le mage.

Sophie constata qu'en fait, il n'avait pas changé.

Si elle avait prêté attention au reste de ce qui l'entourait, elle aurait vu le prince Justin et le sorcier Soliman se serrer la main et se mettre des claques dans le dos.

« Je ferais mieux d'aller vite voir mon royal frère », dit le premier.

Il s'approcha de Fanny, toujours la plus richement vêtue, et s'inclina bien bas.

« Suis-je en présence de la maîtresse de maison ?

— Euh… Pas vraiment, répondit-elle en tentant de cacher son balai derrière le dos. C'est Sophie que vous cherchez.

— Ou en tout cas, elle le sera bientôt », ajouta aimablement Mme Blondin.

Hurle sourit à Sophie.

« Je me suis demandé tout du long si vous redeviendriez un jour cette très jolie fille rencontrée le 1er Mai. Pourquoi aviez-vous si peur alors ? »

Si Sophie avait été attentive, elle aurait vu le sorcier Soliman s'approcher de Lettie. Il était redevenu lui-même, et on sentait qu'il était aussi têtu qu'elle. La jeune fille paraissait nerveuse. Le magicien se dressa devant elle.

« Apparemment, mes souvenirs de vous étaient en fait ceux du prince et ne m'appartenaient pas.

— Ce… ce n'est rien, répondit bravement Lettie. Une erreur sans conséquence.

— Point du tout ! protesta le sorcier. Me ferez-vous la grâce d'accepter de devenir mon élève ? »

Lettie rougit en entendant cette proposition, et semblait ne pas savoir quoi répondre.

Mais aux yeux de Sophie, c'était le problème de Lettie. Elle avait les siens.

« Je pense que nous pouvons désormais vivre heureux », déclara Hurle, et il avait l'air sérieux.

Sophie savait que rester avec lui serait sans doute plus mouvementé que dans n'importe quel conte, mais elle se sentait prête à essayer.

« Il y aura parfois de quoi se dresser les cheveux sur la tête, ajouta le mage.

— Et vous allez m'exploiter, nota Sophie.

— Et ensuite, vous découperez mes costumes pour m'apprendre les bonnes manières », renchérit Hurle.

S'ils avaient eu tous deux de l'attention à accorder à ce qui les entourait, ils auraient remarqué le prince Justin, le sorcier Soliman et Mme Blondin essayer de parler à Hurle, et Fanny, Martha et Lettie tirer les manches de Sophie pendant que Michael attrapait un pan de la veste de son maître.

« Je ne crois pas avoir jamais vu une telle démonstration des mots de puissance, s'extasiait Mme Blondin. Je n'aurais pas su quoi faire, face à cette créature. Comme je dis toujours… »

« Sophie, demandait Lettie. Je voudrais ton avis… »

« Mage Hurle, l'interpellait Soliman, je dois vous présenter mes excuses pour avoir si souvent tenté de vous mordre. En temps normal, je ne suis pas du genre à planter mes dents dans un concitoyen. »

« Sophie, je crois que ce monsieur est un prince », signalait Fanny.

« Monsieur, disait Justin, je me dois de vous remercier pour m'avoir sauvé de la sorcière. »

« Sophie, prévenait Martha, le sort qui te frappait s'est dissipé. Tu m'entends ? »

Mais Sophie et Hurle se tenaient les mains, et se souriaient, incapables de quoi que ce fût d'autre.

« Ne venez pas m'ennuyer avec ça, lâcha Hurle. Je ne l'ai fait que pour l'argent.

— Menteur, ricana Sophie.

— Je disais, hurla Michael, que Calcifer est revenu ! »

Cela attira l'attention du mage et de Sophie. Ils regardèrent dans l'âtre où, en effet, le petit visage bleu et familier palpitait à nouveau entre les bûches.

« Rien ne t'y obligeait, lui dit Hurle.

— Ça ne me dérange pas, tant que je peux aller et venir, répondit Calcifer. Et puis, il pleut à Marché-aux-Copeaux. »

7ᵉ tirage (septembre 2025)

Dépôt légal : juin 2020
ISBN : 978-2-37697-129-0

Imprimé par L.E.G.O. S.p.A. en Italie